ADAR O'R UNLLIW

D1341255

Adar o'r Unlliw

CATRIN LLIAR JONES

GWASG Y BWTHYN

ISBN: 978-1-912173-33-4

Cyhoeddwyd gyda chymorth ariannol Cyngor Llyfrau Cymru

Dyluniad y clawr: Olwen Fowler

DIOLCH

Dwedodd Sylvia Plath unwaith, 'Sometimes I feel so stupid and dull and uncreative that I am amazed when people tell me differently.' Hoffwn ddiolch yn fawr i Marred Glynn Jones o Wasg y Bwthyn am ddweud wrtha'i un diwrnod o wanwyn yn 2015, bo'r hyn oeddwn yn 'flogio' yn gwneud iddi chwerthin, a bysa hi'n hoffi fy ngweld i'n sgwennu mwy.

Diolch i Aran, am ei gred a'i gariad diysgog, a'r Prosecco bob nos Sadwrn. Diolch i fy nghywion annwyl, Angharad a Beuno, am eu cardiau llongyfarchiadau bob deg mil o eiriau, ac am fod mor gyffrous bo' Mam yn sgwennu llyfr, er na chewch ei ddarllen nes bo' chi'n un ar bymtheg!

Diolch i'r awduron ysbrydoledig a phrofiadol hynny a wnaeth fy arwain a'm hannog gydag amynedd ar hyd y daith newydd hon.

I Olwen Dafydd

1968 - 2014

a wnaeth fy annog, fesul neges testun llawn perswâd,
i fynychu fy nghwrs cyntaf
yn Nhŷ Newydd.
Dyna oedd dechrau'r daith hon.

Diolch iddi.

Fi Ydy'r Tada

Ebrill 2017

Nath hi grio bron heb oedi o'r funud gyrhaeddodd hi, ond do'n i'n gweld dim bai arni. Mi fyswn innau 'di crio hefyd. Mi nes i grio. Hen grio llwyd, di-dor.

Crio heb ffiniau.

Crio ar goll.

Crio isio bod adra.

Crio hunandosturiol.

Crio blydi hel.

Crio fel chwydu.

Llefain.

Wylo.

Udo.

Ych.

Do, daeth popeth allan, ond fedrwn i mo'i alw fo'n gathartig.

Wyddoch chi'r math o ffilmiau antur 'na lle mae'r arwr yn cael ei ddrygio a'i herwgipio gan ddynion drwg? Yna, ddau ddiwrnod wedyn mae o'n deffro yn rhywle anghysbell, heb ei ddillad nac unrhyw atgof o'r hyn ddigwyddodd, ond efo ambell anaf lle nad oedd yr un o'r blaen. Yn union felly bu'r digwyddiad.

Dau ddeg saith awr o hunllef. Mil chwe chant ac ugain munud o uffern. Naw deg saith mil a dau gan eiliad o boen echrydus, a minnau 'di meddwl wrth adael y tŷ bo' fi'n ennill.

'Mi fydda i'n ocê, 'sti, Mei. Ma cael dy ddeffro gan honglad o gontracshyn a dy ddŵr 'di'n torri yn arwydd da, wir yr. Mi ddaw hi'n reit sydyn rŵan, gei di weld.'

Dw i'n gwybod bo' fi'n bod braidd yn ddramatig am y peth. Ond roedd o i fod yn hardd, dyna nes i gynllunio. Mi o'n i'n mynd i fod yn gryf ac urddasol. Roedd y bydwragedd yn mynd i wenu'n ddistaw ar ei gilydd wrth gydnabod fy aeddfedrwydd a 'mhrofiad. Ond hyll a blêr bu'r dyfodiad, a minnau'n fusgrell yn ei sgil.

Roedd Mei, wrth gwrs, yn dweud nad oedd ots.

'Mae hi yma, Luns, a dach chi'ch dwy'n iawn – dyna sy'n bwysig rŵan,' meddai'n naïf.

Ond do'n i'm yn iawn, nag o'n, er gwaetha'i eiriau meddal a chyffyrddiad ei law fawr, fwyn. Ei law fel llaw'r Iachawdwr. Do'n i'm yn iawn o bell ffordd. O'n i'n rhacs. Yn fy nghornel ymadfer, yn flêr o ddi-fra. Mewn clwt hen bobl, yn sugno ar ambell niwroffen *contraband* a thagu bob yn ail â pheidio ... a'r hormons, y bastad blydi hormons.

Geni o'n i isio, nid rhwygo.

O'n i isio teimlo'r gorfoledd ohoni'n llithro'n naturiol ohona i. Yna'r rhyddhad a'r cariad ... ac ella bach o gymeradwyaeth, a llunia bach taclus i'w rhoi ar Facebook i bobol gael synnu pa mor dda o'n i'n edrych, ac i minnau gael ymateb drwy ddweud bo'r holl beth 'di bod yn chwim ac yn hawdd.

'Pam na fedri di jest deud bo' chdi'n dallt, Mei?' O'n i'n bwdlyd. 'Mond hynna dw i isio. Dw i'm isio chdi ddeud bo' pob dim yn mynd i fod yn iawn, dw i jest isio chdi ddeud ei fod o'n ocê i fi deimlo fel hyn.' Peth hunanol 'di swnian am ganiatâd i fod yn hunandosturiol.

Ond doedd yr annwyl Mei ddim yn deall, ddim y tro yma. Fo oedd y Tada, â phelydrau balchder yn tywynnu'n ddisglair allan o'i din. Roedd yr hen lew 'di meddwi ar wirioni, ei fwng trwchus yn sgleinio, a blew afreolus ei frest yn fwy cyrliog nag erioed.

'*Are you the father?*' gofynnodd bydwraig y shifft bore wrtho. '*Yes, yes I am,*' meddai. '*I am the father!*' datganodd eto, fel tasai ar *gameshow* amser cinio ar 5USA, yn cadarnhau ei benderfyniad i fynd am y jacpot. Sythodd y fydwraig ei bra.

Doedd o'm yn cerdded bellach. Roedd ei lefelau testosteron yn galluogi iddo hofran yn dduwiol o gwmpas y lle, ei epil bach pinc ar ei ysgwydd a'i frest chwyddedig yn gwneud i'r nyrsys chwysu. Sa Mei 'di gallu atgyfodi Owain Glyndŵr a sicrhau annibyniaeth i Gymru yn y diwrnodau cynta 'na. Ond yr unig beth nath o oedd fy ngwneud i deimlo'n hyll o genfigennus. Nid yn fwriadol, wrth gwrs. Sa Mei byth yn bod mor fwriadol o ddi-hid. Nid fy Meirion i.

Ond fel yntau, mi o'n innau isio teimlo'n rhydd a hapus. Isio dweud 'Ylwch be nes i!' gyda gwên a'r math o falchder sy'n ffrwydro. Yn anffodus, o'n i'n rhy gaeth i hunllef y geni, a dach chi ddim ond yn gwirioneddol ddeall peth felly os dach chi 'di bod drwyddo fo eich hun.

Pethadine

Hyd yn oed cyn i Mei gael sgwd yn ei geilliau am awgrymu bod ni'n rhoi'r *birth plan* yn y bin, o'n i'n gwbod mai collwr oeddwn i. Collwr gwael yn crio rhwng sgrechiadau am gyffuriau. Am gywilydd. Ond doedd dim pwrpas codi pais. Wedi'r cyfan, be wyddwn i bysa hi'n mynd yn sownd? Be wyddwn i bysa raid am sgalpel? Be wyddwn i ei bod hi am ddod yn agos at beidio bod? Babi mam.

Bu'n frwydr, er gwaethaf Enya. Brwydr waedlyd, swnllyd a hynod siomedig. Pathetig bu grym aromatherapi yn wyneb y fath boen arswydus, a des i'm yn agos at hyd yn oed roi cychwyn ar yr hypno-blydi-therapi. *Visualization*? Ie, reit! Doedd gen i'm gobaith mul o greu delweddau positif yn fy mhen, heb sôn am eu dal nhw'n llonydd ym mlaen fy meddwl tra 'mod i'n hymian cyfeiliant undonog.

Yn y diwedd rhoddais y gorau i gwffio, ildio i'r temtasiwn, a mynd ar fendar, diolch i'r coctêls Pethadine. Nefoedd, sôn am benfeddwdod! Sôn am falu cachu! O'n i'n hongian.

'Mei! Oooooooooooo, Mei, Mei, Mei bach, Mei fi. Dw i'n caru chdi 'sti, 'rhen lew.'

Mi o'n i'n saff efo Mei. Dim ots pa mor afreolus fy nheimladau, o fod yn canu *karaoke* yn y gawod ar ddiwedd noson feddwol yn gwylio *Mamma Mia!*, i fod mewn pydew yn llyfu gwerth blynyddoedd o greithiau emosiynol. Roedd Mei yn gadarn yn ei fawredd, ac wastad mewn siorts cargo, crys-T Cowbois, treinyrs a hwdi. Roedd o fel llew o flewiach eurfrown. O gudynnau tonnog ei ben i'w farf sgleiniog, a'i goesau oedd yn noeth ym mhob tywydd. Diolch i Dduw amdano a'i anwylder.

'Ti'n mynd i brynu bŵbs newydd i fi ar mhen-blwydd, dwyt cyw, rhai *perky* ... Pinky a Perky, hehehe ... a 'dan ni am fynd i Blackpool i aros efo Tony ac Aloma. Gawn i *lwyth* o hwyl, 'sti, dw i am ganu deuawd efo Tony. Ti'n meddwl neith S4C ddod i ffilmio fi'n canu? Faint o'r gloch 'di hi rŵan? Well ti gael swper cyn i'r babi 'ma ddŵad. Nest ti ddod â *packed lunch*? Ydw i 'di ca'l swper, dwed? Oooooooooo dw i isio bwyd. Nagoes, *Wine gums* dw i isio. Ia ... naci, dw i'm yn licio w*ine gums* ... Galaxy, hwnnw dw i isio. 'Sgen ti beth? Wwwwwwwwwwwww, ma 'na un arall yn dŵad Mei, omaigod, *paid* â twtshad fi, ocê? PAID! Mei, sod off! Wwwwww mam bach! Blydibasdad! Iesufishcêcs! Wwwwwwwwwwwwww cachu mwnci, ma hwn yn brifo!'

Pethadine, y *gateway drug*, wnaeth fy arwain i ddal y trên epidiwral, a mynd ar fy ngwyliau am ychydig o oriau cynnes, di-hid. Do, collais reolaeth ar raddfa eithaf epig, difa gwerth cannoedd o gyffuriau, a chreu ambell reg newydd yn y broses. Heb sôn am drio breibio Dr Adebayo i glymu fy nhiwbs yn y fan a'r lle, am *'fifty quid and my grandmother's gold earrings'*.

Ond allan ddaeth hi yn y diwedd, yn borffor, yn flin, ac i freichiau ei thad.

'*It's a* hogan bach, Mrs Lewis,' meddai Adebayo o'r tu cefn i'r mwgwd.

'*I know*,' dywedais, gan syllu tua nenfwd y theatr, a diolch i Dduw o waelod fy nghalon am ei chadw hi'n fyw yn ddigon hir iddi gyrraedd dwylo proffesiynol yn ddiogel. Gwenais, fy amrannau'n dew o ddagrau. Roedd y frwydr drosodd. Neu dyna o'n i'n feddwl.

'*Her name is* Fflur. Fflur Meirion.' Ochneidiais.

Gwenodd Adebayo yn annwyl arna i, y mwgwd erbyn hynny yn het gomedi ar ei ben.

'*Her father works for* Es Pedwar Ec *you know*,' dywedais wedyn, jest rhag ofn iddo newid ei feddwl am y tiwbs. Doedd Mei ddim yn gwybod lle i sbio.

'*He's a floor manager* efo *clipboard and headphones*, pwysig iawn, *and keeps* trefn *of everybody in the studio so there's no* dryswch.' Ond doedd gan Adebayo ddim syniad am beth o'n i'n siarad.

'Dw i dysgu Cymraeg yn dipyn bach iawn,' meddai, ei lygaid yn dawnsio. 'Bore da i chi heddiw a pob lwc a babi newid chi!'

Lawr Grisiau

Dach chi'n gwbod bod chi 'di bod drwyddi pan maen nhw yn eich rhoi chi mewn stafell ar eich ben eich hun, ac mae'n dda bod nhw 'di gneud. Er lles cyfforddusrwydd, bu raid i mi dreulio peth amser yn dinnoeth ar dywel. Pwmpiai gwaed dieithr yn gynnes i fy ngwythiennau tlawd. Pwmpiai radio ysbyty i mewn i un glust ac allan drwy'r llall, a cheisiais innau fy ngorau glas i gyfri fy mendithion. Ond o'n i 'di fy nhorri braidd. Sa G&T a llif cyson o sgwariau Galaxy o ddwylo tyner Huw Chiswell 'di helpu. Ond dyna ni.

Wir yr, dau o blant eisoes a miloedd o flynyddoedd o esblygiad, ac o'n i fatha 'swn i 'di bod mewn blydi damwain car.

Tynnais y clustffonau.

'Mei, Mei, ti'n clywed fi, Mei?'

'Dim rŵan, Luns, dw i newydd ga'l hi i gysgu.'

'Mei, plis. Rho hi lawr am funud, dw i angen i chdi ddod yma.'

'Dal arni 'ta, ddo' i rŵan. Ma babi Dad 'di blino chi, dwyt siwgr bach?'

Rhoddodd gannwyll ei lygad yn ôl yn ei gwely benthyg, fel tasai hi wedi'i gwneud o blu gwydr a throdd ata i'n anobeithiol. Roedd o eisoes yn gwybod bod gen i'm byd positif i'w ddweud. Rhyfedd sut mae rhywun yn arfer.

'Ma siŵr bod chdi methu dallt sut bod rhwbath mor berffaith â hon 'di dod allan o rwbath mor blydi blêr a ffycd yp â fi, dwyt?' Craffodd Mei arna i. O'n i'n amau 'mod i ar rew tenau. Ond fedrwn i'm stopio.

'O c'mon, callia, Luned!' Dechreuodd yr hen lew golli amynedd braidd, ac roedd hynny'n anarferol. Baglais innau dros fy anadl rhwng dagrau mawr poeth. Roedd enaid Mei mor addfwyn, a'i galon yn un o'r rhai mawr cynnes 'na sy'n mendio craciau.

'Wyt ti 'di galw fi yma jest i wrando arnat ti'n lladd arnat ti dy hun eto?' Eisteddodd ar ochr y gwely a gosod ei law ar fy nghoes. 'Yn enw'r tad, Luns, rho'r gora i'r hunandosturi 'ma, plis! Dw i 'di ca'l llond bol arno fo 'sti ... ti'n well na hyn. Dw i'n gwbod bod petha 'di mynd o chwith, ocê? A dw i'n gwbod bo'r geni 'di bod yn rili shit ac yn ddychrynllyd, a dim fel oeddat ti 'di obeithio. Ond sbia arni hi – ma hi yma, yn berffaith ac yn iach, a mi fyddi ditha'n ocê mewn dim hefyd, 'nghariad i. Ti jest angen amser, 'sti, cyw, wir wan ...'

'Ond Mei ...'

'Na, Luns. Does na'm ond.'

Gollyngodd fy llaw a mynd yn ôl i ryfeddu at ei greadigaeth.

Ffŵl gwirion yn trio rhesymu efo hormons, meddyliais, gan sychu fy llygaid ar sgwâr o fwslin. Ochneidiais yn rhy amlwg a thrawodd yntau olwg feirniadol tros ei ysgwydd. Wrth gwrs, o'n i'n gwybod mai fo oedd yn iawn, ond Iesu mawr o'n i 'di hario, ac o bosib braidd yn bathetig. 'Dan ni i gyd angen cyrlio'n belen weithiau, tydan? Angen pwyso'r botwm saib ac esgus peidio bod yn oedolyn am fymryn bach. Ond mi o'n i bellach yn fam i dri. Yn fam, yn wraig, yn arweinydd cylch meithrin, ac yng nghanol hynny i gyd, yn rhacs.

'Mei?'

'A-ha?'

'Sori.'

''Sdim rhaid, ma'n iawn.'

'Diolch.'

'Dw i'm angen hwnnw chwaith. Fi 'di dy ŵr di, cofio?' winciodd arna i, ei gariad yn gadarn yn ei wên. Roedden ni'n deall ein gilydd unwaith eto.

'Mei?'

'Iaaaaaaaaaa?'

'Ymmmm ... ga i help am eiliad, plis, cyw?'

'Be fedra i neud i chi rŵan, Mrs Lewis?'

'Wel, mae o braidd yn embarysing.'

'Allan â fo.'

'Dw i isio i chdi jecio wbath i fi.'

'Be felly?'

''Swn i'n licio i chdi gael golwg lawr grisia i fi, plis.'

'Lawr grisia?'

'Ia, ti'n gwbod ... fan'na.' Nes i'm codi 'mhen, dim ond pwyntio i gyfeiriad Gehenna. O'n i'n swp o gywilydd.

'Yyymmm ...' Rhewodd Mei.

Y gwir oedd, doedd gen i'm clem sut stad oedd yna lawr grisiau. Doeddwn i'm 'di meiddio cyffwrdd mewn unrhyw beth is i lawr na 'motwm bol ers y geni. Dim ffiars. Fedrwn i'm plygu beth bynnag. Felly Duw a ŵyr pa mor lân a thaclus oedd fy ngardd lysiau, na pha mor eithafol y difrod.

O'n i'n cofio bod 'na nyrs ifanc wedi rhoi cais ar botsian, chwarae teg iddi. Mari'r fyfyrwraig, ei henaid dilychwin ddim wedi llwyr gymodi â bywyd mewn ysbyty eto, gryduras. Fu hi wrthi'n ddiwyd am chwarter awr neu fwy – wel, deg munud o lanhau a phum munud o'r ymddiheuro mwya diflas. Wrth gwrs, diolch i'r epidiwral, fedrwn ni'm teimlo unrhyw beth oedd hi'n ei wneud a'i gwlân cotwm a'i phowlen ddŵr. Ond fel dyn yn llnau popty, o'n i'n amau'n gryf bod hi 'di gadael llanast ar ei hôl.

Roedd wyneb Mei yn dweud y cyfan. Roedd hi'n amlwg nad oedd o'n awyddus o gwbl i weld ei wraig yn dinnoeth dan y fath amgylchiadau, heb sôn am fynd i archwilio'i thanddaearol leoedd. Sôn am newid tiwn. Sa Huw Chis yn siŵr o fod wedi ufuddhau, meddyliais yn freuddwydiol.

Diflannodd i chwilio am nyrs a phaned gysurus. Gollyngais innau fy mhen i'r clustog. Yna gyda delwedd hyfryd o anweddus yn chwyrlïo drwy 'mhen o Huw Chis mewn menig *latex*, a'r wên *honno* ar ei wyneb, syrthiais i drwmgwsg unwaith eto, er gwaetha'r anesmwythder.

Bronnau

'Still no luck, 'mach i?'

Doeddwn i'm 'di bod ar ward famolaeth Beca am fwy na dwy awr pan wahanwyd llenni'r ciwbicl gan ben gwlanog Senior Sister Davies RM. Caeais fy llygaid am foment er mwyn llyncu'r siom. Mi o'n i eisoes wedi cael y pleser o'i chwmni tua hanner dwsin o weithia ers y geni, a doedd hi'm 'di gwneud dim ond hambygio.

Ymddangosodd ei chorff hir o 'mlaen i. Roedd hi'n bolyn o ddynes. Fel colofn farmor mewn teml, yn llinellau hir, diflas a di-liw, gydag ambell addurn ar y top i dynnu'r llygaid. Sythodd ei hiwnifform ddulas yn awdurdodol, yna taflodd gip feirniadol ar y cinio heb ei gyffwrdd ar y troli wrth waelod fy ngwely.

'Tyd wan, ma isio cael gwared â'r stres ma, does!' meddai'n ddidrugaredd. 'Tydy o'n gneud dim lles i chdi na'r babi. Ddaw na'm byd ohoni fel hyn, *believe you me!*'

Ia, ia, ia, *'believe you me,'* pob dydd, fel tôn gron. Sôn am lond bol.

Doedd 'na'm posib dweud bellach lle'r oedd Kathleen

Meri Davies yn gorffen a Senior Sister Davies RM yn dechrau. Roedd lliwiau pastel, niwlog y wardiau yn treiddio drwy rychau blinedig ei chroen hyd at lwydni ei gwallt, fel petai hi wedi'i gwneud o'r waliau, ac wedi'i magu ar y coridorau hir 'mysg sgrechfeydd poenus a chymylau o arogl llefrith a gwaed. Hi oedd piau'r adain famolaeth, a'r adain famolaeth oedd ei phiau hi. Roedd ei llygaid llonydd yn las glanwaith, a'i gwefusau, er eu bod yn llydan, yn farwaidd, fel petaen nhw erioed wedi profi angerdd cusan. Ond doedd 'na'm byd gwelw am ei chymeriad.

'Duw, sa neb 'rioed 'di bod ar gefn hon, siŵr iawn,' meddai Mei'n ddi-hid wrth edrych arni o bell, '*believe you me*,' meddai wedyn yn bryfoclyd.

'Sa ti'n meiddio mentro, Mei? Fedra i'm gweld yr un dyn yn ddigon dewr i hoelio honna lawr, heb sôn am drio cael yr iwnifform 'na i ffwrdd!'

Treuliodd Davies ei diwrnodau yn troedio'n ben-derfynol o un fam flinedig i'r llall. Ble bynnag y crwydrai, mynnai sylw ymhell cyn iddi ymddangos, ei llais dwfn yn rhoi'r camargraff ei bod hi yr un mor llydan ag oedd hi o dal. Dyma ddynes oedd yn haeddu arwyddgan.

Edrychais i fyny a rhychu 'nhalcen mewn erfyniad.

'Plis ga i botel iddi, jest un bach i drio, dw i 'di blino gymaint. Wir yr, dw i'n hollol shatyrd a dw i 'di trio mor galed, ond ...' llyncais fy mhoer a phlygu fy mhen. Disgynnodd fy llygaid ar fy mronnau. Blydi hel, o'n i'n teimlo'n ddiwerth.

Camodd Davies at erchwyn y gwely, a heb ffws na rhybudd dyrchafodd fy epil yn ddramatig i'r awyr, fel petai'n ei chyflwyno i'r byd. Yna gosododd y fechan yn swp ar ei hysgwydd, a pheidiodd y crio. Edrychodd i lawr arna i a rhoi cledr ei llaw yn drwm ar fy mhen, fel offeiriad yn rhoi cymun.

'Ti'n gweld? Ma'r beth bach yn gwbod bod chdi'n stresd. *Now then*, fydd 'na ddim o'r busnas *giving up* 'ma ar fy shifft i!'

Hogan dre o deulu cefnog oedd Kath ... wel, dw i'n deud hogan, roedd hi ar drothwy ei hymddeoliad. Roedd 'na bedigri yn ei haddysg, cryfder yn ei gwaed a Wenglish yn dew ar ei thafod.

'You've done this twice before, love, and it's no different this time, believe you me! For starters, mae angen bwyta'n well! Reit, dw i'n mynd i nôl paracetamol a panad i chdi, wedyn chwilio am y Lactation Consultant – gewch chi *chat* bach arall pnawn ma, ocê 'mach i? *We'll get through this*, paid ti â phoeni rŵan. *I haven't failed yet, you'll see!'*

Naddo, mae'n siŵr, meddyliais. Doedd 'na'm ôl methiant ar Kathleen.

Daeth fy merch yn ôl i fy mreichiau gan ollwng ochenaid fach grynedig. Roedd ei llygaid ar gau, a'i dwylo yn ddau ddwrn gwelw. Wannwl roedd hi'n beth bach del, hyd yn oed pan oedd hi'n flin. Dechreuodd y ffrwtian a'r gwingo unwaith eto, yna'r crio. Felly criais innau efo hi. O'n, ro'n i'n gachgi, a doedd gen i'm pwt o egni ar ôl. Bastad hormons! Bastad bronfwydo!

Mei, dw i'm yn grêt. Angen chdi yma, rhen lew. Isio cwtsh. Sister Davies 'di bod yn fy mhen i eto. Ma hi'n gwrthod yn llwyr gadael mi roi potel i Fflur a dw i 'di blino gymaint, so plis nei di ddod. Neith dy chwaer gymryd yr hogia. Caru chdi llwyth. XxxX *[send]*

Sori nesh i anghofio, nei di plis dod â Galaxy a Niwroffen? XxxX *[send]*

Caru chdi llwyth. XxxX *[send]*

Dw i BYTH yn mynd drw hyn eto, ocê? XxxX *[send]*

Diolch. Sori am fod yn boen. XxxX *[send]*

Oedrannus

Lle didrugaredd oedd ward famolaeth Beca. Fel mart ar bnawn Sadwrn. Pobol yn mynd a dod yng nghanol sŵn udo ac oglau cachu. Dim lle i droi, te dŵr pwll, a phawb yn mynnu sylw o bob cyfeiriad.

O'n i 'di gorfod cael dau beint o waed ffres, a dangos bo' fi'n medru rhoi fy nicer yn ôl ar fy nhin er mwyn bod yn gymwys i ymuno â'r haid ar y ward. Ond sa'n well gen i fod wedi aros yn fy stafell ymadfer. O leiaf yn fan'no o'n i'n cael pi-pi yn daclus mewn bag. Ond codi oedd rhaid, a mentro am y tro cynta ar fraich Mari'r fyfyrwraig i'r tŷ bach.

''Dan ni mond angen gweld bod chi'n gallu pi-pi yn iawn ar eich pen eich hun yn y toilet,' meddai wrtha i, fel tasai hi ar brofiad gwaith mewn cylch meithrin. Roedd yr holl beth yn erchyll, blêr a llawn embaras. Doeddwn i wir ddim yn edrych ymlaen at orfod *mynd* eto. Ond mynd fu raid, dair gwaith yn ychwaneg cyn amser cinio.

'Da iawn chi!' meddai'r fyfyrwraig yn nawddoglyd. '*Bowel movements* nesa!' Nefoedd yr adar!

O'n i'n cael y teimlad mai fi oedd yr unig un yn y farchnad wartheg honno oedd efo unrhyw fath o brofiad bywyd. Dyna roedd y geiriau ar waelod fy ngwely yn dweud, beth bynnag: *Elderly multigravida*. *Elderly*? Iesu gwyn, doeddwn i'm hyd yn oed yn meddwl am Beti George fel oedrannus, ac ma honno'n 78! *Elderly multigravida*. Oedd, roedd o'n swnio'n grand. Ond doedd o ddim mwy na hen derm anghynnes oedd yn cyhoeddi i'r byd, nid yn unig fod gen i ormod o blant eisoes, ond hefyd fy mod wedi gadael hi'n rhy hwyr i gael mwy. Wedi mynd yn rhy hen i fridio. Taswn i'n fuwch mi fysan nhw wedi fy nhroi i bellach yn becyn deuddeg darn o Butcher's Succulent Meaty Chunks in Jelly. Rhag fy nghywilydd am beidio cyd-fynd â chyfundrefnau taclus cymdeithas.

Felly roeddwn i'n 'oedrannus' ac yn clwydo'n dawel gyda 'nghyw bach, mewn cornel di-liw a digysur yn ward Beca, yn erfyn ar f'annwyl ŵr i ddod i fy achub gyda chyffuriau gwaharddedig. Yn araf ddisgyn yn ddarnau yn fy ngogoneddus bymthegfed flwyddyn ar hugain, a phawb arall o 'nghwmpas i mor hynod ifanc.

Dylai popeth fod wedi disgyn i'w le yn ddidrafferth i fi, siawns? Fi a fy nhri deg pum mlynedd o brofiad bywyd. Nid nhw, y petha ifanc jarfflyd, di-hid 'na, a'u ffags ym mhocedi tin eu pyjamas. Doedd rhain ond babis eu hunain.

Mi o'n i 'di hel blancedi i ffoaduriaid a 'di gwneud cannoedd o *cupcakes* paced i foreau coffi'r capel. Mi o'n i 'di arwyddo pob blydi deiseb adain chwith, hiwmani-taraidd, eco-wariar, achubwch y kakapo, Safwch gyda Cigyddion Ceredigion, fedrwn i eu ffeindio ar Facebook.

Mi o'n i 'di diodde priodas odinebus efo ffermwr hyll o hunanol, ac yn ei sgil wedi gorfod wynebu adlewyrchiad ohonof fy hun yn deilchion, cyn codi'r tameidiau bach oddi ar y llawr a'u gludo nhw'n bwyllog, fesul un, yn ôl at ei gilydd. Mi o'n i 'di amddiffyn fy hogia bob cam o'r ffordd, drwy boen ac ofn wedi ailddechrau credu, wedi disgyn i freichiau Mei, wedi dysgu ymddiried a dysgu derbyn cariad.

Gwnewch y petha bychain, meddai Dewi Sant. Wel, mi o'n i 'di gneud y petha mawr, a rhywsut yn amau a oedd Dewi Sant a'i fath yn talu sylw o gwbl.

O'n i isio medru gweiddi ar y genod ifanc, 'Ylwch, nid camgymeriad 'di hon, nid noson feddwol yng nghefn Seat Ibiza nath greu'r harddwch bach perffaith yma!' Fo a fi nath ei chreu hi gyda'n cariad mawr ni. Creu gwaedwyllt ar wely *king-size* yn yr Hilton yng Nghaerdydd, mewn crys rygbi Cymru, a thocyn VIP S4C yn sownd yn fy nhin. Fe nathon ni sefyll o flaen Duw ar gyfer hon – er gwell, er gwaeth. Fysa Hollywood ddim wedi medru creu gyda mwy o gariad, angerdd a serendipedd nag y gwnaeth o a fi y pnawn hwnnw, Prosecco neu beidio. Fe lwyddom i hoelio ein cariad i'r wal. Fe lwyddom i brofi i'r byd ein bod ni, wedi'r cyfan, yr un mor normal â phawb arall. Daethom ynghyd, cawsom fabi.

> Edrych mlaen CYMAINT i weld chdi. Dw i rili ddim yn licio bod ar y ward ma. Dw i'm yn ffitio fewn o gwbl, fel arfar. Dw i jest isio bod adra efo chdi a Fflur a'r hogia. Ti 'di cael y Galaxy? Edrych mlaen am gwtsh. Caru chdi. XxxX *[send]*

Maes Morfa

'Jesus, Neil! Dw i'm yn deutha chdi eto!'

Holltodd sŵn cweryla chwerw drwy'r ward. O'n i 'di clywed si am yr enwog Shoned yr ochr draw i'r llenni, ond doeddwn i'm 'di cael y pleser o'i chyfarfod hi'n iawn eto. Calon aur, braidd yn danllyd, ond yn amlwg yn fam hollol naturiol.

'Be uffar sy neud i chdi feddwl byswn i 'di gadael y bastad budur 'na fewn i nicyrs fi?' Parhaodd yr hefru yn y ciwbicl drws nesa.

'Wel, dyna ma pawb yn Morfa'n deud, ma'r stori yn dew hyd lle 'cw. Pawb yn blydi gosipio amdana chdi a fo!' Ymddangosai bod Neil yr un mor danbaid â'i gymar.

'Ffor ddy lyf of God, Neil, dw i 'di deutha chdi na fedra i'm diodda fo, dim mwy na fedra i ddiodda chdi ar y funud, y nob! Chafodd o'm heibio *first base*, i chdi gael dallt. Gin pwy ti'n feddwl gafodd o'r *black eye* masif 'na?'

Penderfynais ddianc o' mhoenau fy hun am ennyd i wrando ar boenau Shoned. Rhyfedd, meddyliais, sut bod ymgolli ym mhroblemau pobol eraill yn rhoi rhyw fath o saib i ni o'n problemau ein hunain, yn y modd y mae gwylio opera sebon dros ben llestri yn beth ymlaciol i'w wneud gyda'r nos.

'Pam bod o 'di deud wrth pawb yn y pyb 'ta?' Doedd 'na'm tawelu ar feddyliau negyddol Neil.

'Sud uffar dw i fod i wbod, Neil?' brathodd Shoned.

Aeth Neil ati i weithio'n galetach ar ran yr erlyniaeth.

'Roedd o'n blydi gweiddi dros bob man, yn dangos i hun ac yn bragio, a wedyn yn prynu diod i'w fêts ac yn selybretio fatha blydi *father of the year*, meddai Ems tu ôl i'r bar! 'Swn i 'di bod yna 'swn i 'di leinio fo, i chdi gael dallt, 'swn i 'di hanner ei ffwcin ladd o!'

Peidiodd y mân sibrwd cefndirol. Tawodd sŵn bwrlwm y ffynnon ddŵr yn y coridor a diflannodd rhythmau clustffonau'r ferch swil yn y ciwbicl wrth y ffenest. Cafodd Neil a Shoned y llwyfan iddyn nhw eu hunain.

'Cer i hanner ei ffwcin ladd o 'ta, ti ddigon blydi sdiwpid!'

'Iawn, ella a' i, i chdi gael dallt, gei di weld!'

'*Put your money where your mouth is* 'ta, Neil. Ond os ti'n meddwl bydd Harrison a fi yn dod i weld chdi yn clinc, *you've got another thing coming*!'

Druan â Harrison bach yr ochr draw i'r llenni, a'i fywyd ansefydlog *Pobol y Cwm*-aidd. Babi gwyn glân, yn ddiniwed ac mor ofnadwy o fregus, a chlecian brwydrau niweidiol ei rieni yn dawnsio'n wyllt fel mellt o gwmpas ei ben.

'Eniwê, ma'n *obvious* bod Kev mond yn gneud hyn am bod Janice 'di ffeilio am *divorce*. *Revenge* ydy o i gyd, 'de. Doeddan nhw mond 'di pr'odi am saith mis pan a'th pob dim lawr y pan, am bo' hi 'di bod yn hwrio hi 'fo dyn arall. So deud celwydd i gael *one up* arni hi mae o 'de, ma pawb yn gwbod hynny ond chdi. God, ti mor ffwcin thic weithia, Neil!'

Ein Fflur ni yn ddiwrnod oed a'r fath iaith yn llenwi ei chlustiau bach. O'n i 'di gobeithio am ddechrau gwell iddi hi. Roedd fy ngŵr i'n gweithio i S4C, wedi'r cyfan. Gwyn ei byd bach perffaith dosbarth canol ... wel, gawn ni gyd smalio.

Roedd shrapnel perthynas doredig Neil a Shoned yn tasgu i bob cyfeiriad erbyn hynny a phawb ar ward Beca wedi eistedd 'nôl yn hunanfoddhaol i wrando ar bennod nesa'r opera sebon. Roedd bywyd yn gallu bod yn gachlyd weithia, ond fedrwn i wastad fy argyhoeddi fy hun fod fy mhroblemau i ddim hanner mor wael â thrafferthion rhai o drigolion Morfa. O'n i 'di dod yn bell, chwarae teg, neu felly o'n i'n licio feddwl.

'So *what* os nesh i snogio fo? Blydi hel, 'di hynny 'im byd, nacdi! Roedd y ddau ohonon ni'n *pissed* ac o'n i dal yn *devastated* am Taid ac o'dda chdi'm yna i syportio fi, nag o'dda chdi?!' Roedd Shoned ar garlam bellach, wedi llwyr ymgolli yn ei hamddiffyniad.

'Ti'n gwbod yn iawn gafodd o ddwrn yn syth bìn pan a'th llaw fo o fyny top fi – nesh i ddeutha chdi noson honno, do! Celwydd o'dd yr holl stori *football injury* 'na. So no wê na fo 'di tad Harrison, ocê? Ti goro coelio fi, iawn? Ffwcin pen bach ydy o, meddwl bod o'n well na pawb arall, yn mynd rownd dre yn y BM crap 'na'n dangos ei hun efo'i *tinted windows* sdiwpid. Idiot! Omaigod, dw i 'di cael llond bol ar yr holl blydi busnas 'ma, dach chi gyd yn pisio fi off *big time*. Gafal yn hwn nei di, dw i'n mynd allan am ffag.'

Ac yna, fel toriad hysbysebion, tawodd y ddrama a hwyliodd Shoned o'r ward fel llong yn rhwygo drwy'r llanw, gan adael Harrison ym mreichiau dibrofiad ei 'dad'. Roedd ei hwyliau'n llawn gwynt, ei llygaid yn llaith, ei chamau'n flin, a Benson & Hedges ffres, llond ei groen, yn mân grynu rhwng ei bys a'i bawd.

Llonyddodd cyrtens y ciwbicl ac ochneidiodd Neil drwy frathiad gwefus. Gosododd gusan ar ben sinsir Harrison, cyn sibrwd 'cont' yn flin i gyfeiriad y drafft adawodd Shoned ar ei hôl.

Er iddo fod â chyfle euraid i dreulio ychydig o amser ar ei ben ei hun gyda'r bychan, nath Neil ddim aros.

'Sori boi bach, dw i goro mynd, ia,' meddai wrtho. 'Dw i'm yn meddwl bo' fi syposd i fod yma.' Yna ar y gair, gosododd Harrison yn ôl yn ei grud cyn tynnu ei *hoodie* cuddliw dros ei ben, a stelcian allan fel petai ganddo ddim perthynas o gwbl â'r byd o'i gwmpas. Aflonyddodd Harrison ddim. Gorweddodd yn ddistaw nes i un o'r nyrsys ddod yn ymwybodol o'i amddifadrwydd, a'i wthio at y prif ddesg i lawr y coridor.

Roedd hi'n hanner awr go lew cyn i Shoned ddod 'nôl, ac ro'n i'n eitha sicr bod Neil 'di llithro allan drwy fynedfa wahanol, fel na welodd hi o'n gadael. Dychwelodd Shoned yn welw ond penderfynol. Gwthiodd ei babi yn frysiog tua'r ciwbicl, fel petai tu cefn i droli siopa ar *Supermarket Sweep*. Yna, yn ei byrbwylledd, llwyddodd i daro yn erbyn y gadair wrth ymyl fy ngwely a thaflu fy mag newydd LledarDotCom wysg ei ochr, nes iddo saethu i ganol y ward, glanio'n swnllyd ar y leino, a gwasgaru ei holl gynnwys fel hadau. Roedd popeth, gan gynnwys fy eli peils, ar gael i bawb i'w lygadu.

'O ffyc, ffyc, ffyc, sori!' poerodd Shoned. 'Aros fan'na, iawn? Na i godi petha chdi gyd rŵan.'

Parciodd Harrison ochr yn ochr â Fflur, taflodd ei hun ar y llawr a dechreuodd gribinio cynnwys fy mag tuag ati gyda'i hewinedd hirion. Gwingais am eiliad wrth feddwl amdani'n potsian gyda 'mhetha fi, ond gan ystyried bod hanner y ward eisoes yn gwybod bod gen i beils ac yn gaeth i *scratch cards*, do'n i'm yn gweld beth oedd gen i i'w ennill drwy wneud o fy hun. Felly arhosais yn fy ngwely yn gwylio dieithryn yn byseddu darnau o fy mywyd yn fusneslyd. Dyna pryd cafodd Shoned a fi ein cyflwyniad cynta i'n gilydd.

Un ar ôl y llall, aeth pob eitem yn ôl i'r bag, yn llawer fwy trefnus nag oeddan nhw o'r blaen. Faswn i 'rioed wedi dyfalu bod ganddi obsesiwn gyda thaclusrwydd, ond aeth ati gyda'r gofal mwya i gasglu a threfnu fy stwffiach, gan wneud ambell sylwad am bob yn ail beth roedd hi'n ei fodio.

'O ciwt 'di llun 'ma o chdi a dyn chdi'n pr'odi.'

'Neis 'di bag chdi – 'di o'n *fake* neu'n *real thing*?'

'Gosh, ma mam fi'n gwisgo *perfume* 'na hefyd.'

'Blimey, ma sbecdol darllan chdi'n hen ffash.'

'Paid â wastio pres chdi ar *scratch cards* punt 'na, ma rai ffeifar lot gwell, 'sti.'

'Hahaha! Mae'n tŵ lêt i iwsio condoms rŵan, dydy!'

'Bechod bod gin ti peils, del.'

'Wwwwww, ma *rhywun* yn licio Galaxy!'

Yna oedodd. Tawodd y sylwadau, ac aeth Shoned yn hollol lonydd.

'Omaigod, y llun 'ma,' meddai'n lled emosiynol.

Eisteddodd yn ei hunfan â hen ffotograff meddal yn ei llaw.

Rhythodd arno.

'Lle gest ti y ... ymmm ... pwy 'di hein yn y llun 'ma?'

'Fi 'di honna, Shoned. Fi efo Mam. O'n i tua mis oed dw i'n meddwl.'

'Be? Chdi 'di babi 'ma? Rili?'

'Ia.'

'O, waw.' Parhaodd i syllu yn fud ar y llun.

'Ti'n iawn, Shoned?'

'Hmmmmmmmmm.'

'Shoned?'

'Y?'

'Be sy, ti'n iawn?'

'*Oh yeah* ... iawn ... yndw siŵr ...' Nath hi'm codi ei phen.

'Sori, ond pam ti'n swnio fatha bod chdi 'di synnu cymaint?'

'Ym, wel ... o dim byd mawr, 'sdi. Mae o ... wel ym ... mae o jest yn ...' Yna'n sydyn, cododd ei phen i edrych arna i a bywiogodd ei llais.

'Mae o jest yn llun *mor* lyfli. Mae o go iawn, fatha llun allan o hen lyfr neu ffilm ers talwm neu wbath felly. Ti'n edrach yn rili ciwt yn y ffrog bach na ... a ...'

Dechreuodd llaw Shoned grynu rhyw fymryn. Cyfuniad peryglus ydy mwg dwy sigarét, un coffi peiriant a blinder ôl-geni.

'A ma dy fam yn edrach rili *besotted* efo chdi ... fatha wbath allan o *magazine*, neu un o llynia smalio 'na ti'n ga'l pan ti'n prynu ffrâm yn siop. Dw i reit *moved* efo llun chdi 'sdi, ma fo *mor* biwtiffwl.'

Roedd ei llygaid yn fawr ac roedd hi'n hynod dlws.

'Sgynnoch chi'm hen lunia fel hyn yn teulu chi, Shoned?'

'Na, dim pres i fforddio ffotograffer go iawn, jest hen

Polaroids weithia amsar pen-blwydd a ballu. Ma rhaid bo' rhieni chdi'n *loaded*, yndyn?

'Wel, roeddan nhw'n ddigon cyfforddus ar y pryd,' dywedais.

Yna heb ffwdan, cododd Shoned i'w thraed a llithrodd y ffotograff yn ofalus i boced ochr fy mag.

''Sti be, dw i 'di cadw'r llun 'na efo fi 'rioed ... wel, ers i Dad ei roi o i mi pan o'n i'n fach. 'Di Mam a fi 'rioed 'di bod yn agos. Ond ma'r llun 'ma'n helpu fi i gredu bod 'na gyfle bod hi yn fy ...'

Collodd Shoned ddiddordeb yn y sgwrs a throdd at ei chiwbicl.

'Ymmm, eniwê, diolch am godi fy mhetha fi,' ochneidiais, gan ofni bo' fi 'di bod braidd yn rhy agored.

'Ti'n lwcus, mae o'n llun rili neis, ia,' meddai'n ffeind wrth blygu rownd ymyl y llenni a rhoi fy mag yn ôl ar y gadair.

'Llunia felna'n *precious*, dydyn?' meddai wedyn, gan edrych i fyw fy llygaid am eiliad, ac yna'n syth i lawr ar ei slipars. Nath hi'm aros am ateb a ddwedais innau yr un gair arall. Roedd fel petai teimlad o golled yn ei llais, ond doeddwn i ddim am brocio.

Caeodd lenni'r ciwbicl yn glyd amdani hi a'i hepil bach.

'Ty'd Harrison, amsar *boobies*,' meddai'n ddistaw.

Efo George yn Heaven

Rhodd gan 'Taid Raymond' oedd Harrison, meddai Shoned dros *cajun chicken pasta* annaturiol oren amser swper y noson honno, a dyna gredai hi 'o waelod calon fi'. Mi oeddwn i, ar y llaw arall, yn credu bo' fi eisoes yn gwybod gormod amdani. Roedd hi'n anghyfforddus o agored.

Wedi digwyddiad y bag y pnawn hwnnw, penderfynodd fy nghymydog fod sgyrsiau mwy personol bellach yn dderbyniol. Cafodd y llenni eu tynnu o gwmpas y ddwy ohonom i greu un ciwbicl mawr, ac roedd Shoned yn ei hanterth yn adrodd ei hanes.

Roedd Taid wedi symud i Lerpwl i chwilio am waith ar ddiwedd y 50au a fan'no fuodd o'n byw am gyfnod, yn ôl ei wyres. Yna, ar y 9fed o Chwefror 1961, yn llwyr ar hap, piciodd Taid i'r Cavern Club am ginio. Yno'r pnawn hwnnw, wrth iddo fwynhau adloniant annisgwyl yn nhywyllwch myglyd yr ogof, cafodd Taid epiffani dros hot dog a pheint o gwrw.

Yn ôl yr hanes, fe gymrodd Taid flynyddoedd i droi parlwr Gwelfor yn amgueddfa, un llawn cofroddion o bob lliw a llun, yn deyrnged lawn angerdd i brif gitarydd y Beatles. Y gitarydd gorau yn y byd. Roedd y parlwr yn werth ei weld, a'r lluniau ohono wedi'u cadw'n ddiogel megis trysor, mewn albwm yng nghrombil iPhone Shoned o'r enw 'Taid Beatles'. Cafodd Taid hefyd y fraint o sgwrsio efo Hywel Gwynfryn ar Radio Cymru unwaith am ei gariad at George a'i gitâr. Roedd o fel cael *celebrity* yn y teulu, meddai hi.

Ond yna daeth trychineb.

'Nath Taid druan gadael ni *suddenly* dechra *June* diwetha. Roedd y teulu yn hollol *devastated*,' meddai, fel petai'n darllen stori arswyd.

'Gafodd o send off lyfli i *medley* gan y Beatles a gafodd o'i gladdu 'fo llun o Nain yn un llaw a llun o George yn llaw arall fo, jest fel oedd o isio. Mae o efo George rŵan yn *heaven*.'

Dair wythnos wedi'r claddu, tra ar ei chwrcwd yn nhoiledau staff y Co-op yn syllu'n fud ar ddwy linell fach binc ar ffon blastig wen, ffeindiodd Shoned ei bod hi'n feichiog. Gwyddai'n syth mai rhodd gan Taid oedd y bywyd newydd 'ma, er gwaetha'r ffaith bod 'na o leiaf *un* dyn meddwol wedi bod ar ei chefn hi noson yr angladd, rhwng cegeidiau barus o sosej rôls.

Dim ond cadarnhad o be wyddai hi'n barod oedd datguddiad mawr y sgan ugain wythnos.

'*You're having a boy*, Miss Evans.'

'*I know*,' atebodd hithau'n broffwydol, cyn syllu tua'r nenfwd a sibrwd 'diolch, Taid,' dair gwaith yn olynol, gyda phob yn ail ochenaid ddramatig o emosiynol.

Bedwar mis yn ddiweddarach, mewn ambiwlans ger cylchfan Morrisons, fel tasai Shoned eisoes wedi geni dwsin o fabis, daeth Harrison Raymond Evans i'r byd gyda chnwd o wallt coch.

Mawr bu'r diolch i'r paramedics am gael y *skinny jeans* i ffwrdd mewn amser.

Swatiodd Shoned ei mab bach noeth dan ei thop a rhoi sws ar ei ben, yna syllodd tua nenfwd yr ambiwlans a diolchodd i Taid unwaith eto.

♦

''Dan ni mond yma dros nos i recyfrio,' meddai ar derfyn ei hanes gan wasgu'r bychan at ei bron, 'ac i neud yn siŵr bod Harrison mewn proporshyn.'

Roedd gan Taid Raymond un goes yn hirach na'r llall, chwedl Shoned, ac roedd ei chred yng nghysylltiad ysbrydol Harrison â'i hen daid mor gryf nes ei bod wedi'i harwain i gredu bod y bychan yn mynd i dyfu fyny yn union yr un fath â'i daid ym mhob ffordd. Cochyn brycheulyd, cloff, direidus, gydag obsesiwn annaturiol â'r chwedegau.

Felly swnian fel y ddannoedd bu Shoned ar yr ymgynghorwyr meddygol, y bydwragedd a'r ffisiotherapydd, yn mynnu nad oedd Harrison yn cael cam. Roedd pawb, hyd yn oed y portar, wedi gorfod edrych ar goesau bach tew y Meseia.

Ac felly bu am 24 awr – Shoned yn swnian am dâp mesur, a minnau yn swnian am botel o fformiwla.

Shoned a fi.

Dau ganlyniad positif, annisgwyl.

Dwy enedigaeth ddramatig.

Dau fywyd newydd.

Dwy fam ... dipyn bach ar goll.

Strip Poker

Difaru nes i fy mod wedi gadael i'r llenni gael eu gwahanu. Doedd 'na'm llonydd i'w gael wedi hynny. Roedd yn amlwg fod Shoned wedi hen arfer bod yn fyrbwyll ac yn ddigon bodlon gadael i'w blwmars budur ddawnsio'n hy ar y lein ddillad. Roeddwn i, ar y llaw arall, ag angen greddfol i beidio. Doedd gen i mo'r hyder.

Do'n i ddim yr un fath â hi. Sa well gen i fod wedi parhau i glwydo'n ddirgel yn fy nghiwbicl. Parhau i amddiffyn fy hun a chuddio ôl fy methiannau rhag gweddill mamau llethedig ward Beca. Parhau i fod yn gachwr.

Ond wrth gwrs, diflannu wnaeth y sgrin breifatrwydd. Yn ei lle, 'mysg toreth o ansoddeiriau Americanaidd, gor-ddweud bywiog ac ystumiau dros ben llestri, cefais hanes bywyd Shoned, ei thaid, ei mab newydd-anedig, a George Harrison yr ysbryd glân.

Ar ôl llanast o bwdin bara a phaned welw, daeth Shoned i ddiwedd ei hanes am y tro. Syllais arni, y ddwy ohonom bellach dan deimlad oherwydd ymadawiad Taid Beatles. Y ddwy ohonom mewn penbleth ynglyn â thadogaeth Harrison Raymond Evans. Neil? Kev? Pwy a ŵyr?

Wedi saib anesmwyth, codais yn dawel ac ymlusgo tua'r lle chwech, i grio dagrau mawr mewn tawelwch ac arogl *disinfectant*. Syllais yn siomedig ar Luned Lewis yn y drych ac anadlais yn ddwfn, gan obeithio bysa pob gwynt yn ei dro yn tylino rhywfaint ar y clymau yn fy mrest ac esmwytho'r tyndra. Ond doedd dim rhyddhad. Rhaid felly oedd mynd yn ôl am ward Beca, ac at gwmni'r annofedig Shoned, a'r digalondid yn amrwd ar fy moch.

'C'mon del, gei di ddeutha fi, ia, *I'm a good listener*,' meddai, wrth weld y dagrau'n rhydd unwaith eto. 'Dw i'n gallu deud bod chdi hefo problems tu mewn i chdi a petha mawr yn poeni chdi, 'sti.' Oedd, roedd hi'n ffeind.

'Gen i 'chydig bach o *psychic* yna' fi, fel nain fi, 'sti. Gad bob dim allan, ia? Ti mewn *safe hands* efo fi, del.'

Ond fedrwn i'm ildio iddi. Dos i chwarae, Shoned, meddyliais. Er gwaetha'r llewyrch o gynhesrwydd cyfarwydd yn dy lygaid, dw i'm isio rhannu'r un briwsionyn personol efo chdi, sori, a dyna ddiwedd arni.

'*We're all the same*, 'sti, del. Mams efo'i gilydd, ia? 'Dan ni fod i syportio'n gilydd, dydan, fatha teulu, ia?'

Troais i wynebu'r aeliau anghysurus ac anarferol o dywyll, y llygaid duon, ieuanc di-grych, a'r mwng eurfrown a lifai mewn ton o berffeithrwydd sgleiniog o'i chorun at frig ei hysgwyddau. Na, doeddwn i'm isio dim 'syport' gan hon.

'O, mae'n ocê, diolch ti, Shoned,' dywedais. Rhythais ar y cylchoedd aur enfawr a grogai o'i chlustiau. Na, doedd hi'n cael dim gen i.

Roedd y drws 'di cau.

Doedden ni'm yn aelodau o'r un clwb.

Doedd gen i'r un bwriad o ddweud wrth y ferch o Maes

Morfa sut ges i fy chwalu'n rhacs 'rôl ffeindio Gethin (y bastad) yn godro Nerys Hafod Isaf (yr ast) yn y cwt gwartheg pan o'n ni bum mis yn feichiog efo Guto.

(Cau dy geg, Luned, wir Dduw.)

Doeddwn i *ddim* isio dweud wrthi am y cywilydd afresymol o'n i'n dal i deimlo dros bedair blynedd yn ddiweddarach, er 'mod i'n briod â gŵr hyfryd nad oedd yn bodio merched eraill. Gŵr oedd â swydd daclus yn S4C.

(Cau hi, Luned!)

Doedd yr un owns ohona i isio cyfaddef bo'r holl beth 'di chwalu fy hunanhyder yn deilchion, ac mai un o'r ffyrdd nes i oroesi oedd drwy ddatblygu OCD dwys am lanhau.

(Ti'n mynd dros ben llestri rŵan, Luned.)

Doeddwn i'm isio Shoned wybod bo' fi 'di cael dim cefnogaeth gan Mam, oedd wastad wedi bod yn hollol iwsles fel mam, am bo' Mam-gu wedi curo'r cariad ohoni pan oedd hi'n blentyn.

(C'mon rŵan, Luned. Digon.)

Do'n i'm isio i Shoned wybod bod Dad 'di gadael Mam am ei bod hi 'di bod mor ddychrynllyd o ddideimlad am ddau ddeg naw mlynedd o briodas.

(Iesu, Luned, cau hi!)

Do'n i'm yn bwriadu dweud wrth Shoned, drwy ddagrau tew, fy mod wedi cyrraedd pinacl dychrynllyd o unigrwydd ac iselder ysbryd, pan fu raid i mi eni Guto ar fy mhen fy hun, heb gefnogaeth gŵr, heb gefnogaeth mam, ac yntau bythefnos yn fuan.

(Ti'n mynd yn rhy bell, Luned.)

Do'n i chwaith ddim isio Shoned wybod am fy nghais pathetig i fod yn ddewr pan es â Guto, yn fis oed, i Steddfod Dinbych er mwyn dangos i'r byd bo' fi (yr eneth a gaeth ei gwrthod) actshiwali yn ocê, pan oeddwn i'n amlwg ddim.

(Plis, Luned, rho'r gorau iddi rŵan.)

Doeddwn i'm isio iddi wybod bod *popeth* 'di mynd o'i le y diwrnod hwnnw. Bo' fi 'di gweld Lleucu blydi Swyn PhD (y bitsh hunangyfiawn) a fu mor nawddoglyd nes gwneud i mi deimlo'n llwyr ddi-werth.

(Cau dy geg bellach, Luned, wir Dduw!)

Y peth diwetha o'n i isio gwneud oedd cyfaddef wrth Shoned drwy ddagrau mawr bo' fi 'di codi cywilydd *enfawr* arnaf fy hun drwy gael fy nal yn fyw ar S4C, ar fy nhin ar Faes y Steddfod, yn trio bwydo Guto mewn ffwcin ffrog *linen* ddrud, ffrog oedd heb ffordd hawdd i mewn nac allan ohoni ... ac felly, wrth wneud cais ar drio ffeindio fy mronnau, bo' fi wedi codi'r ffrog dros fy nghluniau gwynion nes i bron *pawb* yng Nghymru weld fy nghoesau bochdyllog ar y sgrin ... ac os nad oedd hynny'n ddigon o bantomeim, bod Martyn Geraint 'di dod i fy achub wedi gwisgo fel môr-leidr. Yna'n goron ar popeth bod Mei, 'rôl gweld hyd a lled fy antics ar y sgrin, wedi rhuthro allan o'r stiwdio efo'i glipfwrdd i fy symud o lygaid y camera ... ac mai dyna pryd nes i gyfarfod o am y tro cynta, pan o'n i wedi colli arnaf fy hun yn llwyr, yn rhochian fel hwch, fy masgara dros fy nhrwyn, a fy ngwallt ar grwydr gwyllt.

Na, doeddwn i ddim isio dweud unrhyw beth wrth Shoned o Faes Morfa am fy llanast. Ond dyna'n union nes i. Er gwaetha'r llais ailadroddus yn fy mhen yn dweud wrtha i am gallio a thewi.

39

Fel gêm feddwol, flêr o *Strip Poker*, fe dynnais yr haenau un ar ôl y llall nes o'n i'n noeth. Roedd wyneb Shoned yn bictiwr, ond roedd ei llygaid yn annisgwyl o addfwyn. Roeddwn i, ar y llaw arall, yn teimlo'n sâl.

Siawns mai Shoned oedd yr un oedd angen tywallt ymaith ei hanfodlonrwydd â'r byd a'i betws, nid fi. Hi oedd *desperate single mum* efo *paternity issues*, a fi oedd ei Jeremy Kyle hi, i fod. Ond wedi tri chwarter awr o hanes Taid Raymond ac ystadegau tadogaeth di-chwaeth, collais arna i fy hun. Dilynais esiampl Shoned, a than ddylanwad hormonau gwallgof, chwydais fy *backstory* yn fyrbwyll i gyfeiriad y ciwbicl drws nesa, heb ddal unrhyw beth yn ôl. A dyna fy mlwmars budur innau'n dawnsio'n hy ar y lein ddillad. Damia!

OMB Mei help, dw i 'di gneud llanast o betha. Dw i 'di deud POPETH am Gethin a ballu wrth Shoned yn y gwely nesa. Ma hi meddwl bod ni'n *[send]*

Damia sori, pwyso send rhy fuan. Ma hi'n meddwl bod ni'n ffrindia rŵan. Ty'd yn fuan ac aros am hir nei di'r hen lew. Dim isio hi gael esgidiau i siarad efo fi eto. Tyd a Galaxy. *[send]*

Sori bastad ffôn. *esgus* dim esgidiau. Cofia'r Galaxy, un mawr plis, ac ella sa cappuccino yn neis, o'r lle Eidalaidd 'na dros ffordd i banc – methu cadw'n effro heddiw. *[send]*

Decaff cofn iddo fo effeithio ar fy llefrith i. *[send]*

Wel, neith hynny ddim cadw fi'n effro, na neith. Dim ots, anghofia'r coffi. *[send]*

Ty'd â'r hogs os ti ffansi. *[send]*

Os ti'n dod â nhw, nei di wisgo nhw'n daclus plis, cyw? Paid â gadael i Morgan ddewis ei ddillad ei hun. *[send]*

Sori, caru chdi llwyth, sori. XxXxXxXxX *[send]*

Dw i'n boen, dydw. Sori. XXX. *[send]*

Chefais i erioed ffrind gorau. Mi o'n i'n unig blentyn ynysig efo mam ddideimlad oedd wastad yn rhy gyfforddus yng nghwmni dynion. A felly minnau. Do'n i'm yn gwbod sut i fod efo merched eraill, a phrofiad newydd, annifyr i mi oedd bod mor agored â dynes arall am faterion personol. Roedd o 'di codi ofn arna i.

Doris a David

Saith awr wedi genedigaeth ei hunig wyres, yr unig wyres geith hi, debyg, oedd y tro diwetha i mi weld Mam. Dau ddiwrnod yn ddiweddarach, roedd y diffyg dillad bach pinc, *polyester* di-chwaeth, a'r diffyg gwirioni yn dechrau codi pwys arna i.

Ond pam? Siawns nad oeddwn i'n disgwyl iddi fod wedi cael rhyw adenedigaeth oherwydd dyfodiad y bywyd bach newydd yma? Siawns nad oeddwn i'n disgwyl gwyrth? Yn disgwyl i Mam fod yn fam?

Dod yn waglaw ac anghenus nath hi'r bore hwnnw. Er gwaetha'r ffaith mai fi oedd yr un ar drip, a gyda phwythau lle nes i 'rioed ddychmygu cael rhai. Roedd hi'n oeraidd ac yn drwm o golur.

Nesaodd at y gwely yn gamau bach pathetig, ei phen ar un ochr. Roedd ei breichiau tenau'n sownd o dan ei bronnau, a'i dwylo yn tynnu ei chardigan Hobbs laes yn dynn o gwmpas ei chanol nes roedd hi wedi'i lapio'n llwyr mewn *mohair*.

Mewn ymdrech i drio fy argyhoeddi ei bod hi wedi'i

threchu gan orfoledd, rhychodd ei thalcen a gwnaeth sŵn
sniffian prysur oedd yn dynwared rhyw fath o *panic attack*.
Ond roedd ei llygaid yn hollol sych. Roedd hi'n ddiffeith-
wch o emosiwn ac roedd hynny'n hynod drist. Do, mi
wnaeth Mam-gu joban dda o'i thorri hi.

Ymlusgodd David druan tu cefn iddi yn ei lwydfelyn.
Crogai un o duswau blodau gorau Texaco dre yn egwan o'i
law chwith. Edrychodd y llipryn i fyny a gwenodd arna i
fel crwban yn ymestyn ei ben. Ond nath o'm yngan gair,
fel arfer.

Taswn i newydd wasgu ymaith efeilliaid mewn bygi
golff ar ddim ond dwy paracetamol, fysa David ddim wedi
bod y mymryn lleiaf yn fwy cyffrous, nac edmygus. Roedd
o'n hollol ddigynnwrf. Doedd rhai petha byth yn newid.

♦

Am fisoedd wedi'u dyweddïad, fethais yn llwyr â deall be
ar y ddaear roedd Mam yn ei weld yn David druan, a Dad
'di bod yn gymaint o drysor. Ond daeth yn amlwg yn fuan
mai gwirioni gyda stiffrwydd ei Barclaycard nath Mam, a
dyna'r oll. Doedd 'na'm cariad.

Roedd David wedi gwneud ei ffortiwn yn treulio
diwrnodau deg awr, unig, mewn swyddfa lychlyd o dderw
a lledr. Dim ond fo, ei feiro Montblanc a'i frechdanau sych,
yn bugeilio elwau enfawr rhai o gwmnïau mwya Swydd
Gaer. Dim amser i chwarae. Dim chwant am ramant.

Spreadsheet Dave i'w ffrindiau.

David Darling i Mam.

Dave Druan i weddill dynoliaeth.

Dw i'n gwbod nad ydy o'n iawn i siarad am ddynion fel
petaen nhw'n wrthrychau rhywiol, ond wir yr, yr unig

lwmp caled a ddaliai trowsus *taupe comfort fit with discreet stretch waistband* David i fyny oedd ei waled o ledr o groen llo.

♦

Y tro cynta i mi gyfarfod David oedd ym mis Mawrth 2013. Roedd o ar ei gwrcwd o flaen Mam yn y consyrfatori, atgof sydd wedi aros yn sownd mewn cornel tywyll o 'meddwl, megis y talpiau mynyddig o bapur sychu tin ar nenfwd toilets dre. Atgof sy'n parhau i faeddu, er gwaetha'r cwnsela.

Mis oedd 'na ers i Dad symud allan.

Safai Mam o flaen David mewn lipstig coch, anaddas. Roedd wedi'i heneinio â Poison gan Christian Dior, a *Goreuon Hogia'r Wyddfa* yn serenâd iddi. Gwisgai yr un goban Pippa Dee, *baby-doll* glas golau a brynodd i fynd ar ei mis mêl i Southend efo Dad, bron i dri deg mlynedd yng nghynt, a dyna'r unig ddilledyn oedd amdani. Roedd ei breichau ar led a gwyrai ei phen yn nawddoglyd tuag at David druan, fel cerflun Christ the Redeemer yn Rio.

Llamodd fy nghalon. Nid ar chwarae bach y byddai Mam yn dangos ei bingo *wings* i neb, heb sôn am ei gardd lysiau. Arhosais yn fferllyd o ddistaw y tu ôl i'r cwpwrdd coctêls yn y stafell fyw. Roedd ambell glustog melfed wedi colli ei le priodol ar y *three piece*, a bellach yn chwit-chwat hyd y llawr. Olion chwarae budur. Ar y bwrdd bach, yng nghysgod potel ddigorcyn o Harveys Bristol Cream, eisteddai bocs gwag o Just Brazils, a nicyr.

Chwyddai cytgan 'Ti a Dy Ddoniau' yn ddramatig yn y cefndir, tra chwyddai teimlad o ffieidd-dod chwydlyd yn fy ngwddw.

Pwy ddiawl oedd y dyn 'ma? Be uffar oedd o a'i drôns yn ei wneud yn moesymgrymu'n bathetig o flaen Doris Elen, merch y gweinidog, yng ngolau dydd? Bastad budur!

Yna, am yr eildro y bore hwnnw, aeth fy mhenagliniau'n wan. Diflannodd llaw David i mewn i'w drôns ac ymbalfalodd 'mysg ei daclau. Gwenodd yn sebonllyd ar Mam, ac o'r tywyllwch tynnodd wrthrych bychan, melfedaidd a chaled. Llosgai dŵr poeth yn fy ngwddf, nes i lanw pigog lenwi fy llygaid. Yr eiliad honno, disgynnodd pelydrau llugoer mis Mawrth o'r nen, a glanio'n gysegrol ar ddwylo agored David gan oleuo bocs melfed, coch yng nghledr ei law. Yna, fel petai wedi bod yn aros am y goleuni o fry, agorodd y bocs fel tasai'n gonsuriwr, gan ddatgelu clwstwr trwm o ddiemwntau.

O'n i'n gegrwth.

'Oh darling,' ochneidiodd Mam yn ei llais clwb golff.

Ar un llaw ro'n i'n falch dros ben o weld mai bocs modrwy oedd y lwmp amlwg yn ei drôns. Ar y llaw arall, wel ...

Yn anffodus, chwydu nes i. Chwydu dros Hogia'r Wyddfa, a rhoi taw annisgwyl ar Arwel, Myrddin, Vivian, Elwyn a Richard yn ogystal â'r foment ramantus rhwng y cwpl hanner noeth yn y consyrfatori. O ganlyniad, chafodd David druan ddim cyfle i glywed ateb Mam i'w gwestiwn tyngedfennol. Ond er mawr rhyddhad iddo, roedd y fodrwy ar ei bys cyn iddo fedru sythu ei drôns a sefyll ar ei draed.

Newydd ddod o'r cwt gwartheg oeddwn i a fy meichiogrwydd y bore hwnnw. Roeddwn i'n wan ac yn chwil, wedi drysu. Mae merch angen cysur rhiant pan mae ei phriodas ar chwâl, tydy? Ond doedd Dad ddim yn ateb ei ffôn a doedd dim Mam ar gael, fel arfer. Felly cychwyn am adra nes i.

Wedi ymddiheuriad tila am styrbio, troais am y drws a gadael i'r dagrau lifo. Ddwedais yr un gair wrth Doris Elen a'i chariad newydd fy mod wedi darganfod Gethin yn caru efo Nerys Hafod Isaf yn y cwt gwartheg y bore hwnnw. Yn nwydwyllt. Yn angerddol. Yn danbaid. Yn ei charu fel nath o 'rioed fy ngharu i, hyd yn oed ar noson ein priodas. Troais injan y car ymlaen a gyrru neges arall i Dad. Doeddwn i 'rioed 'di bod mor unig.

◆

'O, lle ma babi Nana?'

Nana?

Fuodd hi 'rioed yn Nana i'r hogia. Ond wrth gwrs, roedd hynny cyn dyddiau'r cystadlaethau golff a'r *botox,* a chyn i Dr Sydney Aston-Smith ddyrchafu ei bronnau yn annaturiol i'r uchelfannau.

'Ma Fflur yn fan hyn, Nain,' dywedais yn ddiamynedd.

'*Oh, David darling, they've called her Fleur, isn't that nice?*'

Mwmniodd David yn aneglur.

'*Fleur, David, Fleur,*' ystumiodd Mam, '*just like that lovely masseuse that took care of your stiffness in Marseille.* Cofio, *darling?*'

Mwmiodd David unwaith yn rhagor.

Roedd hi 'di troi'n hynod Seisnigaidd ers cyfarfod David, a hithau'n ferch i weinidog efo gradd o'r Coleg Normal. Roedd hi fel tasai'n credu bo'r iaith fain yn ei gwneud hi'n bwysicach.

Plygodd dros y crud plastig.

'*Do you think Fleur looks like me, David, do you darling?*' Roedd 'na ffalsedd afiach yn ei geiriau. 'Ti'n ddeliach nag oedd dy fam, cofia,' meddai wedyn yn goeglyd.

Bu saib anghyfforddus.

Roedd yr aer yn ludiog gyda geiriau na feiddiai neb eu dweud. Fel staeniau nicotîn tew ar hen bared, hongiai blynyddoedd o anfodlonrwydd o'n cwmpas. Degawdau o ddiffyg cyfathrebu yn rhwystr enbyd i fywyd teuluol hapusach – fel arfer.

Ond fedrwn i'm peidio â lleisio fy siom. 'Blydi hel, Mam! Fflur, dim Fleur! Be uffar sy arnoch chi?'

'O, Luned!' ebychodd, fel tasai hi newydd sefyll mewn cachu ci. 'Ti mor *crude!*' meddai wedyn, ei gwefus isaf wedi'i hymestyn, ac yn gwneud iddi edrych fel hwyaden. Roedd hi mor anghynnes, ac yn fwriadol yn defnyddio mwy o Saesneg i fynd dan fy nghroen.

'A mi dach chitha mor ffo ... ffy ... fflipin ansensitif a dideimlad trwy'r adeg, Mam! Dach chi wastad yn deud y petha anghywir! Dach chi'm hyd yn oed 'di cyffwrdd yna' i ers i chi gyrraedd!'

Ond eto, pam ar y ddaear byswn i'n disgwyl iddi gyffwrdd ynof i? Doedd Mam ddim yn cyffwrdd. Roedd hi'n un o'r rheiny oedd yn gafael ym mhopeth gyda blaenau bysedd stiff, fel tasen nhw'n efeiliau haearn. Fel petai hi oedd yr unig beth glanwaith, di-haint yn y byd. Roedd hi mor doredig.

Edrychodd i lawr arna i hyd grib ei thrwyn bach pigog. 'Ond sbia ar y tiwbs, cariad, *I can't get near you.* Ti'n llanast braidd ar y funud, dwyt?' atebodd, heb ronyn o gydymdeimlad. 'Ond *chin up*, ma petha gwaeth yn digwydd. Fedri di ddim fforddio bod yn selffish rŵan, ma gen ti *yet another little one to look after* ac *oh, girls are so much trouble,* ynte, David?' Cododd ei haeliau yn ddramatig, a diflannodd ei llygaid i gefn ei phen nes oedd dim ond y gwyn ar ôl, fel petai mewn perlewyg crefyddol.

Doedd yr agwedd yma'n ddim byd newydd. Wyddwn i ddim pam fy mod wedi dal fy ngafael mewn gobaith cyn hired.

'Jest ewch, ocê, Mam. Ewch o 'ma. David, *please take her* adra, *I don't know why she bothered coming.'*

Pesychodd David yn annifyr.

Chwaraeodd Mam efo'i chlustdlws.

Yna, heb fwriadu gwneud, collais arnaf fy hun braidd. Mae'n beth da 'mod i 'di bod mewn stafell breifat ar y pryd.

'Jest sbïwch arnaf fi, Mam. Dw i 'di bod drw shit efo'r geni 'ma. Gesh i gymaint o amser caled, a dw i 'rioed 'di bod efo cymaint o ofn yn fy mywyd. Iesu Grist, fu bron i ni ei cholli hi, Mam! Dach chi'n dallt hynny? Bu bron i Fflur farw! A dach chi'n dod yma wysg eich blydi tin, heb ddim cydymdeimlad na chariad, ac efo gwerth ffeifar o flodau pathetig o garej yn 'ych llaw! A 'dan ni'm hyd yn oed yn cael cadw bloda yma – ma pawb yn gwbod hynny!' Dechreuais grio'n rhydd eto.

Cymrodd David gam at y gwely.

Cymrodd Mam gam yn ôl.

'Dyna ni, *don't upset yourself now,* Lyn.' Nid ar chwarae bach roedd David yn ymyrryd mewn sefyllfaoedd emosiynol heriol.

Sadiais fymryn.

'*It's ok, David. It's just … it's just … well … well, the birth was so much more difficult this time and I was really scared. I'm just ... I'm a little broken, you know? It's like Mam has forgotten what it's like, David,'* dywedais, ac edrych i fyw ei lygaid. Edrychodd o'n annifyr o ochr i ochr.

Tynnodd Mam ei chardigan yn dynnach o'i chwmpas, er bod gwres y stafell yn llethol.

'She has no sympathy, she's never had any sympathy, has she? Not for me, anyway. It's like she's forgotten what it feels like to go through the fucking awful trauma of giving birth ...' Troais fy mhen i edrych ar Fflur yn cysgu, yna daliais gip ar law esgyrnog fy llystad yn ymestyn yn sydyn am law Mam, a'i gwasgu hi'n anarferol o dynn. Ochneidiodd hithau'n uchel a chrynedig, cyn diflannu wysg ei chefn yn ddyfnach i'r cysgodion tywyll ger y drws. Doedd Mam ddim yn dangos emosiwn, siawns? Codais fy mhen i edrych arni. Roedd hi'n welw, a llechai deigryn yng nghornel ei llygaid. O'n i'n gegrwth.

Wedi munud neu ddwy o dawelwch, dychwelodd Mam at erchwyn y gwely. Yna estynnodd far 200g o Dairy Milk yn bwyllog allan o'i bag, a'i osod ar fy nghoes cyn dechrau baglu siarad fel petai ganddi atal dweud.

''Da ... 'da ... 'dan ni 'di aros rhy hir, Luned,' meddai'n anarferol o ddistaw. 'Ti'n amlwg wedi blino. Sori, sori, o'n i'm yn gwbod bysa chdi 'di blino cymaint, do'n i'm yn gwbod. Doedd o'm yn iawn i ni ddod ... ddim mor fuan. *It was a mistake, wasn't it, David? We should have waited till Luned and the baby had gone back* adra ...' llyncodd ei phoer.

Roedd popeth yn ddieithr ac anghyfforddus mwya sydyn.

'We shouldn't have come ...' ychwanegodd.

Mae'n bosib bod 'na ryw fymryn lleiaf o ymddiheuriad

yn cuddio'n rhywle rhwng ei geiriau bas, ond doedd gen i'm amynedd chwilio amdano.

Cymrodd gam yn agosach ata i.

Daeth gwên wneud, ddi-ddim ar ei hwyneb, a rhwbiodd gefn fy llaw yn fyr amynedd, yn union fel y gwnâi wrth farwelio â Mam-gu Mans ers talwm, 'rôl cael ei gorfodi i ymweld â hi ym Mhlas Hengoed. 'Welwn ni chi eto'n fuan, Mam bach,' arferai ddweud wrthi, gan wybod yn iawn na fyddai hi'n dychwelyd o fewn y mis. Gan wybod yn iawn, un diwrnod, er mawr ei rhyddhad, byddai mis o aros yn rhy hwyr.

'Pob dim *will be fine*,' meddai David, wrth weld bod dim modd rhwystro'r dagrau bellach. Ddwedais i'r un gair. O'n i mor *sick* o'r ddau ohonyn nhw ag oeddwn i o grio.

Yna, fel petawn i ar ben fy nigon yn treulio'r noson yn peintio fy ngwinedd ac yn sipian Prosecco mewn Premier Inn yng Nghaer, trodd Mam ata i a dweud 'Gei di joio'r Dairy Milk 'na heno.'

Nes i'm codi 'mhen, dim ond baglu dros anadl rhwng fy nagrau.

Mwy o ffwcin dagrau.

Dagrau ar ôl dagrau ar ôl dagrau.

Dagrau diflas, holl ddifaol.

Trodd y ddau oddi wrtha i yn lletchwith, cyn llithro drwy'r drws a diflannu i lawr y coridor, y drysau dwbl yn cau yn glep ar eu cysgod a'u brad.

'Hogan Galaxy dw i, dim Dairy Milk ... ma pawb yn gwbod hynny,' sibrydais yn ddistaw, cyn rhwygo'r plastig porffor yn agored, a stwffio darn ar ôl darn i fy ngheg nes oedd fy stumog i'n troi.

Who the Hell 'di Martyn Geraint?

'Hei, Luned! Luned? Ti 'di deffro, del? Rhaifi siarad 'fo chdi!'

Deffro? Do'n i'm 'di cysgu drwy'r nos. Neu felly roedd o'n teimlo ...

♦

Doedd y lle Eidalaidd dros ffordd i'r banc ddim yn gwneud decaff wedi'r cyfan, felly defnyddiodd Mei ei ddychymyg, medda fo. Cyrhaeddodd yn brydlon y noson cynt, fel roedd fy mhwdin bara, anorffenedig yn cael ei wthio'n flin i dwll du ar y troli bwyd.

Er gwaetha lled ei ddwylo, stryffaglu'n drwmlwythog nath Mei drwy'r adwy. Camodd yn drwsgl dan bwysau un *cappuccino grande*, stepen ddrws o Galaxy, a dau hogyn bach chwareus ond trwsiadus iawn yr olwg. Roedd pob eitem oddi ar fy rhestr hurt, yn ôl y gorchymyn, yn ei lle.

Gwenodd ei lygaid, er gwaetha'r trafferthion o fod yn briod â Blodyn Tatws ar steroids. Roedd ei drowsus byr hir am ei din, a sgleiniai ei flew gên gyda'r olew barf gorau roedd gan Boots i'w gynnig. Roedd yr hen lew 'di gwneud ymdrech.

Gwasgodd fy llaw, gwyro'i fawredd tuag ata i, a chynhesu 'nhalcen gydag un gusan bigog, cyn gosod ei foch yn erbyn f'un i ac anadlu ei gariad drosta i.

'Dw i'm 'di bod yn deg iawn, naddo, Luns?' Roedd 'na olwg hogyn drwg arno mwya sydyn.

'Be ti feddwl?'

'Wel, gwirioni efo'r lwmpyn bach 'ma ac anghofio bo' chdi dal yn diodda.' Trawodd olwg tuag at ei ferch. 'Dw i'n sori. Dw i'n dallt bod chdi ...'

'Mei, paid.' Gafaelais yn y llaw arall a'i thynnu at fy nghôl.

'Na, Luns, ma raid mi ga'l deud, dw i 'di bod yn mwydro am y peth, 'sti, a theimlo'n euog braidd.'

'Ond Mei, 'sdim rhaid! Fi sy bach yn orsensitif, Nid ...'

'Luned, dw i'n caru chdi, ond cau dy geg am funud, nei di. Dw i angen ca'l deud hyn.' Roedd o'n gadarn ond yn addfwyn. 'Ti'n gwbod sa Mam yn gwaredu i feddwl bo' fi'n dy adael di lawr. Faint o weitha glywish i hi'n deud, *Os ffeindi di ddynes dda a honno'n llawn cariad, cofia di ofalu am ei theimladau hi fel tasan nhw'n drysorau.*'

Tynnodd un llaw yn rhydd a gwthiodd gudyn o'i fwng euraid yn ôl o'i dalcen. Be nes i i haeddu serch y fath drysor o ddyn, 'dwch? Llonyddais a chadw fy nwylaw yn gaeth am ei un o.

'Ocê, 'rhen lew, dw i'n gwrando.'

'Nesh i 'rioed feddwl sa hyn yn digwydd i fi, 'sti.' Oedodd i sugno'r cryndod o'i wefus, cyn ymestyn i dynnu'r llenni yn wal o'n cwmpas, a chuddio busnesgarwch Shoned o'r golwg.

'O'n i 'di meddwl rhywsut, 'sti, bo' fi 'di colli fy nghyfla, 'rôl treulio blynyddoedd yn nyrsio Mam a ballu ... O'n i 'di cymryd bo'r cyfla 'di pasio heibio fi a ma ar ben fy hun fyswn i, fatha o'dd hitha.'

Gollyngodd ei hun i'r gadair blastig wrth erchwyn y gwely, a rhythu'n llonydd ar gwlwm ein dwylo. Yn yr eiliad honno sodrodd yr hogia eu hunain ar waelod y gwely, eu llygaid diniwed yn syllu'n syfrdan ar eu chwaer fach yn ei bocs. Cliriodd Mei ei wddw.

'Wedyn fan'na oeddat ti, wedi landio yn flêr yn fy mywyd i. Na i fyth anghofio'r dwrnod 'na yn Steddfod Dinbych, Luns. Na i'm anghofio byth tra bydda i byw. Dw i'm yn meddwl neith M.G. chwaith!' chwarddodd a llaciodd fymryn ar afaeliad ei fysedd.

'Pw 'di em ji, Mam?' gwichiodd Guto.

'M.G. 'de!' Ochneidiodd Morgan yn ddiamynedd ar ei frawd bach. 'Yncl Martyn! Martyn Geraint! M.G.!' meddai eto'n awdurdodol. 'Fo nath helpu Dad achub chdi a Mam yn Steddfod, pan nath Mam mynd yn sdyc yn y gwellt yn trio roi llefrith i chdi!' Roedd dwylaw Morgan yn gadarn ar ei gluniau bellach, yn fy nynwared i'n dwrdio'n berffaith.

'Ooooooooooooo ia,' meddai Guto yn ddi-glem, ei lygaid yn syllu'n fud ar Fflur, ei feddwl yn bell, bell i ffwrdd.

Aeth Mei yn ôl ati. 'Hwnnw o'dd dechra hyn i gyd, 'de! Ti'n cofio? Chdi ar y sgrin o flaen Cymru gyfan, ar dy din yn y gwellt, dy goesa di'n bob man a Guto yn dy freichia di'n sgrechian crio.' Ymlaciodd Mei fymryn. 'Dw i'n cofio syllu'n gegrwth ar y monitor, a'r cynhyrchydd tu ôl i fi'n gweiddi, *Pwy ddiawl 'di hon!* Roedd hi'n syrcas lwyr yn y stiwdio ac Angharad Mair yn trio'i gora i beidio colli arni'i hun.' Dechreuodd biffian chwerthin. 'Wedyn nest ti godi dy ben a mi welish i dy wyneb di, dy wyneb hardd di yn llawn dryswch ac ofn, roeddat ti'n edrach mor unig.' Sniffiodd Mei ac oedodd. Lapiais fy mysedd yn glyd o gwmpas ei law, ei law fawr oedd yn rhy fawr i mi ei hamgylchynu'n llwyr.

Yna cododd Morgan o'r tu cefn iddo, a chyda hynny o fedusrwydd oedd gan ei fysedd bach bron yn chwech oed, tynnodd o'i boced belen grebachlyd o bapur cegin, ei gorneli wedi hen felynu. Gwyrodd tuag at ei lystad a chynnig y papur iddo sychu ei lygaid.

'Diolch, syr!' meddai Mei mewn llais awdurdodol, smâl, gan dynnu ei ddwylo'n rhydd a gwyro tuag at y dyn bach.

'Croeso, syr!' atebodd Morgan, gan ymestyn at Mei ac ysgwyd ei law yn wirion o dros ben llestri. Chwarddodd y ddau cyn cofleidio. Nid hen goflaid ffals, ond coflaid claddu wyneb. Coflaid tad a mab, gyda *fist bump* a synau gwirion i ddilyn.

Trodd yn ôl a dychwelodd ei law ataf.

'A wedyn ... wel, ti'n gwbod y gweddill. Roedd rhaid i mi ddod atat ti, er bo' fi'm yn nabod chdi. Roedd o'n torri 'nghalon i dy weld di yn y fath stad a phawb yn syllu mor ddi-hid arna chdi. Yn teimlo cywilydd drostat ti ond yn gneud dim amdano.'

Dechreuais deimlo braidd yn annifyr. Roedd gas gen i feddwl am yr holl beth. Roedd gas gen i gofio'r cywilydd. 'O, Mei, paid. Roedd yr holl beth mor ofnadwy o embarysing!'

'Sori. Ond ... wel, ti'n cofio fi'n benthyg y bygi golf S4C 'na i fynd â chdi i 'ngharafán i chdi ga'l bwydo Guto?'

'Yndw, a finna ddim yn dy nabod di o gwbl.'

'Wel, nesh i sbecian, 'sti.'

'Be ti'n feddwl sbecian? Dw i'm yn dallt.'

'Nest ti fynd i isda yn y garafán i fwydo, do? Sdeddish inna yn yr adlen yn barchus efo 'mhanad a fy Wagon Wheel i chdi ga'l llonydd. Ond o'n i'n gwrando ar bob sŵn bach. Pob sŵn sugno, pob ochenaid, pob deigryn. Yna pan glywish i sŵn torri gwynt bach y sgrapyn yma ...' Trodd i rwbio pen cyrliog Guto, '... nesh i godi'n ddistaw a sbio arna chdi dros ddrws y garafán, a nath fy nghalon i fynd tin dros ben braidd, ac am eiliad o'dd raid mi atgoffa fy hun i anadlu. Fedra i'm deud bo' fi'n dalld yn iawn be ddigwyddodd. Ma'r gwyddonydd yna' fi'n deud na wbath cemegol oedd o. Ond dw i'n cofio meddwl bod 'na wbath mwya sydyn 'di newid. Bod 'na wbath ar fin dechra ...'

O'n i'n cael y teimlad bod pawb yn gwrando bellach, yn enwedig Shoned, oedd wedi rhoi taw ar chwarae 'Hey Jude' i Harrison bach ar gychwyn araith Mei.

'Ti'n gwbod be, Luns? Dw i'n meddwl nesh i syrthio mewn cariad efo chdi y funud honno, chdi a dy drafferthion.'

Am ennyd, roedd y llonyddwch rhyngddom o fewn ffug breifatrwydd y ciwbicl yn berffaith.

'O romantic, ia?' meddai Shoned drws nesa'n hiraethus.

Deallais wedyn bo' hi nid yn unig wedi bod yn clustfeinio'n graff, ond hefyd wedi ffonio Neil a'i roi ar y *speakerphone* er mwyn iddo glywed datganiadau canmoladwy Mei a chael gwers am ddim ar sut i drin merched.

Aeth Mei 'nôl ati. 'Y peth ydy, Luned Lewis, roedd ca'l chdi a'r hogia yn fy mywyd i am byth yn un peth, ond mae ca'l Fflur ar ben hynny i gyd 'di chwalu 'mhen i. Dw i fatha 'swn i'm yn gwbod be i neud efo fi fy hun, 'sti, fatha 'swn i 'di gwirioni gormod, a dyna pam o'n isio deud sori. Sori os dw i 'di mynd bach yn *carried* awê a ddim 'di bod yma i chdi cymaint ag oeddet ti 'di obeithio. Dw i'n caru chdi a dw i'n addo na i neud yn well, ocê?'

Ochneidiais 'O, Mei, be 'sw–'

'Dyna 'di *feelings* fi 'efyd, ia! *Exactly* fel huna, onysdli, Shons, ond ti byth yn roi *chance* i fi ddo', nagwt!'

'O ffor ddy lyf of god, Neil, ti'n ca'l digon o *chances*, y nob! Problam chdi ydy ti'n lyfio cwrw fwy na fi!' a daeth diwedd blin i'r alwad *speakerphone* ochr draw i'r llenni.

'Dad Mei?' sibrydodd Guto.

'Neith jesd Dad 'sti, Guto,' meddai Mei yn yn annwyl.

Cododd Guto ei ben. 'Dad, be 'di nob?'

'Peth ti'n agor drws efo fo,' atebodd Morgan yn gadarn, cyn stwffio sgwaryn arall o Galaxy i geg ei frawd.

◆

'Do, dw i 'di deffro, Shoned.'

Roedd y *cappuccino grande*, ei ddau siwgr a'r modfeddi o Galaxy 'di bod yn gamgymeriad braidd. O'n i'n llgada penwaig i gyd, yr egni'n diferu ohona i fel chwys nerthol, a fedrwn i'm isda'n llonydd am eiliad – yn union fel M.G. mewn clyweliad pantomeim, dw i'n amau.

Er gwaethaf geiriau adferol Mei a chysur ei gariad, o'n i'n annifyr. Bues i'n gwingo, hynny oedd fy mhwythau'n caniatáu, am oriau. Roedd y fatres gul, grenshlyd yn ddidrugaredd o anghyfforddus, a'r cwrlid gwyrdd yn rhy denau i'm tywys i unrhyw fath o gwsg.

Yna am chwarter i dri, a minnau'n chwilio drwy gudynnau fy ngwallt am gysur arogl olew barf, fe grynodd fy ffôn.

Helo Luned. Ti yna? Mam ydy hon ar eye phone David yn gyrru message texts. Jest isio deud, one day nei di ddallt, that's all I can say am rŵan. Dw i ddim yn trio bod yn fam ddrwg. It's complicated. I did what I had to. Ta ta rŵan, na i ddod draw ryw dro yn fuan. Mam. x

Doedd 'na'm gobaith cysgu wedyn.

'*It's complicated. I did what I had to.*' Be uffar oedd hynny i fod i feddwl?

Oeraidd, cymhleth, amhriodol. Ia, dyna Mam. Hyd yn oed pan oedd hi'n credu bod hi'n gwneud y peth iawn drwy yrru neges i 'egluro' doedd hi'n gweud dim ond creu annifyrdod a dryswch pellach.

Chwarter i blydi tri y bore?!

Bitsh!

Fe lwyddais i roi ffidan i Fflur am bedwar, oedd yn ddigon i suo'r ddwy ohonom. Pendwmpiais am awran mewn esgus o gwsg. Yna am hanner awr wedi pump agorodd Harrison Raymond Evans ei ysgyfaint, ac fel tasai o'n canu 'Helter Skelter' yn feddwol mewn *karaoke*, fe ddeffrôdd y ward gyfan. Am chwech, rois i'r gorau i drio, a chyda Fflur mewn trwmgwsg yn ei bocs plastig, llithrais yn dawel at y peiriant coffi i lawr y coridor am ffics arall.

'Ti 'di deffro ers hir, del?'

'I ddeud y gwir, Shoned, dw i'm 'di cysgu'n iawn drw nos.'

'Problems efo *downstairs* chdi, ia? Ma un fi dal ar dân hefyd. Nefyr going through that again, 'de!' meddai Shoned heb flewyn ar dafod.

'Na, jest lot ar fy meddwl i, 'sti, Shoned, a gormod o caffein.' A chyn bo'r geiriau 'di sychu ar fy nhafod, dechreuodd Shoned glebran yn fwydrus.

'Dw i'm 'di cysgu drw nos yn meddwl amdana chdi yn y peth steddfod 'na. Omaigod dw i 'di textio mêts fi gyd neithiwr, o'n i mor ecseited. Methu credu bod Martin Garrix 'di bod yn actshiwal steddfod Cymraeg, a bod o 'di helpu chdi 'fo babi chdi. Ma huna yn rili *amazeballs*! Ma stwff fo yn osym, dydy? Fo 'di fel y DJ gora yn y byd rŵan, meddai Gemma neithiwr! God, ma mêts fi mor jelys, 'de! Ma dychmygu fo yn gafal yn babi ti jest mor secsi! Rhaifi ofyn, gest ti lynia? O, o, o a be o'dd o'n wneud 'di gwisgo fel *pirate*? Blydi *pirate of all things*? Wbath i'w wneud efo *Pirates of the Caribbean*, *probably* meddai Gemma. Ella bo' nhw'n gneud *sequel*? Neu ella o'dd o'n ffilmio fidio? Omaigod, oedd o'n edrach yn rili lysh, ma siŵr, oedd?' Nath Shoned ddim cymryd anadl.

'Be?'

'Odd o'n edrach yn lysh?'

'Pwy, Shoned?'

'Martin Garrix?'

'Pwy 'di Martin Garrix, Shoned?'

'Martin Garrix, 'de!'

'Shoned, sori, ond dw i'm 'di cael lot o gwsg a ma gen i lot ar fy meddwl a ti'n mwydro. 'Sgen i'm syniad yn y byd am be ti'n sôn rŵan.'

'Chdi 'de, yn y peth steddfod na, a Martin Garrix yn ffendio chdi'n y gwellt a meddwl bod chdi *in labour*, ti'n cofio? Ond o'dda chdi jest yn trio brestffidio babi chdi a ddim yn gallu achos o'dda chdi'n sdyc yn ffrog posh chdi a nesd di embarysio dy hun o flaen *the entire nation* ar *live TV*? Ma mets fi *mor* jelys bod chdi 'di cyfarfod fo.'

'O nefoedd wen! MARTYN GERAINT, Shoned, Martyn Geraint.'

'Be? *Who the hell* 'di Martyn Geraint?'

'Martyn Geraint? Diddanwr plant Cymraeg, 'de.'

'Diddanwr plant?! Ych, y bastad budur! Omaigod, am beth *totally* horibyl i ddigwydd! *You hear about these things*, 'de, ond ...'

'Shoned!'

'Ia?'

'Diddanwr plant ydy *children's entertainer*. Ma Martyn Geraint 'di gneud rhaglenni plant ar S4C ac ar y radio a wedi gneud pantomeims a CDs a DVDs plant a ballu.'

'Omaigod, gesh i sioc rŵan. *Thank God*! *Relief* 'de! Ydy o'n gorjys?'

'Ymmmmmmmm ... wel ... dw i'm yn ... ym ... well gen i Huw Chis, 'de.' Roedd fy mhen i fel lobsgows.

'Shoned?'

'Ia?'

'Pwy 'di Martyn Garrix?'

'Omaigod Luned ti'm yn gwbod pwy 'di Martin Garrix?' meddai, heb saib rhwng y geiriau.

'Nac'dw, dyna pam nesh i ofyn.'

'Rili? *Jeez* pa mor hen w't ti, Luned?' Chwarddodd Shoned, unwaith eto yn llwyr anwybodus o pha mor ddigywilydd oedd hi.

'Martin Garrix ydy fatha'r DJ mwya *famous* yn y byd, mae o'n dod o Holland a mae o jest yn *little bit* gorjys, 'de!'

'O, wela i. 'Rioed 'di clywed amdano fo. Dw i'n dri deg pump, Shoned. Faint oed wyt ti?'

'*Twenty one,* 'de, fatha Martin. Eniwê, dw i'n goro textio mets fi gyd yn ôl rŵan a deud bod 'na *false alarm* 'di bod. Ma nhw mynd i fod mor gyted! Nefyr mind. O, a bai ddy we, ma Neil 'di apolyjeisio *loads* neithiwr. Gynna fi fo *by the short and curlies* rŵan 'sti. Isio bod fatha Mei chdi mae o ... *role model* da, ia?'

'O, ia, da iawn Shoned ... ymmmm, dw i'n falch drosta chdi.'

'A fi 'fyd! Ti gwbod be ma nhw'n ddeud, *if you can't leave them, change them.*'

'Fedra i'm deud bo' fi 'rioed 'di clywed neb yn deud hynny fy hun, 'de.'

'Eniwê, *that's my plan.* O, a gei di ddeutha fi wedyn pwy di Huw Chis, ocê?'

'Ocê.'

Duw a'm gwaredo, o'n i'n teimlo fy mod i'n dechrau colli arnaf fy hun go iawn. Roedd hi'n hen bryd i mi gael mynd adra i freichiau'r hen lew a thawelwch Bro Derwen, ei chymdogion tawel diddrama, ei llinellau syth, ei ffiniau diogel.

♦

Daeth cnoc ddiamynedd ar y drws. 'Mrs Lewis? Helô? Dach chi yna?'

Roedd hi'n fore mynd adra, ac roeddwn i 'di bod gerbron y drych yn y stafell molchi am rai munudau yn chwilio am fersiwn taclusach ohonaf fy hun.

'Ydw,' atebais, fy llaw ym mherfeddion fy mra yn pysgota am *breast pad* colledig.

'Dach chi'n iawn? Dach chi 'di bod i mewn yna am hir rŵan.'

'O ... ydw. Ydw, dw i'n iawn, siŵr. Jest cael fy hun yn barod.'

'Wel, os dach chi'm yn barod erbyn hyn, fyddwch chi byth! Sa well i chi frysio, mae'ch gŵr 'di cyrraedd. O, a mae'ch babi chi'n crio eto. Golwg isio bwyd arni.'

'Y ... y ... iawn, mi fydda i yna rŵan.'

Gwasgais yr ail fron yn daclus i'w lle ... wel, mor daclus ag y gallai fod. Llyfais flaen fy mys i gribo fy aeliau'n fwa, a deffro'r cochni yn fy moch gydag ambell binsiad, cyn gwneud cylchoedd gormodol o amgylch fy ngheg ag eli gwefus sgleiniog. Fedrwn i'm argyhoeddi neb 'mod i heb fod drwy'r felin, ond heb wyrth o rywle, dyma'r gorau oedd gen i i'w gynnig. O'n i'n barod.

Dim mwy o Shoned, dim mwy o Sister Kath.

Am adra, Luned Lewis.

Jam Strawberry

Er gwaetha'r ambell wythïen esgyrnog o eira oedd yn weddill ar gopa'r Wyddfa, roedd yr haul yn ffynnu. Troais i'w wynebu. Roedd ei wres yn iachaol. Hwn oedd dechrau'r mendio, neu dyna'r gobaith. Yn yr eiliad honno, roedd petha'n teimlo'n iawn, rhywsut.

'Ty'd Mrs Lewis, awn ni adra, ia?' meddai Mei.

Roedd o'n dipyn o beth i feddwl bo'r bennod honno, y bennod genhedlu, ar ben. Ti 'di gwneud dy ran, Luned, meddyliais. Dim mwy o siartiau ffrwythlonder yn sownd tu mewn i ddrws y wardrob. Dim mwy o fesur tymheredd beunyddiol. Dim mwy o ffyn plastig gwyn yn cuddio 'mysg llanast o hen Strepsils a llwch yng nghefn y cwprdd yn y stafell molchi. Dim mwy o syllu'n ansicr ar sgrin ddu a gwyn gyda'r gobaith o weld un galon fach newydd yn curo fel y dylai.

Dim mwy o fwytho'r cicio.

Dim mwy o gyfogi a gwthio.

Dim mwy o ofn.

Oedd, roedd 'na ing o hiraeth. Ond y mymryn lleiaf, dyna'r oll.

Maen nhw'n dweud bod chi'n gwybod pan mae o drosodd, pan mae'r ysfa yn eich gadael chi am byth. Fel enaid yn tawel adael corff cyfflyd. O'n, mi o'n i'n gwybod. Er bod Fflur ddim ond yn bedair diwrnod oed. Er bod hormonau ôl-enedigol yn parhau i ddrysu'r cydbwysedd rhwng fy nghalon a 'mhen. Mi wyddwn heb os mai hi oedd yr olaf.

Camais i gysgod Mei a'i lwyth gwerthfawr, fel reslwr swmo yn 'i sgwario hi ar ddechrau gornest. Fedrwn i'n fy myw ddod â fy nwy goes ynghyd yn daclus. Roedd y diffyg gosgeiddigrwydd yn boenus o amlwg. Ond dyna ni, mynedfa'r adain famolaeth oedd hwn wedi'r cyfan, nid feranda Pl@iad ar bnawn jin yn y Steddfod.

'Reit, 'dan ni isio mynd ffor'cw rŵan,' meddai Mei yn gadarn. Yna ffwrdd â fo, fel petai'n arwain criw bywiog o Ferched y Wawr ar drip Silver Star.

Fedar hwn 'im aros i fynd â hi adra, meddyliais. I gychwyn bod yn dad go iawn, rhoi'r cardiau pinc yn y ffenest a'i phowlio hi o gwmpas y *cul-de-sac* ... jest y ddau ohonyn nhw.

'Dal arni, Mei!'

Caeodd y drysau llithro tu cefn i mi yn ddiweddglo i'r cyfan, fel llenni trwm yn gostwng ar ddiwedd drama ddirdynnol. Roedd hi'n anarferol o lonydd, fel petai pawb a phopeth o 'nghwmpas i'n ochneidio efo fi. Gwenais ar Mei. Gwenodd yntau yn ôl cyn parhau'n ei flaen. Roedd o fel ci efo dwy gynffon, bendith arno.

Ond cyn i'r drysau lwyddo i gwrdd yn y canol, fe'u gwahanwyd gan ddyfodiad ambiwlans, ei golau glas yn fferru'r aer. Agorwyd y cefn mewn brys a rhyddhau ton o rochiadau bwystfilaidd. Rhewais. Fedrwn i'm peidio â sbio.

Ond eto, do'n i wir ddim isio gweld chwaith. Nid fy nrama i oedd hon. Ond roedd y sŵn, yr arogl, y disgwyliad a'r gobaith fel cyffur. Fedrwn i'm stopio cael fy nhynnu i mewn.

Ym mol y cerbyd gorweddai merch ifanc yng nghanol ei brwydr, ei wyneb yn llaith, ei noethni ar led, a'i chymar ar ei liniau wrth ei hochr yn erfyn yn ffôl arni i beidio gwthio ... ddim eto beth bynnag. Ond be roedd o'n wybod? Doedd o'm yn deall, nag oedd? Doedd o'm yn deall mai gwthio oedd rhaid. Roedd fy mhen yn troi.

Yna gydag un floedd orffwyll o gefn yr ambiwlans, daeth pen bach gwalltog i'r golwg. Parlyswyd fy mol gydag ôl-wasgu brwnt. Edrychais o 'nghwmpas – doedd dim golwg o Mei na'r babi. Sut ar y ddaear roedd modd i ddyn barfog chwe troedfedd a modfedd, mewn dillad anaddas i'r tymor, yn cario sedd fabi goch lachar, ddiflannu mor sydyn?

Roedd fy llygaid yn groes.

Sadiais fy hun ar fin sbwriel; o'n i'n chwysfa afiach. Yna heb y mymryn lleiaf o rybudd daeth fy nhost a jam coch boreuol i'r golwg ... fwy nag un waith.

Penderfynwyd peidio â symud y fam ifanc. Caewyd drysau'r ambiwlans, ac mi gafodd y bywyd newydd ymuno â'r byd gyda'r mymryn lleiaf o breifatrwydd. Daeth gorfoledd o'r crombil, ac yna distawrwydd.

Roeddwn i ar fy mhen fy hun, yn chwd, yn chwys, ac yn ailadrodd y cywilydd o fethu geni fel roeddwn i i fod. Gwyn ei byd y ferch ifanc yng nghefn yr ambiwlans, er gwaetha'r boen; daeth ei babi i'w byd heb law y meddyg, heb fawr o lanast.

'Rho pen-ôl chdi lawr, del.'

'Be?'

'*Sit down*, ia. Ti'n edrach fatha bod chdi'n mynd i ffeintio!'

Edrychais dros fy ysgwydd i weld Shoned tu cefn i mi mewn côt *duvet* laes, lliw arian, yn trio'n galed i beidio gollwng ei Benson & Hedges wrth roi cynnig ar barcio cadair olwyn o dan fy nhin.

Roedd Shoned a Harrison Raymond Evans 'di cael eu gollwng yn rhydd o'r farchnad warcheg rhyw ddwyawr ynghynt, wedi i dri aelod o'r staff meddygol, o leiaf, orfod tyngu llw a dangos tystiolaeth i brofi unwaith ac am byth fod dwy goes y cr'adur bach yn union yr un hyd. Digwydd bod, cymaint oedd brys Shoned am ffag, gadawodd y ward cyn i neb fedru tynnu tag seciwriti Harrison oddi ar ei ffêr. Erbyn i'r heddlu ei ffeindio hi, roedd hi ger cylchfan Morrisons mewn BMW efo *tinted windows* a sticer Kev a Janice ar y windsgrin, yn cofio'n rhamantus y foment ddramatig daeth ei mab bach i'r byd, ac yn ei phader yn diolch i Taid unwaith eto. Gweithredu rŵan, ateb cwestiynau wedyn. Dyna gredai Shoned.

'Be ti da *all alone* yn fama? Lle ma *wonderful husband* chdi, del?' meddai drwy ei *lipgloss*.

''Sgen i'm syniad, Shoned,' atebais, gan ostwng fy nhin yn ofalus i'r gadair olwyn *property of the geriatric ward*.

'Omaigod, dach chi 'di ca'l domestic? O del, *you poor thing*, ia ... *and I thought I had it bad*, 'de!'

'Shone–'

'Dw i'n *rili* sori, Luned. Ro'dd o'n siriysli gwd *catch* doedd. Ma siŵr bod chdi am aros yn *single* rŵan, ia? Ma dau difôrs yn ddigon mewn un *lifetime*, dydy? Ma Anti Sandra fi 'di ca'l pedwar, cofia! *But she's still not happy*, 'de.'

65

'Shoned, dydy ...'

'*You could always try online dating, then again*, ma'r *weirdos* i gyd ar yr internet, dydyn! Secsmaniacs, cleptomaniacs *ac all sorts*!'

'Shoned.'

'Hei, be am chdi a fi ddechra un o'r petha comiwnal 'na? Genod efo'i gilydd, ia. *Girl power* a *camp fires* a ballu, hahaha!'

Dechreuodd bigo bwrw a chododd chwa oer o nunlle, gan sgubo arogl nicotîn marwaidd allan o'r bin ac i'r gofod diflas o'n cwmpas ni.

'Shoned!'

'Be, del?'

''Di Mei a fi ddim wedi ffraeo. 'Di mynd am y car mae o. Doedd o'm 'di gweld bo' fi 'di stopio a nath o jest cario 'mlaen.'

'Dal yn *besotted* efo'r babi, ia? *Head in the clouds*?' meddai Shoned yn graff.

'Ma'n siŵr bod chdi'n iawn,' atebais yn siomedig.

Yna fel golygfa mewn ffilm Hitchcock, trodd y pigo glaw yn niwl llaith a phylodd yr haul. Daeth cryndod drosta i. Yna'r hen deimlad cyfarwydd o wres llifeiriant llefrithog yn llenwi fy mronnau, yn boeth, yn gryf ac yn ddi-drugaredd. Roeddwn i'n binnau bach i gyd. Roedd hi'n amser bwydo.

'Eniwê, *forget him for now*, dw i mynd â chdi mewn i fan hyn rŵan i ga'l *check-up* efo Sister Kath. Ti *obviously* ddim yn iawn, fomitio gwaed a bob dim, *it's not right*,' meddai'r hogan deg y diwrnod.

Ochneidiais.

'Shoned, tost a jam mefus 'di hwnna.'

Distawrwydd.

Triais eto.

'Jam *strawberry* – dyna gesh i i frecwast, ti'm yn cofio?'

'O blydi hel, ia 'de, hileriys!' chwarddodd Shoned yn anaddas. 'O'n i'n meddwl bo' fi'n seifio laiff chdi!' chwarddodd eto.

'Dw i'm yn mynd yn ôl i mewn Shoned, dw i'n iawn. Jest braidd yn *queasy*, mond hynna. Isio mynd adra ydw i, mi fydda i'n iawn wedyn.'

Daeth sgrech lwglyd o'r niwl, a'r hen lew yn ei dilyn.

'O Luned, o'n i'n meddwl bo' fi 'di colli chdi!' chwythodd Mei trwy ei farf.

Parhaodd Fflur i sgrechian, y niwl i ostwng a Shoned i fusnesu.

'Mi oeddet ti 'di colli fi, Mei.' Doedd 'na ddim anwyldeb yn fy llais.

'Wel, ia, sori cyw, sori mawr. 'Di cyffroi ca'l mynd â chi adra o'n i, 'sti. Nesh i'm meddwl sbio 'nôl. O'n i'n meddwl bod chdi yna, do'n.' Roedd yn amlwg yn edifarhau, ond fedrwn i'm peidio â brathu 'nôl.

''Di cyffroi ca'l mynd â Fflur adra ti'n meddwl, ia?' O'n i'n swta.

'*That's exactly what I said,*' ymyrrodd Shoned, yn dal i afael yn dynn yn y gadair olwyn, fel tasai hi pia fi. Disgynnodd wyneb Mei.

'O Luned, 'di hynna ddim yn deg. Wn i'm be 'swn i'n gneud sa wbath yn digwydd i chdi, ti'n gwbod hynny.' Weithia 'di ennill pwyntiau yn gwneud dim ond brifo, meddyliais.

'Tydy pawb ddim allan i frifo chdi 'sti,' ychwanegodd Mei yn ddistaw. Roedd gen i gywilydd.

'Ti'n iawn, Mei, a dw i'n hen jadan flin. Sori nghariad i, blinder ydy o 'sti.'

Pwysodd ymlaen a gwnaeth y peth cyfarwydd 'na o gribo 'ngwallt yn ôl o 'nhalcen. Roedd ei fysedd yn gynnes.

'Gwranda, w't ti'n ocê, blodyn? Ti'm yn edrach yn iawn, 'sti. Ti'n meddwl dyliat ti fynd mewn am *check* bach, jest rhag ofn?'

'Dyna ecsactli nesh i ddeud!' ymyrrodd Shoned eto. *'She looks* blydi *awful!'*

'Na! No wê! Dw i ddim, ar unrhyw gyfri, yn mynd 'nôl i fewn i'r lle 'na byth eto, ocê? Byth! Rŵan plis, plis ga i jest mynd adra?'

'Iawn,' meddai Mei yn ddigynnwrf. 'Shoned, ti'n ocê am lifft?'

'Oh yeah fine, diolch, Mei. Ma Kev lawr fan'na yn y BMW efo Harrison. Dw i'n *sorted, thanks.'* Roedd hi'n swnio ar ben ei digon.

'Kev, Shoned? Kev?'

'Ia, Luned! *Who'd have thought*, 'de?' meddai â gwên fach nerfus.

'Ond be ddigwyddodd?' Wyddwn i ddim pam bod gen i gymaint o ddiddordeb yng ngharwriaethau Shoned mwya sydyn. Wedi'r cyfan, cael fy llusgo i mewn i'w llanast gerfydd fy nghlustiau wnes i.

'Long story, del. Ond fo sy'n ennill, *thank God. I'll text you*, ocê?' dwedodd yn ddi-hid, gan rhwbio'i sigarét yn galed i'r pafin gyda gwadn ei hesgid, fel petai am wneud lles i dyfiant y chwyn.

'Tecst?'

'Ia, Luns. Briliant 'de! Nesh i ofyn wrth y sdiwdant *midwife* 'na i ffeindio nymbyr chdi i fi. Ddudish i bod ni'n *best friends* a bod chdi 'di newid nymbyr chdi *recently.* Lwcus bo' fi 'di gneud 'de, 'dan ni'm isio colli *touch* nagoes, del?'

'Y ... dw i'n meddwl bod Kevin yn canu corn arnat ti, Shoned,' meddai Mei yn amserol.

'Be?! Kev, dim Kevin! Mae o'n heitio pobol yn galw fo'n Kevin,' dwrdiodd Shoned.

'Sori, ma *Kev* yn canu corn, felly.'

Cododd Mei fag Shoned oddi ar gefn y gadair olwyn a'i osod yn daclus ar ei hysgwydd. Gwenodd hithau arno'n seimllyd cyn taro sws nicotîn yn annisgwyl ar ei foch ac yna ar fy nhalcen innau. Yna diflannodd i leithder y niwl a thua golau llachar amryliw y BMW.

'O, *you're a real gentleman*, ia Mei,' gwaeddodd o'r mwll. '*Good luck* a *see you soon*, del!'

Bu tawelwch am ennyd. Roedd hyd yn oed Fflur wedi ffeindio ei bawd a rhoi cychwyn ar gysuro'i hun.

'Reit, dowch chi'ch dwy, a' i â chi adra.'

'Mei? Lle ma fy magia fi?'

'O, ma nhw yn y Land Rover, blod,' atebodd, gan barhau i syllu'n ddryslyd i gyfeiriad Shoned a'i chusan annisgwyl.

'Land Rover, Mei? Ti 'di dod i nôl fi yn y bastad Land Rover?'

'Wel, do, ma gen i ofn.'

'Ond pam?'

'Stori hir, stori hir iawn, na i ddeutha chdi wedyn, ocê?'

'Pyncjar?'

'Na, dim pyncjar. Ty'd wan.'

'Sgin hyn wbath i neud efo Mam, Mei?'

'Nagoes, Duw. Dim byd i neud efo dy fam. Dw i'm isio siarad amdano fo rŵan, ocê cyw?'

Edrychais i lawr ar ei esgidiau'n yfed y glaw. 'Ma 'na ddamwain arall 'di bod, does, Mei?' Roedd fy ngeiriau'n araf.

Oedodd Mei. 'O Luned, nagoes cyw ...' Rhychodd ei dalcen yn dosturiol arna i. 'Does 'na neb 'di ca'l damwain, dw i'n addo. Ty'd.' Estynnodd ei law ata i. 'Ffor' hyn 'dan ni isio mynd.'

Ond aros yn fy unfan nes i.

'Mei?'

'Iaaaaaa?'

'Sgynno fo wbath i neud efo Gethin?' gofynnais, fel taswn i'n siarad efo rhywun oedd yn drwm ei glyw.

Chwythodd Mei, 'Ocê ... oes. Ond beth am beidio trafod hyn rŵan, iawn?' Trodd ataf â gwên ddisgwylgar a chodi ei aeliau'n obeithiol. 'Ty'd,' meddai eto, 'a' i â'r ddwy ohonoch chi adra.'

'Be ddiawl ma'r bastad 'na 'di neud rŵan?'

'C'mon Luned, ma popeth yn mynd i fod yn hollol iawn,' meddai, gan sgubo pob dim dan y carped mor gyflym ag y gallai. 'Paid â weindio dy hun i fyny heb reswm ... o, a paid â rhegi o flaen Fflur. Dim Shoned wyt ti.' Winciodd arna i. 'C'mon, well i ni fynd.'

'Ond Mei, fedra i'm dringo i'r Land Rover, siŵr iawn. Mi fydda i 'di rhwygo blydi pwytha fi!' O'n i'n dechra'i cholli hi.

'Hei, *calm down*, Luned Lewis. Ocê? Na i'm gadael chdi lawr, ti'n gwbod hynny. Na i helpu chdi fyny efo gymaint o ofal a nerth sy gen i, mi fyddi di'n ocê ... a stopia efo'r rhegi ma!' Rholiodd ei lygaid arna i. Roedd ei farf a blewiach ei goesau yn berlau bach sgleiniog o wlith oeraidd y niwl. Ond roedd ei gnawd yn llyfn a thwym, heb yr un arwydd o groen gŵydd. Doedd 'na'm llawer yn aflonyddu'r hen lew.

'Nerth, Mei? Ti'n deud bod chdi angen nerth i fy nghodi fi, y diawl digwilydd?!'

Penliniodd o flaen y gadair olwyn a gosod ei ddwy law yn gofleidiol ar fy nghluniau, cyn gostwng ei ben yn ofalus i fy nghôl, fel petai'n chwilio am guriad calon yn rhywle. Caeodd ei lygaid. Mwythais innau ei foch.

'Caru chdi, blod. Caru chdi go iawn.'

'Caru chdi'r hen lew. Caru chdi'n rhacs.'

Tarw Potel

2007

Celt roedd ei fêts o'n ei alw fo. Roedd o'n fyr, yn fynyddig ac roedd ei wallt du yn ddrysfa o droellau bach tyn. Yn rhamant y golau stryd euraid a'r niwlach jin, edrychai fel rhyw dduw Groegaidd. Fedrwn i'm peidio â gwirioni.

Yn nrws Yr Heliwr ar gornel Stryd y Clwt oeddwn i pan welais o am y tro cynta. O'n i'n bump ar hugain ac yn amddifad o chwil, unwaith eto. Roedd y pefriad wedi hen ddiflannu o fy G&T, o'n i 'di codi cywilydd arnaf fy hun, ac wedi colli bws deg adra. Doedd gen i'm byd i'w golli, ac yn ôl y llygaid amser gwely roedd o'n ei wneud arna i, popeth i'w ennill.

Rhywsut, roedd Lleucu blydi Swyn wedi anghofio ychwanegu fy enw i'r rhestr ebost oedd yn rhoi'r manylion am y *dress code*. 'Gwisgwch yn *chic, ladies* a dewch yn eich dillad Ffrengig gorau. *Hip-hugging skirts* a *cute neck scarves*. A pheidiwch ag anghofio'r sodlau 'na! Dewch yn fuan – trît fi 'di'r *bubbly* cynta!'

Wedi derbyn ysgoloriaeth i wneud doethuriaeth ym

72

Mharis roedd Lleucu, a hwn oedd ei pharti ffarwél ...
ffarwél a thwll dy blydi tin.

O'n i'n annifyr o hwyr, 'rôl stryffaglu am hanner awr i
ddilyn fidio Americanaidd ar YouTube yn rhoi cyf-
arwyddyd hirwyntog ar sut i godi'ch gwallt i fynsen flêr
ond secsi ar dop eich pen. Methu nes i, a llwyddo'n unig i
efelychu dafad fynydd mewn llwyn eithin.

Cerddais i mewn drwy ddrws Yr Heliwr yn fy jîns du,
bŵts cowboi brown, blows *boho* oren, a hen fra du,
anghyfforddus oedd yn rhannu fy nwyfron yn bedair. O'n,
mi o'n i'n gwbl argyhoeddedig mai noson Impulse, WKD
a Bryn Fôn ar y *juke box* roedd hi'n mynd i fod. Fues i 'rioed
mor anghywir. Ond er fy siom, roeddwn i'n eitha balch na
chefais fy ngorfodi i wisgo sgert oedd yn cofleidio fy
nghluniau. Sa hynny 'di fy ngwneud i'n fwy fyth o destun
gwawd.

Ymlithrodd hen deimlad iard ysgol, oeraidd drwydda i.

Safai pump Ffrances gain o 'mlaen i yn y bar, yn
rhyfeddod o deits neilon a lipstig coch, yn piffian
chwerthin wrth dincial llwncdestun yn fflyrtiog gyda
gwydrau main o Kir Royale.

Felly dyma oedd *chic*?

Yn y canol roedd Lleucu, ar ben ei digon. Hi oedd yr
unig un mewn *beret*, wrth gwrs. O bobtu iddi, fel
gwyddau'n clegar, safai Lliwen, Elfair, Cêt a Glain, pob un
yn cystadlu'n frwd am rôl y ffrind gorau. Ond ymddengys
bod y cythraul gwisg ffansi wedi meddiannu enaid Glain.
Ar ei phen, uwch ei hamrannau ffals, eisteddai'r bob
Ffrengig, du, sinthetig, mwya sgleiniog a welodd Lleucu
erioed. Roedd hi'n bictiwr. Glain oedd yn ennill, heb os,
diolch i Wigz4U ar eBay.

Damia nhw'r blydi lyfis diawl!

'Swn i 'di licio diflannu, troi ar fy sodlau Dolly Parton a charlamu o'na. Ymhell o'r cydganu 'gooooojys' a'r ffalsio gwag. Ond fel y chwyddiant chwys dan fy ngheseiliau, roedd hi eisoes yn amlwg i bawb fy mod i wedi cyrraedd, fatha *pole dancer* mewn cyfarfod gweddi.

Dw i wastad 'di credu mai'r unig beth sy'n helpu mewn sefyllfa fel hynny yw jin. Fesul dyblau, gyda rhew a lemwn i wneud iddo edrych yn *posh*. A felly bu. Mi wnaeth y jin helpu – helpu mi i droi at Lleucu, oedd wedi fy anwybyddu drwy'r nos, a gweiddi 'ffwcin bitsh hunangyfiawn!' yn ei hwyneb. Ddwywaith.

Neu dyna dw i'n feddwl nes i ddweud.

Ma 'hunangyfiawn' yn air anodd i'w ynganu 'rôl chwech dybl jin a tonic.

Wedi cyrraedd y drws, daeth yn amlwg bod gen i ddim modd hawdd o gyrraedd adra. Rhannu tacsi i dŷ rhieni Lliwen oedd y cynllun gwreiddiol. Gwylio *Last Tango in Paris* yn y *cinema room* gyda *nibbles* o blydi Waitrose, a chael *sleepover*, fel oedden ni'n gwneud pan oedden ni'n wyth. Ond ches i 'rioed *sleepover* efo nhw pan o'n i'n wyth. Felly pam dechrau rŵan? Pam smalio rŵan bod 'na unrhyw beth mwy na gwaed tenau rhyngom? Beth bynnag, o'n i 'di anghofio shafio fy ngheseiliau, ac roedd fy mhyjamas i adra.

Tua chwarter awr wedi i mi regi yn wyneb fy nghyfnither, methu'r bws, a cholli'r sawdl oddi ar fy mŵt chwith, ffeindiais i fod na'm *plan B* i'w gael. Chwarter awr wedi hynny o'n i wysg fy nghefn yn erbyn wal bingo ym maes parcio Cefn Capel, ar goll mewn snogsan laith, â llaw boeth, arw yn cynhesu fy mronnau.

Yn anffodus roedd fy nuw Groegaidd o leiaf troedfedd yn rhy fyr i fod yn ddwyfol, ac allan o gynhesrwydd y golau stryd euraid, yn llawer rhy welw i fod yn Roegwr. Ond dyna ni, *any port in a storm*, chwedl y Sais.

Fues i'm chwinciad yn cytuno mynd adra efo Celt, er gwaetha'r ffaith ei fod wedi yfed pedwar peint o Guinness ac yn drewi o *pork scratchings*. Felly ffwrdd â fi, ar fy nhin mewn Subaru Coc Oen Turbo Injection Mark II. Yn troelli'n ddi-hid hyd sgerbwd main o lonydd fel dyffrynnoedd, ac i ddyfnderoedd cefn gwlad.

Erbyn chwarter i un y bore, o'n i ar fy nghefn mewn beudy gwair, a than gyfaredd nerthol ei chwant. O'n i 'di colli nabod ar fy nillad isaf, heb sôn am unrhyw synnwyr cyffredin oedd yn arfer bod yn perthyn i mi.

Roedd o'n faharen o ddyn. Yn fyr, yn gyhyrog ac yn anghyffredin o geilliog. Doedd gen i'm llawer o brofiad, wel, ar wahân i'r profiad o wylio Tom Cruise yn hoelio Kelly Preston yn *Jerry Maguire*, ond wir yr, welais i 'rioed neb mor o ddifri â Celt am garu. Roedd ganddo joban i'w gwneud ac roedd o am ei gorffen hi, cyn gynted ac y gallai. *No frills*.

Nathon ni'm siarad rhyw lawer; doedd dim angen, rhywsut. I ddeud y gwir, mond un sgwrs gawsom. Y sgwrs honno, mewn foment ddwys, wrth i mi afael yn dynn yn ei law a syllu i fyw ei lygaid duon.

'Celt?'

'Ia?'

'Well i ni fod yn ofalus.'

'Be ti feddwl?'

'Wel, 'sgen ti wbath?

'Fatha be?'

'Wel, ti gwbod, condom?

'Condom?'

'Ia. Sa well, bysa?'

'Duw, nagoes siŵr. Dw i'm angen petha fel'na.'

'Ond be am afiechydon a ballu'?

'Sorted. A'th Mam â fi at y docs bythefnos 'nôl. Dw i'n lân ac yn bur ac yn barod amdana chdi, bêb.'

'Dy fam?!'

'Iep! Halen y ddaear! Dallt yn gilydd yn iawn, fi a Myddyr.'

'Omaigod!'

'Hei, ymlacia del, neu fyddi di'n sych fatha cesail camel – ma stres yn gneud petha felly i ferchaid, 'sti.'

'Ond be am fabis?'

'Dw i'm isio un, diolch.'

'So, sa well ni iwsio condom felly, bysa!'

'Dw i 'di deud, do, dw i'm angen un.'

'Nagwyt? Pam, ti'n ... ti'n... *infertile*?'

'Ffwc nacdw, siŵr iawn!' meddai'n dalog, ei frest wedi'i hymestyn. 'Be haru chdi? Ydw i'n edrach fatha dyn *infertile*? Ydw?' gofynnodd, ei Jon Tomos yn bastwn yn ei law ac yn pwyntio'n syth ata i. O'n i'n teimlo fatha dynes yn cael ei harestio, ac i ddweud y gwir, o'n i'n teimlo yn reit gyffrous am hynny.

'Jest i chdi ga'l dallt, gesh i ddamwain fach efo rhyw hogan o sowth tua pum mlynadd 'nôl ... hau hada yn lle rong nesh i. Ond mi nath hi'r peth iawn yn diwadd, diolch i'w thad hi o'dd yn foi pwysig yn Plaid Cymru, a dim isio'r embaras o'i ferch yn disgwl yn *sixteen*. So nacdw, dw i ddim yn *infertile*, diolch yn fawr. Reit ty'd, fedra i'm aros llawar hirach, myn uffar i.'

Un deg chwech?! O'n isio chwydu mwya sydyn.

'Sori Celt, ond dw i'm yn dallt pam bod chdi'n bod mor ddi-hid am hyn? Dw i rili ddim isio'i risgio hi.'

'Ffwcin *chill* owt nei di? Dw i byth yn neud yr un mistêc ddwywaith. Dw i'n giamstar rŵan, gei di weld.'

'Gweld be?'

'Na fi 'di'r ffarmwr tarw potel gora yn yr ardal 'ma, 'de. Sa neb yn gallu ddal o fel fi.'

'Am be ti'n sôn?'

'*Fastest draw* yng Ngwynedd, bêb. *Fastest draw* yng Ngwynedd.'

'O mam bach!' O'n i'n dechrau deall be oedd ganddo fo dan ei het, fel petai, ac yn dechrau teimlo fel bo' fi'n eistedd mewn *rollercoaster* oedd ar fin saethu i lawr allt gan milltir yr awr.

'Paid â poeni, del, dw i 'di cael *loads* o bractis. Dw i'n ecsbyrt.'

''Di hynny'n gneud fi deimlo dim gwell!'

'Reit, ty'd yma, Linda, fedra i'm aros dim hirach. Dw i isio chdi, a dw i isio chdi rŵan!'

'Luned, dim Linda.'

Cwta funud a llond llaw o eiliadau wedyn, 'rôl iddo floeddio 'C'mon Celt y lejynd, c'mon!' dros bob man nes oedd popeth o fewn ugain llath yn brefu, udo a chlochdar, roedd o i gyd drosodd, a'r ffermwr tarw potel wedi cael profi unwaith yn rhagor mai ef oedd y *fastest draw* yng Ngwynedd. Doedd o'n amlwg ddim yn un am *foreplay*, ond chwarae teg rhoddodd llawiad o wair i mi sychu'r llanast, cyn datgan yn llwyddiannus, ''Na fo, ti'n gweld, fyddi di'n saff efo fi, garantîd.' Er hynny, o'n i'n *chemist* dre erbyn un ar ddeg y bore wedyn efo *cubic zirconia* rhad ar fy mys dyweddïo, yn dweud celwydd drwy ddagrau nionod am briodas mewn chwe mis a condom wedi rhwygo, ac yn erfyn am y *morning after pill*.

Wrth sbio 'nôl, fedra i'm smalio bod unrhyw lewyrch o ramant wedi bod ynghlwm â'n hantur gorfforol ni. Roedd o'n gyntefig o nwydwyllt, a'r ddau ohonom yn lletchwith tan ddylanwad llaeth mwnci, heb sôn am fy ngormodedd anffodus i o flew cesail, a'r arogl Jeyes Fluid oedd ar ei sanau – a'r rheiny'n dal am ei draed. Ond am yr amser y buon ni'n ymbalfalu'n fler 'mysg y gwair, fi oedd Constance Chatterley, yn wan ond chwantus yn nwylo medrus Oliver Mellors. Wedi'r cyfan, doedd neb erioed wedi bod isio fi cymaint ag oedd Celt y noson honno.

Nos Wener, y seithfed ar hugain o Orffennaf 2007 oedd hi. Roedd hi 'di bod yn fis glawog difrifol, a minnau wedi bod yn teimlo yn llwyr ar goll ers rhai misoedd. Ar goll ac yn chwilio am drywydd â phwrpas iddo, fel mae rhywun yn aml yn bump ar hugain. Yna'n sydyn fan'no oedd o. Fo a'i wên a'i ben cyrliog du, ei addewidion dros ben llestri, a'i geilliau mawr. Beth oedd ots os oedd o'n fy ngalw fi'n Linda?

Do'n i 'rioed 'di bod yn denau a doedd gen i mo'r taldra i wneud cyfiawnder â'm llawnder. Ond drwy ryw wyrth, roedd y bydysawd wedi fy mendithio efo wyneb fel Elizabeth Taylor – hynny yw, cyn yr wyth ysgariad a'r pedwar o blant. O'n i'n un o'r genod hynny oedd wastad yn byw yng nghysgod y geiriau 'bechod bod hi'n dew a hithau mor dlws'. Ond wedyn nes i gyfarfod Celt. Doedd o'n hidio dim am fy mloneg na fy myrder. O'r diwedd ro'n i'n ticio'r bocsys i gyd, ac roedd hynny'n ddigon da i mi.

♦

Flwyddyn, wyth mis a thri deg diwrnod yn ddiweddarach, ar y pumed ar hugain o fis Ebrill 2009, o'n i'n sefyll yn nrws Capel y Bryn yn paratoi i garu Gethin am byth ... neu 'Celt' fel roedd ei fêts o'n ei alw fo.

'Wyt ti'n siŵr, rŵan, cariad bach?' meddai Dad, mor ofnadwy o addfwyn. 'Dw i'n gwbod bod gen ti hen arfer gwirion o danbrisio dy hun, blodyn, a ... wel ... ti'n gwbod bo' fi 'rioed 'di bod yn hollol siŵr os ydy o'n ddigon da i ti.'

'Diolch, Dad. Ond dw i'n meddwl fydda i'n ocê. Ma Geth 'di pwyllo lot, wir rŵan. Mae o'n barod i setlo – setlo go iawn. Mae o hyd yn oed 'di deud i fod o isio cael plant ... a dach chi'n gwbod fydda i byth heb ddim hefo fo.'

'Os ti'n siŵr, blodyn, mi na i dy gefnogi di gant y cant. Ond cofia hyn ...' Gwasgodd fy llaw yn dynn. 'Pan ma'r modd gen ti, peth hawdd 'di rhoi.'

'Be dach chi'n feddwl?'

'Wel, pan ti'n gefnog, peth hawdd 'di rhannu anrhegion a phrynu petha neis. Pan ti'n ffraeth, ma'n hawdd deud y petha iawn. Pan ma dy galon di'n llawn, ma cariad gonest, diamod yn hawdd ei roi, w'sti. Paid â derbyn dim llai na ti'n haeddu gan Gethin, a chofia bo' fi wastad yma i chdi.'

Hanner awr yn ddiweddarach, ac er gwaethaf geiriau doeth fy nhad, o'n i'n Mrs Luned Ann Roberts, Fferm Llwyn Idwal. 'Chydig iawn o orfoledd oedd yn y capel ar ddiwedd y gwasanaeth, ond roedd y camera yn fy wyneb, felly gwenu oedd rhaid.

Ges i gopi o *Un Peth 'di Priodi, Peth Arall 'di Byw*, potel siampên o Lidl a cherdyn 'Pob lwc' yn anrheg gan Lleucu. Nath hi'm aros. Clywais rywbeth am 'y genod' a 'coctêls'. Yna ffwrdd â hi yn ei Merc gwyn i Gaerdydd o flaen y car priodas, gyda phoblogaeth y pentref yn chwifio arni'n frwd wrth feddwl mai hi oedd fi, a gwagio eu conffetti dros ei bonat.

Fel mae'n digwydd, roedd Dad, yr aur, yn iawn am Gethin.

Erbyn gwanwyn 2013, a minnau wyth mis yn feichiog gyda Guto, o'n i'n eistedd gyferbyn â Gethin yn swyddfa lwyd, dienaid Cox, Biggar & Price, yn gwrando ar y bastad ffermwr yn rhaffu celwydd am fy noniau gwreigaidd.

♦

Yn ôl ei sôn, bu penwythnos plu Catrin Alys yn Faliraki yn ddiwedd ar Gethin, druan. Dyna pam, *medda fo*, ar ôl hir ymwrthod, iddo ddisgyn yn wan ac anghenus i freichiau tyner Nerys Hafod Isaf, oedd 'wastad wedi bod yn gefn iddo'.

Yr unig amser, mewn tair blynedd o briodas niweidiol o unochrog, i mi feiddio roi cais ar gofio sut beth oedd o, am ddwy noson, i fod yn Luned. Cais eironig o aflwyddiannus yn y diwedd, diolch i bwl cas o *gastroenteritis*, oedd yn anffodus wedi gafael yna' i cyn i'r awyren lanio. O'i herwydd, methais yn llwyr i roi yr un troed drwy ddrws y Climax Bar i sipian Sex on the Beach drwy welltyn di-chwaeth. Ni chyffyrddodd yr un pelydryn o haul tanbaid Môr y Canoldir yndda' i. Chefais i ddim chwaith y cyfle gwerthfawr i gofio sut beth oedd o i fod yn fi, hyd yn oed am ddwy noson. Er hynny, dod adra i atgasedd a ffieidd-dra nes i.

Fel mae'n digwydd, oddeutu tair wythnos wedi'r penwythnos plu, a minnau ar fy nghwrcwd yn nhoiledau'r staff yn y Cylch Meithrin yn syllu'n fud ar ddwy linell fach binc ar ffon blastig wen, ffeindiais bo' fi'n feichiog gyda Guto.

Wrth gwrs, nath Gethin roi un ac un at ei gilydd a chael tri.

Bysa, mi fysa 'di bod yn hyfryd cael Stavros yn gwneud llygaid llo bach arna i o'r tu ôl i'w *souvlaki a*r draeth Faliraki, yna disgyn i'w freichiau cryfion a chael fy llusgo i *four-poster* moethus mewn stafell wely yn edrych dros y môr a'i fachlud. Ond wrth gwrs, yn fy nyblau ar y lle chwech bues i am bedwar deg wyth awr, yn syllu ar chwilod angenfilaidd yn crwydro'r waliau. £265 am y fraint o gael cachu sydyn mewn toiled estron. Dim ond fi. Dim ond Luned.

♦

Gwnaeth Gethin (oedd yn ôl ei drwmped ei hun yn dipyn o arwr) gais trawiadol ar drio argyhoeddi'r ddau gyfreithiwr fy mod wedi'i dramgwyddo'n ddifrifol. Nid yn unig oeddwn i 'di bod yn chwarae'n fudur gyda Groegwr dychmygol, ond roeddwn i hefyd wedi methu'n llwyr â deall cymaint o ofal a chariad roedd o, fel gŵr ac asgwrn cefn y gymuned, wirioneddol ei angen.

Mawr oedd fy nyled, aparyntli.

'Dach chi'm yn dallt pa mor bwysig 'dan ni, ffermwyr?!' Roedd y poer yn berwi yng nghorneli ei geg. 'Blydi hel, sa na'm cefn gwlad Cymru hebddan ni, siŵr! Ni sy'n cadw chi i gyd i fynd a chadw'r blydi lle ma'n fyw, a ma pob ffarmwr werth ei halan angan gwraig dda i edrach ar 'i ôl o! O'n i meddwl bod Luned 'di dallt hynny pan ddudodd hi'r petha 'na i gyd yn capal. Blydi celwydd noeth oedd o'n amlwg! Dach chi'm yn gweld bod hi 'di twyllo fi? Dach chi'm yn gweld faint dw i 'di diodda?! Ma syndod bod y lle 'cw'n dal i fynd!'

Hwnnw oedd y tro cynta, a'r diwetha am wn i, i mi glywed cyfreithiwr parchus yn dweud wrth ei gleient i dynnu ei ben o'i din. Y cyfreithiwr oedd hefyd wedi teimlo embaras a thosturi wrth bori drwy ddwy flynedd o adroddiadau meddygol dwys, oedd yn frith gyda'r geiriau *anxiety*, *stress* ac yn goron ar y cyfan, *depression*.

Y gwir oedd, doedd yr un ots gan Gethin amdana i. *Narcissistic personality disorder* maen nhw'n ei alw fo.

Roedd y broses ysgaru yn ei llawn lif erbyn i Guto gael ei eni. Daeth allan yn edrych yn union fel ei dad, wrth gwrs. Yn fyr, ei groen fel llaeth, a'i ben yn ddrysfa o wallt troellog du.

"Idish i, do!' bloeddiodd Gethin pan welodd o lun o'i fab am y tro cynta. 'Blydi *Greek* 'di 'i dad o! O'n i'n gwbod yn iawn!' rhuodd eto, gan dynnu ei fysedd tew drwy'r drysfa o droellau duon ar ei ben ei hun. 'Sbïwch tywyll 'di o!'

'A beth ydych chi'n meddwl dach chi, Mr Roberts?' gofynnodd ei gyfreithiwr wrtho'n goeglyd. 'Blond?'

Ond er gwaetha'r trin a'r trafod, er gwaetha fy mhrotestiadau hirfaith, ac er gwaetha'r ceisiadau di-ri am brawf tadogaeth, erys y ffaith mai gwag yw'r bocs 'Tad' ar dystysgrif geni'r dyn bach.

Ches i 'rioed roi fy enw ar weithredoedd y ffermdy tra oedden ni'n briod, nac ar y Citroen Grand C4 Picasso VTR+ newydd, sgleiniog, er nad oedd y ffarmwr bach, hunanol byth yn ei ddreifio. Ond wedi peth ymladd, fe ges i gadw'r car, a diolch i fargeinio cyfrwys gan Cox, Biggar & Price, cefais deposit digon taclus i'w roi ar le newydd i fi a'r hogia.

Arhosodd Gethin yn union lle dechreuodd o, dan adain ei fam, ond gyda Nerys Hafod Isaf yn wobr am fod yn fastad.

Ar Fai yr ail ar hugain 2014, cefais o'r diwedd brofi'r rhyddhad o rwygo'r *decree absolute* o'i amlen. Ond rhywsut fedrwn ni'm peidio â theimlo fel methiant llwyr unwaith yn rhagor, ac yn ddifrifol unig.

Defender

'*Plis* deutha fi pam bod chdi 'di goro dod i nôl fi yn y Landrover, o bob dim, Mei?'

Trodd yr hen lew yr injan 'mlaen a gosod ei ddwylaw ar yr olwyn, fel petai ar fin mynd â fi ar daith orau 'mywyd. Yna oedodd.

'Adra ia, blodyn? Gad ni fynd adra a nawn ni siarad dros goffi.' Trodd ata i ac estyn dros gadair Fflur oedd wedi'i gwasgu'n dynn rhyngddom, rhwbiodd fy ysgwydd, yna chwythodd allan drwy ei flewiach, cyn troi 'nôl at y llyw a gyrru 'mlaen. 'Ma'n well bod ni'n siarad adra.'

'Dw i'm isio coffi, Mei, a beth bynnag, ti'n mynd i orfod deutha fi rhyw dro, dwyt? Felly pam 'im deutha fi rŵan? C'mon Mei, jest deud. Fedra i'm gweld be 'di'r broblam.'

Rhythodd yn ei flaen drwy'r gwlithlaw, a chydag un llaw trodd y Defender yn swnllyd allan o adwy'r ysbyty cyn troi'r weipars ymlaen. O'n i wir yn licio edrych arno'n dreifio.

'Felly pam, Meirion?'

'Achos dw i isio aros tan yr amsar iawn, does,' atebodd, fel mai honno oedd y frawddeg oedd yn rhoi'r ateb i bopeth a thaw ar y drafodaeth. Ond parhau nath o. 'Y peth ydy, ti

... wel, ti ddim ar dy ora ar y funud, nagwyt, cyw? Ti yn dy
wendid braidd 'rôl pob dim, a job fi 'di amddiffyn chdi 'de,
a dw i rili ddim isio chdi ypseti–'

'Omaigod Mei, be ddiawl sy 'di digwydd?' Es i'n bigau
mân drosta i. 'Be sy mor ddrwg bod chdi'n teimlo bod
rhaid i chdi amddiffyn fi rhagddo fo? Wyt ti'n siŵr bod 'na
neb 'di ca'l damwain? Blydi hel ... do Mei, ma 'na ddamwain
'di bod go iawn, does?'

Trawodd ei law yn ddiamynedd ar yr olwyn.

Neidiais. Doedd o ddim yn un am wylltio. Troais fy
mhen yn araf ato, ond nes i'm edrych arno. Roedd 'na
rywbeth ddim yn iawn. Syllais i lawr ar wyneb bychan
Fflur, a'i llygaid bach duon yn mofyn ffocws.

Arafodd y car a thynnodd i mewn i gulfan cyn cyrraedd
y ffordd osgoi. Trodd ata i a'i ben ar osgo, a gollyngodd ei
sgwyddau.

'A dyna ni, Luns, dyna chdi'n mynd i banics eto, a wedyn
fyddi di'n dechra crio a wedyn bydd Fflur yn dy glywed di
ac yn crio hefyd. Fedra i drio fy ngora glas i amddiffyn chdi
rhag y petha drwg yn y byd 'ma sy'n dy frifo di, ond fedra
i'm amddiffyn chdi rhag chdi dy hun.' Trodd y weipars i
ffwrdd. 'Wir i chdi, dw i 'di darllan am hyn yn y *Guardian*.
Ma babis yn gneud hyn, 'sti, yn pigo fyny ar *mood* eu
rhieni. Dw i'm isio i ni fyw fel hyn dim mwy, blodyn.'
Gwyrodd ata i a mwythodd fy moch. 'Dw i'm isio ni ...'
oedodd. 'Dw i'm isio chdi orfod byw bywyd llawn poen ac
ofn dim mwy. Ond Duw a ŵyr dw i'm yn gwbod be i neud
weithia ... dw i'm yn gwbod be i neud am y gora.'

Roedd y glaw ar y ffenest yn ein cuddio bellach. Fel
petaen ni wedi cael ein tywys i stafell fach breifat ein
hunain.

'Ond Mei, dw i mond yn panicio am bod chdi 'di rhoi'r argraff i fi bod 'na wbath mawr 'di digwydd a rŵan ti'n gwrthod deud wrtha i, a ma hynny'n gneud petha'n waeth, lot gwaeth ... fedri di'm gweld hynny? Jest deud Mei, plis. Deud wrtha i be sy'n bod. Jest blydi car ydy o!'

'Ond ma gen ti feddwl y byd o'r car, does, Luned? Car chdi a'r hogia oedd o .... ym, ydy o 'de. Ma dy enw di ar y blydi nymbyr plêt hyd yn oed. Dy fws bach di efo'i sticer 'Hogia Mam' ar y cefn, a'r CDs Martyn Geraint ar lŵp. Ti 'di edrach 'rôl y car 'na fatha babi, 'di gadw fo'n lân, 'di ...'

'Ocê, digon. Mei, jest car ydy o, iawn? Rŵan ...' Estynnais dros Fflur a gafael yn ei law. 'Deud wrtha i be sy 'di digwydd, PLIS!'

'Ocê, mi dduda i.'

Sythodd Mei a thewi'r injan.

'Ma Gethin 'di mynd â'r car, Luns. Mae o 'di mynd â fo, jest fel'na, a mae o'n gwrthod dod â fo'n ôl.'

'Be ffwc?!'

'Luns, PLIS paid â gwylltio.'

'Mae o 'di mynd â fy nghar i? Siriysli?'

Nodiodd Mei yn dawel.

'Ond dw i'm yn dallt, Mei. Pam? Pam bod o 'di mynd â 'nghar i? I be? Ma'r Subaru 'na dal gynno fo, dydy? Ac o be dw i 'di ddallt ma Nerys efo rhyw gar bach fflash, dangos dy hun o gwmpas dre 'cw? I be uffar mae o isio car arall? Pam bod o 'di mynd â fy nghar i, Mei? Pam?'

Dach chi'n nabod y teimlad yna, y teimlad sydd fel carreg fawr drom yn glanio'n dunnell ar eich brest cyn suddo'n araf i mewn iddi? Doedd 'na ddim lle i fy anadl. Dim lle iddi ledaenu drwy fy nghorff wrth i mi anadlu. Dim lle iddi fy nghynnal.

'I Nerys mae o 'di mynd â fo. Roedd hi isio car mwy.'

'Nerys?! Mae Nerys 'di cael fy nghar i, Mei?' O'n i'n oer.

'Do, ma Nerys 'di ca'l dy gar di. Y peth ydy ... wel ... wel y peth ydy ...'

'Ffycsecs Mei, jest deud!'

'Rho gyfla i fi, nei di?'

Caeais fy llygaid a gwrando.

'Debyg bod Gethin 'di cadw set sbâr o oriada, a dw i'm yn gwbod os ti'n cofio, ond debyg hefyd, yn ganol holl lanast y difors, bod chdi 'di anghofio rhoi dy enw di ar bapura'r car. Felly mae o 'di mynd â fo. Mae o 'di hawlio fo'n ôl a 'di roi o iddi hi. Mi ddoth draw yn hwyr un noson – o'n i fyny grisia ar fin rhoi'r hogia yn bath. O'n i 'di bod yn llnau'r car yn barod i ddod i nôl chdi a Fflur a do'n i'm 'di roi o 'nôl yn y garej. Glywish i sŵn injan yn refio tu allan, ond erbyn mi droi tapia'r bath i ffwrdd a rhedeg lawr at y drws roedd o 'di mynd. Nath o mond gadal nodyn ar y stepan a'i heglu hi, cyn gynted ag o'dd o'n gallu.'

O'n i'n fud.

'Luned? Luned, ti'n iawn?'

Doedd gen i'm geiriau.

'Luned, ma 'na wbath arall. Ma Nerys ... ma Nerys ti'n gweld yn ... yn ... wel ...'

Gwyrodd Mei yn ôl tuag ata i, gosododd gledr ei law ar fy moch a syllodd i ddyfnder fy llygaid.

'Ma Nerys yn disgwl ... ma hi'n disgwl efeilliaid, Luns – hogia, o be dw i'n ddallt ... eidentical. Ma hi 'di mynd rhyw ddau ddeg tri wythnos, medda nhw. Dw i 'di bod yn Llwyn Idwal, a nesh i drio fy ngora glas, wir i chdi, ond does na'm gobaith o ga'l y car yn ôl ... mi oedd y bastad mor styfnig er i mi drio bod yn rhesymol efo fo. Mi gei di dy nymbyr plêt, medda fo, ond dim y car. Dw i mor sori Luned, dw i mor, mor sori.'

Doedd gen i'm byd.

Dim deigryn.

Dim anadl.

Dim egni.

Dim.

Syllais i ddyfnderoedd y llynnoedd glaw ar y ffenest o 'mlaen. Mi fyswn i 'di medru eistedd yno am byth, yn ddelw, wedi datgysylltu o weddill y byd.

Roedd Mei yn un da am nabod yr arwyddion bellach. Cyn i mi sylwi beth oedd wedi digwydd roedd o wrth fy ochr. Roedd fy nrws yn agored, ac yntau'n sefyll yn y glaw yn pwyso i mewn ac yn fy nghofleidio mor dynn ag y gallai.

'Oes 'na ddiwedd yn mynd i fod i faint mae o'n gallu fy mrifo fi, Mei?'

'Oes, blodyn, oes. Wrth gwrs bod 'na. Dw i ddim yn mynd i adael iddo fo ennill, dim ffiars. Mi sortiwn ni wbath, ocê? Mi sortia i wbath. Dw i YN mynd i neud hyn yn iawn, Luned, dw i'n addo. Dw i yn mynd i dy amddiffyn di rhagddo fo a'i wenwyn.'

'Dw jest ddim yn dallt?! Ma *gynno* fo ddau fab yn barod a tydy o'n gneud *dim* efo nhw, Mei, dim! Ma brifo fi yn un peth, ond ma brifo'r hogia'n wbath arall. Dydy o jest ddim yn iawn!'

Gollyngodd Mei ei afael, roeddwn i'n llipa braidd. O'n i isio camu allan. Isio diflannu. Gafaelodd yn fy wyneb eto, ei godi yn ei ddwylo gwlyb a mynnu fy sylw.

'Luned Lewis, 'dan ni'n deulu. Cyn belled â bod chdi a fi yma efo Morgan, Guto a Fflur yn ein breichia ni, mi fydd y tri ohonyn nhw'n iawn ... mi fydd yr hogia yn iawn, ocê?

Mi fydda i'n dad iddyn nhw, pob awr o pob diwrnod tra dwi byw, ti'n gwbod hynny. Na i *byth* adael chi lawr.'

'Diolch, Mei.'

'Chdi ddudodd, ti'n cofio? Gwenodd arna i. 'Ma'n cymryd mwy na shag pum munud mewn cab Massey Ferguson i fod yn dad.'

'Ydw, dw i'n cofio. Ei di a fi adra rŵan ... plis?'

'Adra at hogia ni, ia?'

'Ia ... at yr hogia ... o, ella na ... na, Mei, dim adra, dim eto. Ei di â fi i weld Dad gynta? Plis?'

'Wir? Yn y tywydd yma, cyw? Ti'n siŵr? Mi fyddi di 'di fferru, 'sti.'

'Yndw, dw i'n siŵr. Dw i wir angen gweld Dad.'

Dad ★ Taid ★ Trysor

Mawrth 2013

Mam laddodd Dad. Yn y consyrfatori, efo potel o Harveys Bristol Cream, bocs o Just Brazils, a David Darling yn ei chynorthwyo. Er nad oedd diferyn o waed ar eu dwylo, mi fysa fo dal yma rŵan tasai'r ddau heb fod mor dan din o dywllodrus.

Ychydig a wyddwn i fod Mam 'di bod yn gweithio rhan amser yn *y-fronts* David am rai blynyddoedd. Gweithio'n ddiwyd, dirgel a diflino ers i mi fod yn bedair ar ddeg. Pob noson clwb llyfrau ers 1996. Pob pwyllgor neuadd goffa yn 2001. Ar bob taith adra o Blas Hengoed wedi iddi drafferthu ymweld â Mam-gu Mans. Noson angladd Tad-cu. Yna, unwaith y mis mewn *junior suite* yn y Grosvenor yng Nghaer, a hithau'n rhaffu celwydd am gael *colonic irrigation* hanfodol i buro ei system. Bu bron i mi dagu ar yr eironi.

♦

Roedd y genod i gyd eisiau bod yn Mam. Ar ei thin ar gefn Triumph Daytona Dad, a'i breichiau yn dynn am ei ganol.

Ei llygaid glasoer ar gau, ei hwyneb ar goll yn ei war, a chudynnau heulog ei gwallt yn ymladd â'r gwynt. Roedd hi'n llwyr feddw ar ledrith Guto Huw Pritchard ac yntau wironeddol yn ei charu hi, o waelod ei galon. Credai pawb mai Dad oedd y *rebel without a cause*, ond mewn difri Mam oedd yr un wyllt, pob asgwrn yn ei chorff yn gwrthryfela gorthrwm Methodistaidd ei thad a llaw drom ei mam. Pob cyhyr yn ei chorff yn erfyn ar Dad i gymryd mantais ohoni a'i thywys i fyd arall.

Ond, er gwaetha caethiwed ei ddenim, ei wên ddireidus, a'r tawch Marlboro a lledr a wisgai'n ddyddiol, roedd Guto Pritch fel ci defaid. Roedd Dad yn ddeallus, yn addfwyn ac yn ufudd. Roedd hefyd bum mlynedd yn hŷn na Mam, ac roedd hyn yn dân ar groen Tad-cu. Ond eto, roedd popeth yn dân ar groen y gweinidog.

Newydd gwblhau saith mlynedd hirfaith o hyfforddi i fod yn bensaer oedd Dad. Roedd Mam, ar y llaw arall, newydd ddechrau ei blwyddyn olaf yn y Normal, yn gwireddu dymuniad ei rhieni iddi fod yn athrawes. Roedd hi wedi llwyr ddiflasu â chyfyngiadau ei bywyd, ac yntau'n llawn cyffro a chreadigaeth. Ni fu erioed esgus gwell i ddiflannu ar gefn beic modur, i gusanu'n wyllt ar y pier dan fachlud yr haul. Er hyn, parchus bu gofal Dad o'i drysor newydd. Sicrhaodd Guto fod ei ddarpar wraig yn cwblhau ei hyfforddiant cyn iddo adael i'w choron lithro oddi ar ei phen.

Mi garodd Dad Mam yn ddiamod. Caru mawr am ddau ddeg naw o flynyddoedd. Ond esgeulus bu ei gofal hi ohono fo. Roedd hi'n anghynnes, yn ddigroeso, ac yn ddifrifol o chwerw. Cychwynnodd hyn oll, fel dw i'n deall, yn sgil fy nyfodiad i i'r byd. Newidiodd Mam o fod yn gariad mawr bywyd fy nhad i fod yn gariad i neb, dim hyd yn oed ei merch, ei hunig blentyn. Daeth yn ynys, neu felly roedd hi'n ymddangos.

Does wybod pam bod Dad 'di cyrraedd pen ei dennyn wythnos cyn eu nawfed pen-blwydd priodas ar hugain, ond ei gyrraedd o nath o. Ei gyrraedd yn dawel a threfnus, yn ddiffwdan a diseremoni, fel petai'n gadael y tŷ i fynd i ffwrdd i gynhadledd waith. Paciodd ei betha, sicrhaodd ei arian gyda'r banc, symudodd i gartref Nain a Taid ar gyrion y dre, a dechrau yn syth ar hwrli'r ysgariad. Roedd Isgoed wedi bod ar y farchnad ers i Nain a Taid orfod symud i fyngalo gwarchodol ar gyfer yr henoed dair blynedd ynghynt. Ond oherwydd y mynydd o waith oedd ei angen i foderneiddio'r arteffact Fictoraidd, a'r pris gwallgof roedd Anti Gwyneth, chwaer Dad, wedi mynnu ei roi arno, roedd gan Dad, yn ffodus iawn, rywle i ddianc iddo.

Poen meddwl cynta fy mam oedd ymateb cyfeillion y clwb golff i'r newyddion mai Dad nath ei gadael hi yn hytrach na'i bod hi wedi'i adael o. Am gywilydd – gorfod bod yr un a gafodd ei gwrthod. Ond wrth gwrs, cefnogi Dad nath pawb, yn hytrach na chydymdeimlo gyda Mam. Mae rhai pobl, yn ôl y sôn, yn gofyn amdani, ac yn ffodus iawn bod eu priodas wedi parhau cyn hired.

♦

Mi fyswn i'n licio petawn i wedi cofio enw'r ddynes ar ben arall ffôn fy nhad y bore hwnnw, dynes y Mini. Mae'n rhaid bod y sioc wedi'i llorio hi. Cafodd y ffôn ei daflu o boced Dad, cyn glanio ar y darn gwelltog hwnnw ar ochr y ffordd. Roedd dynes y Mini wedi bod yn eistedd yng ngheg y lôn yn disgwyl i'r traffig arafu er mwyn medru tynnu allan, felly mi welodd hi bopeth.

Ar y Daytona oedd o.

Diolch i'r gwahaniad oddi wrth fy mam fis ynghynt, roedd o wedi cael cwta bedair wythnos rydd a chynhyrchiol iawn yn adnewyddu'r hen feic i'w berffeithrwydd. Roedd o wedi gwirioni â'r canlyniadau ac yn ymfalchïo ym mhob cyfle i fynd â'r 'hen hogan' allan am sbin. Roedd yn beth amser ers i mi weld cymaint o egni bywyd yn wyneb fy nhad. Roedd o wedi'i adfywio'n llwyr.

Yn anffodus, daeth rownd y cornel y bore hwnnw ychydig yn gynt nag y dylai. Yr eiliad iddo ymddangos, disgynnodd pelydrau llugoer mis Mawrth o'r nen a goleuo *mudguard* sgleiniog ei olwyn flaen. Roedd pawb yn ei weld o, ond doedd o'n gweld neb. Roedd y fflach annisgwyl o haul ar ôl y glaw wedi troi wyneb popeth yn ddrych. Cafodd ei ddallu'n syth. Ni welodd o gefn y car o'i flaen, y car oedd wedi arafu oherwydd y dŵr ar y ffordd.

Ia, 'di prynu helmed hen ffasiwn oedd o i fynd ar y beic, helmed gyda phlastig clir tros ei lygaid, oedd yn gneud dim i'w amddiffyn rhag disgleirdeb yr haul.

Meddyliodd y parafeddyg fod Dad wedi bod yn ffodus. Edrychodd Dad i fyny arno ac ymddiheuro yn daer, cyn mynd ati i ofyn yn feddylgar a oedd unrhyw un arall wedi cael ei anafu. Feddyliwyd ar y pryd y bysa popeth yn iawn; wedi'r cyfan, roedd o'n siarad yn hollol eglur. Roedd hyd yn oed wedi cael cyfle i ofyn i ddynes y Mini roi galwad i mi.

'Dw i'n poeni amdani,' meddai Dad yn glwyfus wrth y ddynes. 'Buodd ar y ffôn hefo fi bore 'ma, 'di ffeindio'r bastad gŵr na sydd ganddi efo rhyw ddynes arall ... o'n i'n gwbod ma 'i gadael hi lawr bysa fo. Ar fy ffordd ati o'n i. Sa chi'n meindio gofyn iddi ddod i'r sbyty? A dudwch wrthi bo' fi'n ei charu hi.'

Cyrhaeddais yr ysbyty cyn yr ambiwlans, ac roeddwn i yno fel roedd Dad yn cael ei gario allan. O'n i 'di bod yn teimlo'n eitha gobeithiol o glywed ei fod wedi bod yn siarad mor synhwyrol â dynes y Mini. Ond erbyn iddo gyrraedd adwy A & E Bron Saint, roedd o'n ddychrynllyd o welw, ei anadl yn llafurus, ac roedd o'n llipa.

'*Internal bleeding!*' meddai llais pryderus parafeddyg tu cefn i mi.

Aeth ias drwydda i.

Mi o'n i'n gwybod fy mod yn ei golli.

Fy nhad, fy annwyl Dad.

Fy nhrysor.

Does yr un enaid ers hynny wedi cwffio mor galed i ddweud wrtha i ei fod yn fy ngharu, a mi ddaliaf fy ngafael yn hynny am weddill fy mywyd.

Deallais ei fod wedi cael fy neges destun am Mam a'r dyn diarth yn y consyrfatori â'i fodrwy dyweddïo. Deallais ei fod ar ei ffordd ata i i gynnig cariad, i fy nghynnal, i fod yn dad.

Gosodais gusan ar ei dalcen. Ar hynny, defnyddiodd bob diferyn o egni oedd ganddo i godi ei law a'i gosod ar fy mol chwyddedig. 'Lyn, babi Dad, rhaid fi ddeud wbath wrthat ti am dy fam ...'

Gollyngodd ei law yn llipa a pheidiodd ei galon â churo. Ei galon gynnes, lawn cariad.

Roedd Dad wedi mynd.

Roedd Dad wedi fy ngadael ar fy mhen fy hun.

Y noson honno nes i ddeffro'n llawn cryndod ac yn dlawd o anadl. Roedd fy ngorbryder wedi dwyn ffrwyth a chreu hunllef oedd yn mynd i fod yn gwmni i mi am flynyddoedd i ddod.

◆

Dwedodd Mam fod sioc marwolaeth Dad wedi'i llorio gormod iddi fedru siarad yn synhwyrol wrtha i am unrhyw beth. Dwedodd Mam ei bod hi'n credu mai mwydro oedd Dad, ac mai dyna oedd yn digwydd i bobol oedd wedi bod mewn damwain. Doedd Mam yn methu'n glir â deall beth ar y ddaear bysa Dad wedi bod eisiau'i ddweud beth bynnag. Dwedodd Mam nad oedd hi eisiau i mi ei phoeni hi ymhellach ynglŷn â'i eiriau annelwig. Dwedodd Mam fod hi angen amser i sortio'i hun allan. Dwedodd Mam fod hi'n mynd i Marseilles am dair wythnos neu fwy gyda David Darling. Dwedodd Mam na fysa hi yma ar gyfer yr angladd. Dwedodd Mam na fysa hi adra ar gyfer geni'r babi newydd chwaith. Dwedodd Mam na fyswn yn clywed ganddi am beth amser. Dwedodd Mam bysa hi'n cysylltu pan oedd hi'n barod. Felly mynd nath Mam a fy ngadael i ar fy mhen fy hun.

◆

Nathon ni'm aros yn hir wrth y bedd. Roedd y tywydd erbyn hynny yn ddifrifol wael, ac fel dwedodd Mei, ''Di'r tywydd 'ma ddim yn ffit i Fflur 'sti, blodyn.' Ond ges i ddangos Fflur i Taid. Ges i ddweud wrtho unwaith eto gymaint oeddwn i yn ei garu a pha mor angenfilaidd o fawr oedd fy hiraeth.

Wyau Drwg

Mae 'na rywbeth cysurus mewn *cul-de-sac*, yn enwedig y cornel pellaf ar yr ochr chwith. Yr un ar y cilgant lle mae'r ardd fymryn lletach na'r ardd drws nesa. Yno mae modd, ym mhob tywydd, agor drws y garej gyda hud a lledrith, rhoi'r car yn ei wely, a cherdded drwodd yn ddiogel o'r golchdy i'r gegin heb i neb eich gweld. Er diogelwch, mae tri chlo ar bob drws allanol, ac mae popeth ar y tu fewn yn gweddu i'w gilydd yn union fel y dylai.

Doedd dim tail ar y teiars yn nhawelwch Bro Derwen. Na'r un cysgod o damprwydd yn treiddio drwy'r waliau. Doedd yno ddim twyll, na godineb. Nac unrhyw beth i godi cywilydd ... wel, hynny yw, dim byd ar wahân i'r morgais cancraidd, y bwyd Asda oedd yn dod adra mewn bagiau Waitrose, a'r pecynnau Prozac yng nghefn y drôr-pob-dim yn y gegin. Ond na, doedd dim blerwch amlwg, na budreddi gweladwy. Mae'n syndod be dach chi'n gallu cuddio pan dach chi'n trio.

Dydd Gwener oedd hi, a minnau newydd ddychwelyd o ollwng Morgan yn yr ysgol a Guto yn y cylch. Powliais Fflur a'i thrwmgwsg i gornel tawel yn y stafell haul, gyda cwfl y goets drosti i wneud yn siŵr nad oedd hi'n deffro cyn i mi gael fy mrecwast. Tair wythnos oed, 'mach i, ac yn dal i sgrechian fel cwningen mewn rhwyd pob blydi nos. O'n i'n chwâl.

Roedd Mei ar gytundeb tri diwrnod yng Nghaerdydd er mwyn rhoi hwb i goffrau'r *people carrier* newydd. Felly gyda dwy *breast pad* fawr yn daclus yn eu lle, plannais fy nhin yn y soffa, yng nghwmni *cappuccino* paced a phentwr o dost gwyn yn socian o fenyn. Mi o'n i'n barod am farathon *Pobol y Cwm*. Pwy a ŵyr, deg munud o wep gwynfanllyd Sheryl ar y sgrin ac ella byswn i'n teimlo'n fwy o arwres. Be uffar oedd honno'n gwneud efo llo fel Hywel beth bynnag? Taswn i'n hi byswn i 'di nelu am y Dr Pritchard 'na, yr hen lwynog.

O'n i'n reit ymlaciol, ac roedd 'na ryw dinc o hunanfoddhad 'di dechrau cynhesu corneli tywyll fy ngorbryder.

Roedd hi bron yn dair blynedd ers i Mei symud i mewn ata i a'r hogia yn y fflat bach ar rent uwchben caffi Sosban Fawr yn dre. Tair blynedd ers i ni fod yn caru yn ddi-hid bob nos ar wely tri-chwarter gwichlyd yn y llofft gefn, ac oglau saim sglods yn llifo'n dew drwy'r ffenest.

Dyddiau da oedd dyddiau'r fflat bach, yn gorlifo â chariad newydd. Er nad oedd gofod call i ddau oedolyn a dau blentyn fyw yn gyfforddus, roedden ni'n reit fodlon ein byd, er i ni dreulio llawer o'n hamser yn baglu dros ein gilydd.

Roedd Bro Derwen, ar y llaw arall, yn ticio pob bocs, o'r bocs *en suite* i'r bocs *kitchen-diner*, i'r bocs Prosecco a *furry handcuffs* ar nos Sadwrn. Pwy sy'n hunangyfiawn rŵan, Lleucu blydi Swyn, meddyliais, cyn llyfu'r menyn rhwng fy mysedd a gwylio Sheryl yn cael un *meltdown* yn ormod ar *P. y. C.*

Doedd 'na'm rhybudd am beth ddigwyddodd yn yr hanner awr nesa. O'n i 'di symud o'r Cwm i raglen *Jeremy Kyle*, '*You called out another man's name in bed ... today I'll prove you're a cheat!*' O'n i'n gysurus, wedi swatio 'nghwpan goffi yn gynnes yn fy nghlifij, a'r drysau i gyd dan glo.

Daeth y gair 'bitsh' allan o nunlle. Yn uchel a llawn casineb. Roedd hi'n amlwg o fewn eiliad nad y dyn moel, danheddog ar *Jeremy Kyle* oedd wedi gweiddi, oherwydd nath ei geg o ddim symud. I ddweud y gwir, dw i'n eitha sicr nad acen dre oedd ganddo beth bynnag.

Yna, mewn dim o dro daeth uffern o glec, fel sŵn pistol yn cael ei danio. Taswn i'n ddafad, mi fyswn i 'di pi-pi yn y fan a'r lle. Ches i 'rioed cymaint o fraw. Gadawodd fy nghoffi fy nghlifij ar frys a llamu'n uchel uwch fy mhen, cyn glanio fel cachiad gwylan ar fy ngwallt, treiddio i lawr hyd groen fy mhen a llithro'n llugoer i lawr fy wyneb. Dim ond megis dechrau gorymateb oeddwn i pan ddaeth yr ail glec, yr un mor ddychrynllyd â'r gynta. Fy ymateb greddfol oedd taflu fy hun ar y llawr i osgoi'r bwledau. Felly fan'no oeddwn ni, ar fy wyneb yn y *shag pile* lliw *chartreuse*, triongl o dost yn sownd yn fy moch, yn paratoi i wneud y *commando* i'r consyrfatori i achub bywyd Fflur a galw'r heddlu o'r ffôn sbâr tu ôl i'r yucca.

Roeddwn i hanner ffordd at Fflur pan ddaeth y drydedd glec. Erbyn hynny o'n i 'di fy anafu fy hun ar nifer o fanion Lego, wedi disodli'r ddwy *breast pad* ac argyhoeddi fy hun bo' fi'n mynd i farw cyn amser cinio. Dechreuais i grio.

Doedd o ddim nes y bedwaredd glec y sylweddolais bo'

fi heb gael fy saethu. Doedd dim sŵn torri gwydr wedi bod, ac ar wahân i Fflur, dim sŵn sgrechian. Mewn gwirionedd, yr unig beth o'n i 'di glywed oedd y gair 'bitsh', yn unigol ac wedi'i baru â chasgliad o regfeydd amrywiol, yn cael eu gweiddi drosodd a throsodd mewn acen dre. Mentrais godi ar fy mhedwar, ac yna ar fy mhenagliniau. Dyna pryd gwelais a chlywais y bumed a'r chweched glec yn taro, un ar ôl y llall.

Roedd y ffenest ffrynt yn llysnafedd o wyau, yn llithro'n un chŵd blin i lawr y gwydr. Drwy'r llanast, ar y glaswellt o flaen y tŷ gwelais ddelwedd anffurfiedig o ddyn mewn tracsiwt coch, bag Morrisons yn ei law chwith a sigarét yn ei law dde. Wrth ei draed roedd bocs gwag hanner dwsin o wyau, ac yn y bag Morrisons, ail focs hanner dwsin, a phedwar can o Carlsberg Special Brew.

Yn y cefndir ar ei liniau yn glanhau goleuadau blaen ei S-Class, ei gap stabl yn cuddio ei foelni, a'i lygaid yn sownd ar y dyn diarth ar fy lawnt roedd cadeirydd y pwyllgor cymuned, Mr Lloyd-Howells. Drws nesa iddo, yn smalio sythu llenni ei stafell fyw, roedd Margaret Cadwaladr y cyn-fargyfreithwraig, ei cheg yn dwll tin iâr, a llyfr nodiadau a beiro yn ei dwylaw. Gyferbyn â hi, newydd gamu allan o'i gar, a gyda gwên rywiol o ddireidus ar ei wyneb, roedd y trawiadol Hywel Vaughan DRCOG, prif gynecolegydd clinig dre. Roedd wedi dod adra am ginio ac i ymyrryd â bronnau ei wraig newydd rhwng cegeidiau o iogwrt organig – gwyn eu byd nhw.

Gwyddwn yr eiliad honno fod manylion y ddrama fach hon yn mynd i gael eu trafod â pheth manylder yng nghyfarfod nesa'r pwyllgor cymuned. Mawr oedd fy nghywilydd.

Doedd gen i'm dewis ond mynd allan.

Yn fy mhanig, ac mewn ymdrech i guddio'r llifogydd coffi yn fy ngwallt, tynnais gap pêl-fas Cyw un o'r hogia ar fy mhen. Biti garw nad oeddwn i wedi sylwi bod un *breast pad* wedi ffraeo gyda fy mra ac yn sownd yn fy ysgwydd. Na chwaith bod y llifogydd coffi wedi cyrraedd fy mlows. Na chwaith bod fy nghymdogion yn parhau i aros y tu allan, yn y gobaith o weld beth oedd yn digwydd nesa. Yn enwedig Hywel Vaughan, oedd wedi cymryd cam yn nes at fy nhŷ. Doedd hyd yn oed yr addewid o fronnau noeth Marija ddim yn ddigon i'w ddenu ymaith.

Datgloais y tri chlo ac agor y drws, yn ddagrau i gyd.

'Bai chdi 'di hyn i gyd y ffwcin bitsh, y ffwcin snob. Meddwl bod chdi'n well na pawb arall, chdi a dy ffwcin tŷ posh! Chdi ddudodd wrthi 'de?! Chdi nath ddeud wrthi fynd efo *fo*!'

Oedodd Neil am ennyd ac agor ei fag Morrisons. Ond roedd o'n simsan braidd ac yn methu'n glir â chadw'r cydbwysedd rhwng y sigarét, y Carlsberg a'r wyau. Disgynnodd ar y lawnt fel coeden mewn storm. Ond doedd o ddim am roi'r gorau i drio, er gwaetha rhwystr ei feddwdod. Cyfododd gydag wy mawr *free range* yn ei law. O'n i'n synnu ei fod wedi bod mor gydwybodol gyda'i ddewis o wyau. Yna fel tasai'n chwarae criced i Fro Morgannwg, cymrodd eiliad i syllu arna i cyn codi ei fraich fyny fry, ei fysedd yn dynn am yr wy a'i goesau ar led.

Roeddwn i 'di bod yn erfyn ar Mei ers peth amser i roi camera seciwriti uwchben y drws ffrynt, a tasai fo 'di gwneud, mi fyswn i wedi cael y pleser o recordio beth ddigwyddodd nesa a'i wylio fo drosodd a throsodd.

Wrth weld Neil yn nelu ata i efo'i wy mawr, llamodd

Hywel ar draws y *cul-de-sac*. Roedd y ddau fotwm top yn agored ar ei grys gwyn, *slim fit*, roedd ei sgidiau pigo trwyn yn sgleinio, a blaen gudynnau tywyll ei wallt trwchus yn syrthio'n chwareus dros ei lygaid. O'n i 'di clywed ei fod yn un am ei rygbi, ond doeddwn i'm wedi disgwyl iddo lorio Neil fel y gwnaeth. Neidiodd i'r awyr yn osgeiddig yna glanio'n swp ar Neil. Roedd o'r tacl hardda i mi ei weld erioed. Hywel, fy arwr.

Nes i'm clywed yr wy yn cwrdd â'r concrit. Roedd cri ferchetaidd Neil mor uchel nes iddi atsain drwy'r cymylau fel crawc brân. Cododd Hywel. Sythais innau fy mra a stwffio'r *breast pads* yn daclus yn ôl i'w lle. Tynnais yr het Cyw oddi ar fy mhen a photsian fy ngwallt, yn y gobaith o greu rhyw fath o olwg anniben ond ciwt. Nath o'm gweithio. Mae *anxiety* yn gallu bod yn beth hynod anodd i'w guddio.

Daeth Hywel ata i â thosturi yn ei wyneb. O'n i'n reit siomedig iddo ymddangos cymaint yn fwy nawddoglyd nag edmygus. Ond a bod yn onest, rhwng y bagiau duon dan fy llygaid, y staeniau coffi hyd fy nillad a'r menyn hyd fy moch, mi o'n i fel hwch, braidd. Roedd yr olion Lego fel tyllau nodwydd cyffuriau ar fy mraich, roedd gen i wahanol sliper ar bob troed, roedd fy mabi'n sgrechian crio, ac roedd yna *chav* meddwol mewn tracsiwt yn rhegi arna i o'r ardd. Mi ddyliwn wedi bod yn westai ar raglen *Jeremy Kyle* yn hytrach na gwyliwr.

Dw i'n eitha sicr tasai Hywel 'di meddwl ei fod yn gallu, mi fysa fo wedi fy nghario'n arwrol i'r tŷ. Ond trawodd olwg sydyn drosta i fel petai'n asesu faint o lwyth oeddwn i, cyn cymryd fy mraich a fy arwain fyny'r grisiau.

Erbyn hynny roedd Neil yn fflatnar, ei goesau ar y lawnt,

gweddill ei gorff ar y *block paving*, a phlisgyn wy yn ei wallt. Uwch ei ben yn gwyro drosto'n fusneslyd roedd Mr Lloyd-Howells a Margaret Cadwaladr. Un yn ei brocio gyda'i beiro Merched y Wawr, ei cheg yn dynn, a'r llall yn chwifio'i *chamois* yn ei wyneb, a'i gap stabl wedi'i rholio'n dynn yn ei law, fel tasai'n credu bod Neil eisoes wedi'n gadael ni. Y naill na'r llall wedi sylwi ar y BMW glas tywyll gyda *tinted windows* yn araf rolio'n nes tu cefn iddyn nhw fel rhyw banther blin, efo 'Kev' mewn llythrennau italig gwyrdd ar y windsgrin uwch pen y dreifar, a rhwyg amlwg lle y tynnwyd 'Janice' i ffwrdd a'i thaflu ymaith. Shoned oedd yn sêt y dreifar.

Nes i'm meddwl bysa petha'n gallu mynd dim gwaeth. Ond gwaeth aethon nhw.

> Sori styrbio chdi'n gwaith, ond nei di byth gredu be sy 'di digwydd. Fedra i'm deud popeth mewn text, felly nei di ffonio pan ti off set, plis cyw? Dw i'n ocê-ish, sa neb 'di brifo na'm byd, ond dw i rili angen siarad fo chdi. Caru chdi. XxxX *[send]*

> Sori 'de, ond dw i siriysli methu dallt pam bod petha shit pob tro yn digwydd i fi. Sori. Dw i jest mor stressed out. Sori, siarad wedyn. Caru chdi llwyth. XxxX *[send]*

> Sori, dw i'm yn delio 'fo petha yn dda o gwbl, rili angen siarad fo chdi. Fedri di ffonio? Caru chdi. XxxX *[send]*

Helbul Embarysing

O'n i ar fy ngwely yn bwydo Fflur pan ddaeth pawb i'r tŷ yn un clegar aflafar. Pawb ond Neil oedd yn dal mewn cwsg Special Brew ar y lawnt. Roedd Hywel yn y gegin. O'n i 'di cymryd ei fod yn gwybod beth oedd o'n wneud pan ddwedodd, rêl jarff, ei fod am ffeindio fy ffôn symudol, gyrru neges i fy ngŵr, yna nôl paned a thabledi poenladdwyr i mi. Yn anffodus, o ddyn deallus ymddengys ei fod yn eitha dwl. Un ai hynny, neu roedd eisoes wedi defnyddio ei cwota archarwr am y diwrnod. Wedi iddo lwyddo, rhywsut, i faeddu ei drowsus â meionês a rhegi ar yr oergell, ges i dri-chwarter myg o de llwyd, lled oer, oedd yn dew o siwgr, â Jammie Dodger meddal. Yna daeth galwad ffôn dros ben llestri gan M.G. yn holi pwy aflwydd oedd y dyn diarth yn fy nhŷ fi oedd wedi'i decstio fo i ddweud wrtho bo'i wraig mewn cyfyng gyngor gyda rafin anhuawdl.

'Fi wir yn ffili deall shwt ti 'di ca'l dy hun mewn i helbul embarysing arall 'to. Ma dy fywyd di fel panto, 'chan!' byrlymodd.

'Hoelen ar ei phen, M.G., hoelen ar ei phen. Rŵan, plis cer 'nôl at dy jamborî, a sori mawr iawn am styrbio dy gân bananas. Doedd gen i wir ddim syniad ma chdi oedd Hywel 'di ffonio ac nid Mei. Ma'r boi i fod yn glyfar, myn uffar i.'

'Ma'n ocê, 'sdim problem. Rŵan fyddi di'n oreit, bach? Ti moyn i mi ffono Mei i ti?'

'Na, mae'n iawn, dw i'n meddwl wna i adael o rŵan. Ma Mei yng Nghaerdydd beth bynnag, 'sti, ar set ryw ddrama ditectif newydd.'

'Ha! Braf ar rhai 'te!'

'Ond wir paid â phoeni, Martyn, fydda i'n iawn, wir wan. Mi siarada i efo fo heno. Dw i 'di gyrru tecst ... Wel, dw i 'di gyrru lot o negeseuon a deud y gwir, gesh i bach o *wobbly* ... fel arfer.'

Chwythodd Martyn ochenaid lawr y ffôn. 'O Luned, be ni mynd i neud 'da ti, dwed? Ti'n sicr ti ddim moyn fi siarad 'da Mei? Fi'n gwbod amdanat ti'n iawn, Mrs Lewis, ti a dy lefelau *stress*. 'Sdim pwynt ffonio dy fam, nago's?'

'Hmmmm ... nagoes, ti'n iawn yn fan'na, dim pwynt ffonio Mam o gwbl. Eniwê, cer – gen ti ddigon ar dy blât, mi fydda i'n ocê ar ôl paned gall, wir rŵan, a ma Hywel 'di bod yn reit ffeind, chwara teg iddo fo. Na i sortio fy hun allan.'

'Cymer ofal, bach. Siarad 'da ti'n fuan.'

Cyrhaeddais waelod y grisiau ar fraich warchodol Hywel, y staen meionês yn amlwg ar flaen ei drowsus tyn, a minnau yn edrych fel Ken Dodd 'di cael *hot flush*. Diolch i Dduw bod ymennydd Shoned wedi llwyddo i ddadansoddi nad chwarae budur oedd y rheswm am y staen na'r annibendod, cyn i'w cheg fedru rhoi cychwyn ar lunio geiriau.

Roedd cerdded i mewn i'r stafell fyw fel camu allan o'r

llys yn dre i wyneb y wasg, a thon enfawr o gwestiynau a chyhuddiadau. Roedd pawb ond Shoned eisiau lladd arna i. Doedd hyd yn oed sŵn chwydu hegar Neil ar y *block paving* ddim yn ddigon i gau eu cegau. Roedden nhw'n fyddarol.

Mae gan gorbryder y gallu i fagu teimladau afresymol a gwneud i chi ymddwyn mewn ffyrdd hollol annisgwyl, er enghraifft, gweiddi 'Jest *piss off*, newch chi!' yn wynebau cegrwth eich cymdogion, cyn llusgo eich hun 'nôl fyny'r grisiau i rochian crio ar y toiled.

Fan'no o'n i a fy nicer rownd fy nhraed pan ffeindiodd Shoned fi hanner awr yn ddiweddarach. Yn fy noethineb, roeddwn i wedi anghofio cloi'r drws, felly mewn difrif, dim ond hanner cuddio oeddwn i, meddai hi, ac *'aparyntli'* roedd fy *'subconscience'* eisiau iddi hi fy ffeindio fi er mwyn fy helpu.

Erbyn hynny roedd Neil wedi cael ei gludo ymaith yn ei feddw-gwsg gan ei archelyn, Kev. Cafodd un o fy nhyweli John Lewis gorau yn glustog iddo ar sedd gefn y BMW a bath bach pinc Fflur yn ddaliwr chŵd, jest rhag ofn. Yna gollyngwyd y rafin yn ddiseremoni yng ngardd ffrynt ei fam, efo *'piss off* y ffycar neu 'dan ni'n ffonio'r cops' ar *post-it* ar ei dalcen.

Roedd Mr Lloyd-Howells a Margaret Cadwaladr wedi cael eu hebrwng adref gan Hywel, oedd rhywsut wedi llwyddo i argyhoeddi'r ddau mai glanio yn y tŷ anghywir nath Neil, oherwydd effeithiau rhithweledigaethol y Special Brew, ac mai effeithiau hormonau ôl-geni oedd wedi achosi i mi ymddwyn fel dynes wallgof. Yna drwy ryw wyrth, cafodd apwyntiad un o'r gloch y geinacolegydd ei ganslo. O ganlyniad, ac fel gwobr am fod yn arwr, cafodd hanner awr llawen yng nghwmni bronnau cynnes Marija, cyn i Mrs Hughes a'i *menopause* lanio yn chwyslyd yn ei swyddfa am ddau.

Yn ôl Shoned, oedd efo'r gallu i ddarganfod pob manylyn o fywyd pawb o fewn deng munud o'u cyfarfod, roedd yr annwyl Hywel a'i wraig o Croatia yn awyddus i gael babi. Felly dyna egluro'r ymweliadau cyson amser cinio. 'Ma nhw obfiysli yn goro gneud o fatha bwnis pan ma hi'n ofiwletio a ma hi *in the middle of it* rŵan, medda fo, so ma nhw wrthi *as we speak.*' Oedd yn llawer mwy o wybodaeth nag oeddwn i ei heisiau.

Felly dim ond fi a Shoned oedd yn y tŷ, ac roedd y ddwy ohonom yn y tŷ bach. Roedd hi'n deall, meddai hi, pam fy mod angen cymaint o amser ar y *lav*. 'Ma stress yn gneud petha *weird* i *insides* chdi, 'sdi del. So aros di fan'na *as long as you like* 'de, na i fynd at Fflur a llnau coffi oddar *shag pile* chdi.' Wn i ddim pam ei bod mor awyddus i helpu, ond doeddwn i'm am wrthod y cynnig, felly aros ar yr orsedd nes i, yn ôl y gorchymyn.

Bues i ar y *lav* nes i mi fagu siâp pedol goch, eitha trawiadol ar fy mhen-ôl, a phinnau bach ym modiau fy nhraed. I'r gwrthwyneb o be ddwedodd Shoned, doedd gen i'm angen corfforol i fod yn clwydo cyn hired o gwbl, dim ond angen emosiynol enfawr. Ond rhywsut dw i'n amau bod hi wedi deall hynny yn iawn. Lle handi ydy'r tŷ bach i guddio a difa stash dirgel o Galaxy. Lle da i rewi amser a dianc o gyfrifoldebau er mwyn syllu ar Facebook a chwarae Bejeweled Blitz. A'r peth perffeithiaf amdano ydy'r ffaith bod modd cuddio pob carth, cyfog a bloedd emosiynol gyda cherddorfa'r tapiau dŵr oer ac ambell fflysh amserol.

Pan gyrhaeddais lawr grisiau roedd Shoned yn hwfro efo Ed Sheeran. Roedd Fflur mewn sling o'i blaen yn cysgu'n sownd, y *shag pile* fel newydd, y ffenest ffrynt yn sgleinio, ac oglau *bleach* yn dod o'r gegin.

'Omaigod, nath y secsi doctor 'na neud *loads* o lanast yn gegin chdi! Eniwê, ma fo'n *spotless* rŵan, cyw, so paid â sdresho, ocê? Tyd i fama i rilacsho. Dw i 'di roi ffidan i Fflur efo *breast milk* chdi o ffrij.'

Roedd 'na honglad o siocled poeth ar y bwrdd yn y consyrfatori yng nghwmni paced o Hobnobs, bwnsiad o chrysanthemums piws a chopi o *People's Friend*.

O be fedrwn ddeall, ar ôl i Shoned dderbyn tecst bygythiol gan Neil yn dweud wrthi ei fod ar ei ffordd i Fro Derwen i roi '*piece o' mind* fo i fi', neidiodd hi i'r BMW gyda Kev a Harrison â nelu'r car syth amdana i. Ond sicrhaodd ei bod yn stopio yn Morrisons ar y ffordd i gasglu llond braich o anrhegion sori. Bechod mawr iddi hi fod wedi penderfynu prynu petha ar gyfer rhywun yn eu saith degau. Ond dyna fo, roedd ei charedigrwydd yn amlwg, ac efallai bysa'r *People's Friend* yn gwmni lle chwech reit dda wedi'r cyfan.

Steddais wrth y bwrdd a throelli'r llwy yn y siocled poeth. Aeth Shoned ati i roi Fflur yn y goets cyn eistedd gyferbyn â mi wrth y bwrdd, ymestyn ei llaw ata i a sbio i fyw fy llygaid. Roedden ni fel cwpl mewn tŷ bwyta yn trafod stêj nesa eu perthynas. Shoned oedd yr un dros ei phen a'i chlustiau, a minnau yr un gyda'r amheuon.

'Dw i'n sori bod mam chdi'n shit, Luned. Am *disappointment*, 'de? Sa hi 'di medru bod yma pnawn 'ma yn syportio chdi, bysa ... selffish bitsh.' Cafodd cymal olaf ei brawddeg ei boeri'n ddramatig.

'Shoned ... y ... diolch am, diolch am fod yn ffeind. Ond dw i rili ddim isio siarad am Mam rŵan, ma'r diwrnod ma 'di bod yn ddigon cachlyd yn barod heb mi orfod mynd i feddwl am honno ar ben popeth.'

Daeth siom i'w hwyneb.

'Gwranda, deud wrtha i am dy fam di tra dw i'n yfad hwn. A wedyn... wedyn gei di lonydd i fynd adra, yli ... dw i'n ocê rŵan 'sti, a bydda i angen mynd i nôl yr hogia mewn tua awran beth bynnag.'

Sythodd Shoned yn ei sedd, ond cadwodd ei gafael yn dynn yn fy llaw. Yna dechreuodd draethu, fel tasai wedi bod yn aros drwy'r dydd am y cyfle. 'Sa ti'n lyfio mam fi, Luns, mae'n *totally* osym. Ond nath hi'm ca'l *good start* 'de. Roedd Taid a Nain efo *poverty* 'sti,' meddai, fatha sa hi'n sôn am y gwahanglwyf. 'Nath Taid dod â Nain yn ôl o Lerpwl. Sgowsar go iawn o'dd Nain, blin ond lyfli, a calon hi'n fawr 'de. Wedyn nathon nhw prodi a ca'l pedwar o hogia, *one after the other. Unbelievable* 'de? Ond chwara teg, dydy hi 'rioed ca'l *incontinence* fatha chdi chwaith, ma raid bod ganddi osym o *pelvic floor!*'

O'n i'm yn meddwl 'swn ni'n gallu teimlo'n llawer gwaeth, ond eto do'n i 'rioed 'di cael fy system blymio wedi'i gymharu efo dynes yn ei henaint. Aeth Shoned ymlaen.

'Felly o'dd Nain a Taid yn *skint* drw'r adag a Taid yn gweithio yn llechi am *peanuts*. Eniwê, pan nath yncls fi gadal ysgol a mynd allan i ga'l jobs, nathon nhw helpu Nain a Taid efo pres, ag odd Nain yn lot mwy hapus ar ôl hynna. Dyna pam, meddai Taid, nath hi ga'l Mam fatha *surprise baby*. O'dd Taid yn *shocked* ond yn *determined* i Mam ga'l bywyd da a peidio goro gweithio yn *chippy* fel

Nain, so nath o rili edrach ar ôl hi, dysgu hi ddarllan pan o'dd hi'n fach a neud *homework* hi efo hi gyda'r nos a ballu. Hi o'dd afal llygad Taid, 'sti, ac o'dd gynno fo *high hopes* iddi hi.

'Ond *unfortunately* nath Mam ddisgyn am hogyn ma'n dre o'dd yn dod o tai posh 'na yn Pen y Coed, a pan o'dd hi'n *fifteen* nath hi ca'l ei hun yn *pregnant*. O'dd Taid yn *totally* gyted ac yn gweld *future* hi'n ddu i gyd. So wedyn pan o'dd hi'n holides ha' a Mam yn methu cuddio bymp hi dim mwy, nath Taid gyrru hi a Nain i Lerpwl at Anti Jean, chwaer Nain, am ddau fis i Mam ga'l babi hi a wedyn roi o i teulu arall yn rwla o'dd yn methu ca'l plant. O'dd Taid yn deud bod o'r *decision* mwya anodd iddo fo goro gneud erioed, ond o'dd o'n *convinced* bod o'n gneud y peth iawn. So nath Mam goro mynd 'nôl i ysgol *as if nothing had happened*. Ond o'dd Nain yn gwbod bod Mam rili yn *devastated* inside. So nath Nain ofyn i'r hospital contactio'r teulu i ga'l llun o'r babi i Mam, ond nathon nhw 'rioed deud wrth Taid. *To be honest* nath yr holl beth neud *damage* mawr i *relationship* Mam a Taid. *Things weren't the same between them for years* ar ôl hynna, ond oddan nw'n agos eto cyn i Taid farw. Ma Mam 'di cadw'r llun o babi hi am byth.

'Eniwê, ar ôl i Nain fynd â hi at docs am *happy pills*, nath hi medru neud O levels hi a mynd i coleg a rŵan ma hi'n gweithio efo social. Ma nhw'n gyrru Mam i sortio petha 'fo teuluodd dre 'ma achos bod hi'n dallt nhw'n siarad. So eniwê, *eventually* nath hi ffeindio Dad a prodi fo – ma nhw fatha *love birds*. Ond bod Dad i ffwr lot achos mae'n dreifio HGVs. Gynna fi brawd hefyd 'sdi, Bleddyn – Bleddyn Raymond, ar ôl Taid – ond ma mêts fo'n galw fo'n

Blaidd. *Twenty five* 'di o, gweithio'n cyngor ... mae o fwy clyfar na fi er bod o 'di goro ca'l *oxygen* pan gafodd o'i eni. Ond rili, Luns, ma Mam yn *amazing* pan ti'n considro pob dim ma hi 'di bod drw 'de? Dw i'n lyfio hi gymaint a ma hi *always there* i fi. Ma hi am dalu fi fynd 'nôl i *education* a helpu fi efo *childcare*. Dw i'm yn gwbod be swn i'n neud heb Mam fi 'de. Ma hi wir werth pwysa hi mewn halan.' Oedodd Shoned i gymryd anadl, a gwasgodd fy llaw yn dynnach fyth.

'Sa ti'n get on yn bril efo hi 'sti. Gynnoch chi lliw llygad r'un fath a ma hi'n reit bach a *cuddly* fatha chdi,' meddai wedyn, heb sylwi am eiliad bod hi'n bod yn ddigywilydd unwaith eto.

'Wel, ti'n lwcus iawn, Shoned. Fedra i'm dychmygu sut beth ydy o i gael dy fagu gan fam mor annwyl a chariadus, mam sydd wastad yna i chdi.' Ac ar y gair, disgynnodd deigryn oddi ar fy moch a glanio ar law Shoned. Edrychodd honno'n ddifrifol arno, cyn edrych fyny ar fy wyneb, a dweud mewn llais *The Godfather*, 'Dw i *always* yma i chdi, Luns, always.' Aeth cryndod drosta i, fel petaen ni newydd selio cytundeb mewn gwaed, a thynnais fy llaw yn rhydd. Cododd Shoned, a heb air pellach, diflannodd i'r ardd gyda'i sigarét ffug.

Sut mae'n mynd? Ti 'di gorffen eto? Yma ydw i. Ffonia unrhyw dro cofia, dw i jest yma. Sa neis siarad yn fuan. Caru chdi. *[send]*

Sori am swnian. Ond jest isio clywed dy lais. Gobeithio bo fi'm yn styrbio dy waith di. *[send]*

Methu chdi'r hen lew. *[send]*

Slîpofyr

Nes i'm aros am yr ail ganiad.

'Nefodd, o'dd hynna'n sydyn. Be oeddat ti'n neud, isda ar y blincin ffôn?' Roedd yr hen lew yn reit sionc.

'Wel, dw i *wedi* bod yn aros i chdi ffonio ers dros awr, Mei,' a dyma fi'n piso ar ei jips yn syth bìn.

Ochneidiodd Mei yn drwm. Ochneidio gyda'r siom bod 'na bennod arall o straen 'di bod ac yntau ddim adra i ddiffodd y fflamau, mae'n siŵr. Neu'r siom o fethu gwybod sut i fendio fy mhoenau? Yntau'r siom bo'i wraig o ddim yn berson cryfach, er gwaetha'i ymdrechion?

'Ocê Luns, dw i'n gwrando. Deutha fi be sy 'di digwydd, a chofia anadlu.'

Yn stafell wely yr hogia oeddwn i, ar erchwyn gwely Tomos y Tanc Guto, yn mwytho'i flanced beibei ag un llaw, â'r ffon digidol yn boeth yn y llaw arall. Roedd Shoned yn crwydro'r ardd yn gwisgo hen gôt law frown Mei, Harrison mewn sling ar ei brest a Fflur mewn goets o'i blaen. Edrychai fel Norland Nanny ar goll.

Clywais o'n eistedd yn ôl a chymryd llymaid o rywbeth poeth. Yna, er gwaetha'r ffaith i mi fod wedi ymarfer fy araith yn bwyllog yn fy mhen am awr, taflais bopeth ato yn un cawlach aneglur, â phinsiad o hunandosturi i orffen.

'O sori, Mei.'

'*Plis* paid â deud sori. Yn amlwg nid dy fai di ydy o bod hyn 'di digwydd.'

'Ond dw i *yn* sori am beidio delio efo petha'n well.'

'Gwranda, 'dan ni'n dau'n gwbod bod 'na betha yn dy fywyd di yn dy frifo di. Ti 'di cael dy drin yn annheg, yn enwedig gan y bastad Gethin 'na ... a dy fam ... dy ffwcin fam ...' Oedodd Mei fel tasai fo'n sadio'i hun. 'Ond dw i'n caru pwy wyt ti, Luns, dw i wastad wedi, ac o dan yr holl shit 'ma sy 'di dy niweidio di, ti'n berson hardd ac annwyl ... a chreda neu beidio yn gry.'

'Diolch ... mi fyswn i wir yn licio taswn i'n medru gweld hynny fy hun.'

'Mi nei di mewn amser. Neith petha wella, 'sti, a ti'n gwbod bydda i wastad yma i chdi, dwyt?'

'Ydw. Ond dw i isio chdi rŵan Mei, dw i angen chdi yma 'sti. Fedri di'm dod 'nôl heno?'

'Luned, cyw, 'sgen i'm ffon hud. Tydy fi'n bod yna ddim yn mynd i neud i bopeth ddiflannu jest fel'na. Dw i'n gallu rhoi cwtshys, gneud bwyd ac edrych 'rôl y plant a ballu, ond ar ddiwedd y dydd fedra i'm newid sut ti'n ymateb i betha, mond chdi fedar neud hynny. Ti 'di deud wrthaf fi o'r blaen bod fy nghariad i'n roi cryfder i chdi, wel, ma hwnnw gen ti drwy'r adag, dim otsh lle ydw i.'

'Ond dw i'n gwbod byswn i'n teimlo'n fwy ymlaciol tasat ti yma, 'dan ni'n dîm, chdi a fi, tydan? Fedri di'm gadael bach yn gynt? Tyd, mae'n nos Wener, gawn ni hwrjo'r hogia i'w gwelyau'n fuan, a cael tec awê o Magic Noodle a cwtshys ar y soffa.'

'O cyw, sori.'

'Am be?'

'Gwranda, 'sgen i'm gobaith o ddod adra heno, na fory gen i ofn. Ma gen i o leia dwrnod ecstra o ffilmio ar ôl fan hyn. Roeddan ni allan bore ma a nath y tywydd ga'l y gora ohonon ni. 'Dan ni 'nôl allan pnawn 'ma, ond ar ei hôl hi braidd. Fedra i'm dod adra heno, Luned, fedra i'm torri fy nghytundeb efo'r job ma, ti'n gwbod hynny. Nathon ni gytuno ar hyn, do? Nathon ni gytuno bo' fi'n cymryd y job am bod ni angen y pres i fedru fforddio car newydd. Dw i'n casáu bod i ffwrdd, ti'n gwbod hynny, ond dim ond dau ddwrnod arall ydy o, a mi neith o fflio heibio, wir wan ... a dw i'n gneud hyn i ni, Luns, i chdi a fi a'r plant.'

'O, ocê.' O'n i'n siomedig.

'Ydy Shoned dal yna?'

'Ydy.'

'Rho hi ar y ffôn, nei di plis, cyw, a cer di i nôl panad i chdi dy hun, yna ty'd yn ôl i siarad efo fi wedyn.'

'Shoned? Pam?'

'Plis jest cer i nôl hi, na i egluro wedyn.'

'Ond Mei ...'

'Ma gen i syniad, ocê? Plis jest cer i nôl hi a na i egluro wrthat ti wedyn, dw i'n addo. Ti'n gallu trystio fi, Luned, ti'n gwbod hynny.'

Bu Shoned a Mei yn mwydro ar y ffôn am bron i chwarter awr, a hithau'n swnio fel heddwas yn derbyn cyfarwyddyd gan uwch-swyddog mewn ymchwiliad dirgel ... wel, ar wahân i'r geiriau 'no probs del, *you can depend on me* 'sti, *see you soon*, ia.'

A dyna'n union, yn dilyn cyfarwyddyd manwl gan fy ngŵr, sut des i i dreulio prynhawn a noson yng nghwmni

Shoned. Dim ond y ddwy ohonom, ein babis newydd, Syr Wynff y bochdew, a (diolch i ddyn tacsi oedd yn cynnig gwasanaeth Click&Collect) llond bag mawr o Tesco yn cynnwys:

- ✓ prydau parod posh
- ✓ dwy botel o Lambrini
- ✓ bar anferthol o Galaxy
- ✓ pecyn anferth o glytiau pitw bach
- ✓ dau dwb o Ben & Jerry's
- ✓ pecyn o Hobnobs
- ✓ paced mawr o Always Ultra
- ✓ tiwb o *nipple cream*
- ✓ bag o PoshCorn

Yn ogystal â thorth frith gafodd ei gadael yng nghysgod y drws ffrynt gan Margaret Cadwaladr rhif chwech, am iddi fod 'mor feirniadol heb fod angen'.

Cafodd yr hogia fynd ar wyliau cyffrous llawn sleim, sglods a Lego i fwthyn chwaer Mei ar gyrion y dre. Doedd aros gyda Gethin ddim yn opsiwn bellach, nac aros gyda Nain. Does 'na'm ymadrodd am drwch gwaed a dŵr, dwedwch?

Dechreuodd y noson yn tsiampion. Cafodd y ddwy ohonom stroganoff i swper efo tatws 'daphne', chwedl Shoned, gwydraid mawr o Lambrini pinc yr un, a phowlennaid o Ben & Jerry's gyda Hobnob *chaser* i bwdin. Fe lwyddais innau fod yn eitha cwrtais gyda'm gwarchodwraig am o leiaf dwy awr. Ond yn anffodus aeth petha i lawr allt yn sydyn iawn wedi hynny.

Anti Haf

Chwarae teg i Miss Haf Lewis, daeth heibio'r tŷ i godi bagia'r hogia mewn digon o amser i nôl y ddau o'r ysgol erbyn hanner awr wedi tri. Roedd hi'n dan ei sang o ddanteithion pydru dannedd, citiau gwneud awyrennau papur, potiau o sleim *glow in the dark* a thocynnau i weld *The Boss Baby* yn y sinema ar y pnawn Sadwrn. Roedd gas gen i fod heb y ddau am y penwythnos, ond tybiwn eu bod nhw am gael llawer mwy o hwyl gyda'u modryb na fysa nhw adra gyda'u mam niwrotig. Claddais fy nhrwyn ym mlancedi beibei y ddau ac anadlu pob diferyn o'u harogl cysgu, cyn plygu nhw'n ofalus i'w Trunkis Sam Tân.

Roedd rôl newydd chwaer Mei fel Anti Haf wedi'i thrawsnewid o fod yn enaid unig, breuddwydiol, oedd yn fy nhyb i angen roced fyny ei thin weithiau, i fod yn rhywun reit drefnus a sionc oedd yn llwyddo i ryngweithio'n eitha normal gyda'r gweddill ohonom, chwarae teg iddi.

♦

Bu Haf yn astudio ioga a Bwdhaeth yn Tibet am ddwy flynedd. Dwy flynedd dan orchymyn cadarn ei mam i beidio â meiddio difetha'i chyfle am antur unigryw o'i herwydd hi.

'Ma Mei a fi'n gneud yn iawn w'sti, 'sdim raid i chdi boeni dim amdana i, wir wan. Caria 'mlaen efo dy betha yn fan'na a joia dy hun. Bosib na chei di'r cyfla eto. Os digwyddith wbath yn wahanol efo'r cansar ma, yna neith Mei gysylltu efo chdi, dw i'n addo. Yn y cyfamsar, cer amdani, 'mach i, a gwna'r mwya ohono fo.'

Ym mis Mawrth 2013, yr un mis gollais i Dad, daeth Haf a'i chredoau Bwdïaidd adre i freichiau agored ei brawd, a gyda thri deg diwrnod yn weddill yng nghwmni ei mam. Mi dreuliodd y tri ohonyn nhw eu hwythnosau olaf gyda'u gilydd mewn cocŵn cefnogol, llawn atgofion a llawer iawn o gariad. Ma rhai teuluoedd rhywsut yn deall sut i siarad efo'i gilydd, tydyn? Siarad efo cariad a pharch.

Ateb Haf i bopeth ar un adeg oedd 'cariad'. 'Cofiwch, neith cariad ddatrys popeth!' arferai broffwydo. Roedd hi wir wedi credu ar un adeg y bysa cariad yn iachau cancr ei mam. Roedd Mei, ar y llaw arall, yn gwybod bod na'm llewyrch o obaith. Roedd wedi treulio blwyddyn yn gwylio corff eiddil ei fam yn ildio i dymhorau didrugaredd ei hafiechyd, o effeithiau darfodedig ei hydref, i bydredd ei gaeaf, gan wybod bod 'na'm gobaith o wanwyn i ddod drachefn.

Roedd hi'n fis Chwefror 2014, bron i flwyddyn ers i'r ddwy ohonom golli hoff riant, erbyn i ni gael y pleser o gyfarfod ein gilydd am y tro cynta. Roedd Mei ar fin symud ata i a'r hogia i'r fflat, ac yn nodweddiadol ohono fo, isio gwneud popeth yn iawn. Felly, cwrdd â Haf oedd raid. Yn anffodus roedd yn anodd i'r ddwy ohonom ffeindio llawer yn gyffredin y tu hwnt i'n cwlwm â Mei, felly fu dim sbarc.

Flwyddyn wedyn, dan orchymyn Mei unwaith eto, roedd ddwy ohonom ar y ffordd i Gaer i edrych ar ffrogiau priodas. Na i fyth anghofio'r diwrnod hwnnw.

'Mi fydd o'n gyfle perffaith i'r ddwy ohonoch ddod i nabod eich gilydd yn well 'sti,' meddai'n obeithiol. 'Gewch chi gyfle i bondio.' Doedd o'm yn bell o'i le. Mi nath y ddwy ohonom ddysgu llawer am ein gilydd, ond fuodd 'na ddim 'bondio'.

Ddeg milltir lawr yr A55, ac wedi hanner awr o CD *Spiritual Panpipes* syrffedus (oedd meddai hi, i fod i ffocysu fy meddwl ar fy ffrog briodas ddelfrydol) roeddwn ar fy mhenagliniau mewn cilfan argyfwng yn araf mynd o' ngho'. Gyda dim ond un ffôn symudol, dwy bunt mewn newid mân, un cerdyn credyd, ac un bag hemp efo pecyn o Organic Raw Chia and Vanilla Soya Protein Bars yn ei waelod, rhwng y ddwy ohonom. Roedd sbio arnyn nhw yn gneud mi isio rhuthro i'r tŷ bach.

Roedd Haf wrth fy nghwt yn tylino fy sgwyddau. 'Jest canolbwyntia ar y cariad, Luns,' meddai'n llegach, a blaenau ei bysedd yn gwneud tyllau poenus yn fy sgwyddau. Dyna pryd ffeindiais ben fy nhennyn.

'Neith cariad ddim trwsho'r ffwcin pyncjar 'ma, na neith, y gloman wirion!' o'n i bron yn sgrechian. Pwdu wnaeth Haf.

Bum munud wedyn roedd hi tu cefn i mi mewn cae o Frisians yn cnoi ar un o'i protein bars, yn gwneud ymarferion anadlu, ac yn syllu tua Ynys Seiriol gyda hanner ei thiwnig mwslin yn sownd yn y weiren bigog. Ond fy ffôn symudol i daeth â'r AA i'r adwy yn y pen draw, nid y neges rithiol nath hi yrru i'r bydysawd.

Daeth ei thröedigaeth ym Mis Mai 2016.

Wedi blwyddyn o aros, roedd y gwaith adeiladu ac addurno mewnol ar rhif pedwar Bro Derwen wedi'i gwblhau a Mei a minnau yn barod i symud mewn. Y cynllun gwreiddiol oedd i adael yr hogs gyda Mam a David druan am dridia. Am ryw reswm roedd hi wedi cynnig, a minnau wedi bod yn ddigon gwirion i dderbyn. Ond wrth gwrs fy ngadael i lawr nath y bitsh fel pob tro arall.

Yn ôl y sôn, roedd David darling, yn gocyn i gyd, wedi bwcio deuddydd syrpréis iddynt mewn gwesty golff gwledig, gyda'u poteli lu o olew tylino a'u hoff CD Hogia'r Wyddfa. Mi fysa gweld David yn ei drôns a photel o olew tylino yn ei law yn ddigon o syrpréis i unrhyw un, dybiwn i.

Felly dibynnu ar Haf oedd rhaid. Ond do'n i ddim yn hapus, yn enwedig ar ôl y sesiwn reiki ges ganddi wythnos ynghynt i iacháu fy nolur rhydd. Oedd, roedd y straen o symud tŷ wedi cyrraedd y pen. O'n i ar y tŷ bach yn griddfan tra oedd fy chwaer yng nghyfraith yn y *lotus position* ar y landin yn mynnu cael diweddariadau cyson o stad fy nhin, ei llygaid ar gau a chledrau ei dwylo wedi ymestyn tua drws y stafell molchi. Yr hulpan wirion. Ond dyna ni, roedd rhaid am gyfle arall, meddai Mei.

Cafodd Haf fedydd tân yn ystod y tri diwrnod hwnnw o warchod. Roedd Morgan yn bump a Guto yn llond llaw o dair ac yn dal i lenwi ei drôns pan oedd o'n teimlo yn ansefydlog, a does na'm byd neith wneud i blentyn deimlo'n fwy ansefydlog na symud tŷ. Roedd yr hogs dal ar eu traed am naw o'r gloch y noson gynta 'na, a'r olygfa ym mwthyn Haf yn atsain y gân honno gan Meinir Gwilym: 'Ma 'na gachu ar y walia, ma 'na rwdan yn simdda, o ma pawb yn mynd o'u coua yn slo, slo bach.'

Wrth gwrs, ceisiodd Haf ein hargyhoeddi ei bod hi (diolch i grochan o de cactws Mecsicanaidd a sesiwn mediteitio yng ngolau'r lleuad yn yr ardd) wedi cael ei haileni ar ei newydd wedd fel 'Anti Haf'. Yna bod hynny (diolch i rym y bydysawd) wedi arwain iddi hi a'r hogia gael profiad ysbrydol yn closio at ei gilydd dan y sêr. Ond roedd tincial ei bocs ailgylchu a'r annibendod yn ei thŷ yn adrodd stori wahanol. Beth bynnag, gwyddwn fel ffaith bod hi 'di piso bwrw y noson honno.

Fel mae'n digwydd, roedd y pnawn cynta wedi'i chwalu hi'n rhacs, ac erbyn amser swper roedd hi wedi colli arni'i hun yn llwyr. Nath hyd yn oed sesiwn llafarganu gyda Bwdha a llosgi swp o saets yn y twll dan grisiau ddim helpu. Fe sgrechiodd y larwm mwg, sgrechiodd yr hogia ac yna sgrechiodd Haf cyn gosod y ddau fach o flaen sesiwn hwyr o *Family Guy* a tharo'r botel.

'Cartŵn 'di cartŵn,' meddai Morgan. Ond chafodd o 'rioed wylio *Family Guy* eto, er gwaetha ei gariad at gymeriad Brian a'i iaith liwgar.

Er iddo gael noson ddifrifol hwyr, roedd Guto, yr aur, wedi deffro am wyth y bore wedyn i chwilio am 'coco cocs' i frecwast. Yn anffodus, yr unig beth ffeindiodd oedd ei fodryb ar ei hwyneb ar y garthen Nepalaidd o flaen y tân, potel wag o win gwsberis cartref yn ei llaw a'i chaftan rownd ei chanol. Wrth iddi ddeffro a sylwi ar gywilydd ei sefyllfa, aeth Haf ati i newid gêr, a dyna pryd daeth yr aileni. Felly, erbyn deg y bore hwnnw, wedi cawod oer a coctêl o Alka Seltzer a Berocca, roedd y tri ar y bws i'r dre ar drywydd brechdan bacwn, ac yn canu caneuon Martyn Geraint fel nytars yn y sedd gefn.

Nath Haf, chwarae teg iddi, ddysgu llawer yn ystod y tridiau yna, gan gynnwys y ffaith nad oes unrhyw fwyd *hangover* gwell na brechdan bacwn efo sos coch, llysieuwraig neu beidio.

Ers hynny, roedd y ddwy ohonom wedi dod yn dipyn o fêts, er gwaetha'r ffaith bo'r temtasiwn o wasgaru diferion olew lafant dros fy mhen pan o'n i'n cael *meltdown* dal yn ormod iddi ar adegau. Ond roedd hi'n annwyl ac yn onest. Roedd yr hogia bellach wedi hen arfer â'i phersawr patchouli, ac wrth eu boddau'n cael mynd ati i aros. Yn yr un modd roedd hithau'n falch ofnadwy o'i myg 'Modryb Gorau yn y Byd' a eisteddai'n ddisglair 'mysg ei llestri Orla Kiely ar ei dresel.

Y gwir oedd, o'n i bach yn genfigennus o Haf. Ei gallu i fod mor hyblyg a'i gallu i garu pawb a phopeth yn ddiamod. Ei gallu i faddau bai. A'i gallu i ffeindio hapusrwydd a gobaith ym mhob sefyllfa. Efallai bod ni i gyd angen bod ychydig mwy fel Haf.

En-suite

'Luns, ti mewn yna?'

O'n, mi oeddwn i 'di dianc i'r lle chwech eto.

'Strognoffi posh Tesco 'na 'di mynd sdret drw chdi, ia? Poeni amdana chdi, 'sdi.'

'Stroganoff, Shoned, a na, dw i'n ocê, diolch. Fydda i allan mewn eiliad.'

Y gwir oedd, roedd fy nghraith *caesarean* yn un o'r petha mwya poenus ac annifyr o'n i erioed wedi gorfod dysgu byw efo fo. Er i mi fod yn llwyr ddiffrwyth o fy nghanol hyd fy sodlau pan benderfynwyd gwthio Fflur 'nôl fyny a dod â hi i'r byd drwy'r *sunroof*, rhywsut roedd llafn y gyllell yn parhau i losgi fy nghroen. Roedd pob dilledyn yn pigo a phob symudiad yn bygwth rhwygo. Ond roedd cael cawod gynnes yn fendith. Felly, pan oedd Shoned yn ei hanterth o 'lyfiws' ar y ffôn gyda Kev, nes i ddianc. Jest fi, 10.8kW o wres gwlyb pwerus, a photel hyfryd o Badedas. Nefoedd.

'Nath ffôn tŷ chdi ringio so nesh i atab o incês na Mei o'dd yna isio chdi, ond *sister in law* chdi o'dd yna, isio deud bod yr hogia yn iawn, ia? Nath nhw neud pitsas i hunan i swpar a ma nhw'n chwara eroplêns rŵan a mynd i pics fory. Pawb yn hapus ac isio chdi ringio i ddeud nos da amsar gwely. Hogia'n methu chdi, ia?'

Tynnais fy nhop i lawr dros fy mhen ac agor y drws. Daeth Shoned a'i phyjamas fflwfflyd pinc llachar yn syth amdana i. Yn ei hymdrech i darganfod fy rhesymau am fod yn y stafell molchi cyn hired, roedd wedi mynd ati i glustfeinio drwy'r *plywood*. Roedd ei chlust chwith yn sownd yn nrws yr *en-suite* megis llygad maharen ar gragen, a'i holl bwysau yn gadarn tu cefn iddo. Doedd Shoned ddim yn hogan fawr, ond roedd ergyd ei chorff yn fy atgoffa o'r amser ges fy llorio gan Great Dane or enw Jac y Jwc yn Sioe Môn ers talwm. O'n i'n fflatnar.

Bechod mawr, a dweud y gwir, na wnes i benderfynu cael cawod yn y brif stafell molchi, ond rhywsut o'n i'n meddwl y byswn i'n fwy diogel yn fy mathrwm bach preifat fy hun. Ond dyna'n union oedd y broblem, mae *en-suites* yn enwog am fod yn gyfyng. Mewn gwirionedd, doedd 'na'm lle cyfleus i ddwy ddynes mewn stad ôl-enedigol, gyd-ddisgyn yn daclus heb greu rhyw fath o ddinistr. Yn anffodus, a heb lawer o syndod, ar fy mhen i y disgynnodd y tap, ac yna'r dŵr. Roedd y lle yn nofio.

Wrth i mi gael fy nymchwel, aeth fy mraich yn glep yn erbyn y silff uwch y sinc, nath yn ei thro ddisgyn oddi ar y wal ac i'r sinc, gan greu diawl o grac a tharo'r tap (oedd wedi bod yn rhydd ers i ni symud fewn) o'i le, ac ar fy mhen. O'n i mewn panig, mewn poen ac yn eitha sicr fy mod wedi pi-pi rhyw fymryn. Roedd Shoned, wedi iddi deimlo'r rhyddhad o fwrw ymaith uffern o reg enfawr, yn hollol cŵl ac annisgwyl o drefnus.

Wyddwn i ddim mai plymar oedd Kev, ond diolch i

Dduw ei fod o. Wyddwn i'm chwaith bod Shoned yn yr arfer o gario cit cymorth cynta lle bynnag yr âi, ond diolch i Dduw ei bod hi. O'n i'n reit falch o fod wedi sbario trip i *out of hours.*

Dysgais beth amser yn ddiweddarach ei bod wedi mynychu cwrs cymorth cynta gyda'i swydd fel cydlynydd gweithgareddau yng nghanolfan chwarae Drysfa'r Dreigiau yn dre. Yna bo'r profiad 'di gafael ynddi cymaint nes iddi gael ei hargyhoeddi mai bod yn nyrs oedd '*ideal job* fi, ia!' Roedd ei llygaid yn pefrio wrth adrodd yr hanes, a sut bysa Taid Beatles mor ofnadwy o falch ohoni.

Er gwaetha fy ngwahoddiad cwrtais i Kev aros, mynd adra nath o, diolch i'r drefn. Doedd o 'ddim isio styrbio' meddai, oherwydd roedd yn deall faint o feddwl roedd gan Shoned ohona i, a pha mor bwysig roedd o iddi gael y cyfle i helpu. Llyncais fy mhoer. Mewn gwirionedd, prin oedden ni'n nabod ein gilydd, ond roedd Shoned wedi datblygu rhyw fath o *crush* arna i a do'n i'm cweit yn gwybod sut i ymateb i hynny.

'Na i ddod 'nôl fory, yli,' meddai Kev. 'Nesh i stopio dŵr chdi a cau'r washar, dw i 'di mopio, a ma *dehumidifier* on yn bathrwm chdi. Na i fynd i *suppliers* bora fory i nôl sinc a taps fatha hwnna sgin ti, yli, a dod i roi nhw'n sownd. Ma'r pedestal yn tsiampion – dim marc anofo, so ti'm angan un o heina. *Lucky* 'de? Ma shilff chdi'n iawn hefyd, so na i roi hwnna 'nôl yn sownd yn bora. Gei di iwsio toilet heno ond dim y sinc *obviously*. 'Misio chdi dalu *labour* i fi 'sti, am bod chdi'n mêts efo Shons fi. Na i jest dod â *invoice* y parts i chdi os 'di hynna'n iawn, del?'

'Diolch, Kev, a dw i wir yn sori am styrbio dy noson.' Be arall fedrwn i ddweud? Heblaw am 'Plis ga i dalu *labour* achos tydw i a Shoned ddim cymaint o ffrindiau â ma hi'n feddwl ydan ni.'

'Duw, iawn siŵr, no probs, 'misio chdi apolojeisio 'sdi, o'n i mond yn gwatshad snwcyr a llnau tŵls fi. Hapus i helpu mêts, ia. Gwranda, pan ma dyn chdi 'nôl ella neith Shons a fi ddod draw am barbyciw i rar chi, ia? Tywydd yn mynd yn fwy cynnas rŵan, dydy? Gawn ni *few beers* a laff. Fel'na ma mêts yn deud diolch, 'de? Reit, dw i off, *ladies*. Joiwch!'

Er gwaetha'r ffaith bod Shoned ar ganol gosod pwythau pilipala ar fy nhalcen gyda'i phlyciwr aur (oedd eisoes wedi cael deng munud o sterileiddio *essential* mewn dŵr berwedig), llwyddodd i chwythu llond llaw o swsys i gyfeiriad Kev wrth iddo ymadael â 'Lyfio chdi, dyn fi!' cyn ochneidio'n drwm fel ci yn cael cosi ei fol.

'Dyna chdi, *job done!*' meddai wrtha i bum munud wedyn, a'r pwyth pilipala diwetha yn ei le.

Roedd hi wedi fy ngosod ar fy hyd ar y soffa, sychu'r gwaed o fy ngwallt a fy wyneb, diheintio fy nghroen, rhoi dôs o paracetamol a phaned gynnes i mi ac wedi fy archwilio'n fanwl am arwyddion o *concussion*. Rhoddodd hefyd alwad i fy ngŵr, er mwyn egluro, nid yn unig y ddrama hyd at ei heithafion, ond hefyd sut yr oedd hi wedi delio â phopeth fel tasai ar gomisiwn. Hyn i gyd mewn pâr o fenig latex, ei gwallt eurfrown trwchus wedi'i godi'n fynsen dim lol ar frig ei phen a'i phyjamas fflwfflyd pinc yn dal amdani.

Ond er gwaetha'i charedigrwydd a'i gofal, o'n ni eisiau gweld bai arni, rhywsut. Wedi'r cyfan, tasai hi heb fynnu fy styrbio fi'n y stafell molchi, fysa hyn heb ddigwydd, na fysa? Tasai hi heb ddweud wrth Neil bod hi 'di cael *heart to heart* efo fi yn yr ysbyty nath helpu iddi glirio'i phen a rhoi trefn ar ei bywyd, fysa fo heb fynd ati i mofyn cymorth Google i ffeindio fy nghyfeiriad, na fysa? Yna landio'n feddwol ar fy lawnt a 'nghyhuddo o ymyrryd yn ei fywyd, cyn chwydu ei Special Brew a'i doner kebab hyd fy *block paving* yng ngolwg pawb.

Doeddwn i'm eisiau ei hannibendod o fywyd yn fy mywyd i. Bywyd bach normal a thaclus efo Mei a'r plant – dyna'r oll oeddwn i isio.

Weithia 'dan ni'n teimlo'n llwyr ddi-rym, tydan? Fel petai gennym ddim rheolaeth dros yr hyn sy'n digwydd i ni, a bastad o deimlad rhwystredig 'di hynny. Mi o'n i isio sgrechian fel dynes loerig. Isio i Shoned fynd adra. Isio llonydd.

Ond sgrechian yn dawel yn fy mhen nes i, drosodd a throsodd heb gymryd gwynt. Fy llygaid wedi cau yn rhychau caled a fy nannedd yn sownd yn ei gilydd, nes i'r gwylltineb afael yndda i. Yna heb rybudd taflais fy nghwpan de i lawr fel taswn i wedi cael fy ffieiddio ganddi. Trawodd gornel y bwrdd bach o flaen y tân gyda chlec, a chwalu'n gawod o sêr gwib aeth o'r golwg ym mysedd hir y carped. Neidio mewn ofn wnaeth Shoned. Oedodd am eiliad a rhythu'n syfrdan arna i. Yn reddfol, roedd cryfder ei charedigrwydd eisiau dweud wrtha i mai damwain oedd hi, ac achub fy mai. Ond doedd dim amheuaeth bo'r gwylltineb yn fwriadol, a dyna'r unig reswm i'r gwpan de gyffwrdd â'r bwrdd yn y fath ffordd.

'Omaigod, Luned!'

'Sori.'

'Pam ne –'

'Pam nesh i neud hynna? Deud ti wrtha i, Shoned, deud

ti pam wrtha i. Pam bo'r bastad petha 'ma pob tro'n digwydd i fi?! Pam bod bywyd mor ffwcin annheg weithia? Pam?!'

''Di petha 'ma 'im yn digwydd i chdi, Luned, ma nhw jest yn digwydd. Jest petha ydy nhw, jest bywyd 'di o, 'de. A tydy bywyd chdi actshiwali ddim yn shit. Ti byth yn ca'l pob dim tisio, nagwyt? Ma bywyd yn llawn o da a drwg, dydy, a ti goro cymryd o *as it comes. As far as* ti'n *concerned* 'de, ti goro ca'l mwy o *faith* yn pobol a petha a cymryd *responsibility* dros bywyd chdi dy hun, dwyt?'

'Be?!'

'Well, *for example* 'de, sa chdi 'di dod a deud wtha fi bod chdi mynd i *shower* i ga'l llonydd, 'swn i'm 'di poeni amdana chdi a dod i chwilio. *After all*, mi o'n i 'di neud *promise* i Mei i edrach ar ôl chdi. So felly, 'swn i 'di gwbod bod chdi'n ocê, 'swn i'm 'di bod wrth drws yn gwrando pan nest ti agor o. O'dda chdi jest angan deud wtha fi yn lle jest mynd i ffwr yn ddistaw. Ma ffrindia yn deud petha wrth 'i gilydd, 'sti.'

O'n i'n syn.

'*And another thing*, 'de, sa chdi 'di ca'l *workman* iawn i roi shilff na'n sownd yn bathrwm a 'di ca'l rhywun i drwsio tap chdi ers talwm, sa nhw heb ddod off a gneud gymaint o *mess*, 'na fysan?'

'Ocê, ocê, Shoned, *calm down*!' Oedd 'na ran ohona i'n pitïo nad oedd gen i gwpan arall i'w thaflu.

'Ti'n meddwl bod chdi'n ca'l gymaint o *hard time* a bod bywyd chdi mor shit, Luned, ond rili dydy o ddim. Gin ti bywyd reit dda *despite* y petha trist a ballu sy 'di digwydd i chdi. Gin ti ŵr lyfli efo job da, tŷ neis a plant gorjys. Ti jest angan sortio chdi dy hun allan!' Roedd llygaid Shoned fel penwaig.

'Hold on rŵan, *nesh i* ddim neud i Neil droi fyny yma a difetha fy niwrnod i, naddo, nesh im *neud* i chdi ddod yma, naddo, Shoned? Dim *fi* nath neud i hyn i gyd ddigwydd, naci? Dim *fi* nath ... '

Chwythodd Shoned allan drwy ei thrwyn fel tarw yn barod i ymosod. 'A be ma hynna syposd i feddwl, y? C'mon, deud o. Ma bai fi 'di bob dim, ma siŵr, ia?'

'Wel ...'

'Jesus, Luned, paid â bod mor ffwcin *self-obsessed*! Dod yma i *helpu* nesh i, i helpu o gwaelod calon fi, ac i drio stopio Neil, y bitsh *ungrateful*!' Doedd Shoned ddim yn hapus.

'Ocê Luned, tisio gwbod y *truth*, oes? Tisio gwbod y *truth* am Neil? Sa *neb* 'di gallu stopio fo neud be natho heddiw i chdi ga'l dalld, neb ond y cops, ocê. Os fyswn i 'di gallu stopio fo 'swn i 'di gneud, byswn, *obviously. God knows* nesh i drio. Dw i'n gwbod bod chdi isio roi bai arna fi, Luned, ti'm yn dda iawn am cuddio *feelings* go iawn chdi, nagwt? Dwi'n gweld sdret drw chdi. So os 'di o'n gneud chdi deimlo'n well, dw i'n ffwcin sori, ocê? Ond Neil 'di Neil, a wir yr, ma fo 'di brifo fi *loads* mwy na neith o byth brifo chi. You have no ffwcin idea. A ma fo 'di mynd o bywyd chdi rŵan eniwê.'

Edrychais arni.

'Dw i 'di colli cownt o faint o weithia ma Neil 'di bod yn clinc, Luned. Drygs, *breaking and entering* a GBH, *you name it*. Ond tipical fi isio helpu pawb, o'n i'n teimlo sori drosdo fo. O'dd dad fo'n bastad *violent* a mam fo'n alci, ag o'dd o rili ar goll a dim cariad yn bywyd fo, so nesh i drio helpu fo i ga'l bywyd gwell a ballu – ma siŵr bod gwaith mam fi efo *social* 'di bod yn *influence*. Nesh i *even* mynd â fo i rehab. Ond a'th o'n obsesd efo fi a gwrthod gadal llonydd i fi, a dal i fynd i drwbwl efo cops a ballu … nath o rili leinio fi unwaith ag o'n i'n goro mynd i A&E achos o'n i'n *unconscious* a …'

'Omaigod Shoned, ma hynna'n uffernol. Sori, do'n i wir ddim yn gwbod.' Roedd fy nghydwybod yn pigo braidd.

'Ma 'na *lot* o betha ti'm yn gwbod, Luned, wedyn ti'n gneud storis fyny yn dy ben am pobol, a *most of the time* yn ca'l petha'n *totally* rong. O'dda chdi'n meddwl ma bai fi am lîdio Neil on o'dd hyn i gyd, ma siŵr?'

Fedrwn i'm ymateb, achos roedd Shoned yn hollol gywir. Daliais i wrando, ond fedrwn i'm edrych ar ei hwyneb mwyach, roedd gen i ormod o gywilydd. Syllais tua'r llawr a gadael i fy llygaid chwilio am weddillion bach miniog y gwpan goffi ym mysedd hir y carped.

'Ond, ma'n *fine*, nesh i dod drosdo fo a dodd 'na'm *permanent damage*. Nesh i'm mynd at cops achos do'dd teulu fi'm yn gwbod, a do'n i'm isio ypsetio nhw. Nesh i jest deud yn A&E na hogan *pissed* tu allan i clwb Dreamz nath leinio fi cyn rhedag ffwr, achos o'n i'n gwbod bo' CCTV nhw 'di torri.' Roedd tristwch wedi distewi ei llais rhyw fymryn. 'Eniwê, nath Neil troi fyny yn y *wake* ar ôl cnebrwn Taid. O'n i'n rili *pissed* a 'chydig o ofn fo *by then*, so tipical fi, nesh i roi *give in* iddo fo, a nathon ni neud o heb condom tu ôl i bins yn cefn clwb rygbi ar ôl y buffet … o'n i'm yn gallu symud eniwê, achos o'dd llaw fo yn rili tyn am braich fi ag o'n i'n sort of *pinned down*, a dim isio sgrechian a ca'l *attention* pawb … ond *at least* natho'm waldio fi eto. Eniwê …'

'Blydi hel Shoned, nath o dreisio chdi?' O'n i'n binnau bach.

'Luned! Er bo' Cymraeg fi'm yn grêt 'de, dw i'n dallt be ma treisio yn feddwl. *Don't go there*, ocê? Ma'n rili *complicated* a dw i 'di gweithio mor calad i cadw'r *whole thing* allan o pen fi.'

'Iawn, sori.'

'Eniwê' meddai eto, 'o'dd gen i problem arall *at the time*, o'n i sort of newydd hwcio fyny fo Kev eto ac o'n i rili isio bod efo fo. O'dd Kev a fi ...'

'Be? Sori, ond dw i'm yn dallt Shoned, pan ddaeth Neil i dy weld di a Harrison yn y sbyty, glywish i chdi'n deud petha rili cas am Kev fatha bod chdi'm yn licio fo o gwbl?'

'God, Luned, sa chdi mond yn gwrando at diwadd stori fi! Jest gad i fi orffan a ecspleinio yn iawn, nei di?'

'Ocê, sori, eto ...'

'Odd Kev a fi'n *childhood sweethearts* er bo' fo'n *two years* yn hŷn na fi, o'ddan ni'n *joined at the hip* yn ysgol. O'dd o'n dod o teulu efo pres, wel, *new money* 'de. Nath dad fo ennill *two hundred thousand* ar *Spot the Ball* yn 91. Eniwê, o'dd mam fo isio fo neud A levels a ballu, ond o'dd Kev isio bod yn plymar fatha Yncl Gwilym fo a priodi fi. Ond o'dd mam fo'n meddwl bo' fi ddim digon da iddo fo, er bo' fi efo chwech ffwcin GCSEs – gen i digon yn pen fi 'sti, ond o'dd mam Kev yn *determined* a *she wasn't having any of it*. So, nath teulu fo seperatio ni yn diwadd a gwthio fo at Janice, hogan o tu allan i dre, o'dd *parents* nhw yn chwara golff efo'i gilydd ar wicends a ballu. Wedyn nath nhw gyd fynd i Gretna ar bys a nath Kev a Janice neud o'n offishal. O'n i'n gyted. Thing is, oedd hi'n cael affêr yr *whole time* efo hen Sais rili *loaded* yn clwb golff o'r enw

David, rhyw boi hen o Gaer o'dd yn gwisgo trowsus hen ffash, so ...'

'E, hold on, pwy?'

'Luned, nei di stopio styrbio fi! Ma stori ma'n rili pwysig i fi a ti rili angan gwrando, ocê? Gei di ofyn cwestiyns wedyn.'

'Ia, ond y David 'ma ...'

'Jîs, pa darn o cau dy geg ti'm yn dallt?'

'Sori.'

'Eniwê, nath prodas Kev a Janice tipicali mynd lawr y pan. Yn diwadd nath Janice ofyn am *divorce* achos o'dd gan y boi David 'ma mwy o bres, er bod o fatha llo, ag o'dd hi'n meddwl bysa fo'n gadal gwraig fo, ond jest isio *bit on the side* o'dd o aparyntli. *Eventually* nath Kev gadal tŷ fo a Janice noson cnebrwn taid fi, a dod i nôl fi o clwb rygbi ar ôl closing. O'dd cops 'di dragio Neil adra achos rodd o'n KO ar *roundabout* Pontfelin. Yn diwadd nath Kev a fi shagio yn cefn BMW fo. Dw i'n gwbod bod o'n swnio'n *awful*, dau boi mewn un noson, ond o'n i methu helpu fy hun ag o'n i meddwl sa fo *somehow* yn canslo allan be nath digwydd 'fo Neil. Chwara teg, o'dd o digon *sensible* i iwsio condom, ond *unfortunately* nath y thing ripio yn twllwch.'

'Blydi hel, Shoned!'

'Wel exactly. Ti'n gallu meddwl sut *state* o'n i yno fo dwrnod wedyn. Ar ôl hynna nathon ni drio ca'l *relationship* go iawn, a nesh i drio gwthio Neil i ffwr. Ond nath Neil yn balistig a gyrru *threats* i fi a ballu, so o'dd raid i fi a Kev gadal petha mynd achos o'n i efo *loads* o ofn, a do'n i'm isio dim trwbwl. So pan nesh i feindio bo' fi'n *pregnant* a'th petha *much worse* ag o'dd Neil yn *super possessive* a rili peryg. O'n i'n *petrified* ag yn diwadd o'n i efo *so much* ofn nesh i penderfynu jest aros efo fo a deud wtho fo ma babi fo o'dd o, a bod gynna i dim interest yn Kev. O'dd Kev yn *totally devastated*, ag o'dd pob dim mor *depressing* yn bywyd fi.'

'O am uffernol.'

'Wedyn ar ôl i Harrison ca'l ei eni, gesh i tecst gan ex Neil ar dwrnod dweutha fi yn hospital, yn deud bo' fo'n ffact bod Neil yn deffo saethu blancs achos yr holl drygs ma fo 'di cymud. Aparyntli nath hi byth iwsio *protection* pan o'dd hi efo fo a rŵan ma hi efo dau o genod efo dau gwahanol dad. So felly *no way* na fo 'di tad Harrison, ma'n *impossible*. So yn y *two weeks* diwetha 'ma Kev a fi *back together for good* a 'dan ni yn y proses o ga'l *restraining order* ar Neil, ma fo mewn *shit loads* o trwbwl efo'r cops rŵan eniwê. Nathon ni conffryntio fo am spyrm fo a natho admitio bod nhw'n iwsles. Ond tipical, ma fo dal isio roi bai ar pawb arall, ia. Ma fo 'di trasio ochor car mam fi efo *screwdriver* a 'di trio dwyn Harrison o'i pram ar Stryd Fawr yn dre. 'Sgen ti *no idea* faint o hasl dw i 'di ga'l efo fo.

'Eniwê, dw i yn rili sori am heddiw, Luned, a bod Neil 'di neud llanast yn tŷ *perfect* chdi a embarasio chdi a ballu o flaen *neighbours* posh chdi, ond i *fi* ma hyn yn digwydd, *dim* i chdi. A cyn i chdi ddeud dim byd, dwi'n gwbod bo' fi 'di gneud mistêcs. Nesh i neud mistêc yn trio helpu Neil heb edrach ar y *warning signs*, a nesh i neud mistêc yn gadal i *grief* am Taid cymryd drosodd fi a wedyn mynd yn *pissed*. Ond dyna fo, dw i 'di dysgu *lessons* a dw i'n symud 'mlaen efo bywyd fi. Ma cops yn mynd i tŷ Neil heno aparyntli a ma' difors Kev yn dod drwadd wsos nesa. Genna i Harrison a Kev rŵan a nhw 'di byd fi, a ... wel ...

o'n i rili meddwl bod genna i chdi hefyd 'de, ond ella bo' fi 'di neud mistêc efo hynny *as well*? O'n i rili gobeithio sa chdi a fi'n gallu dechra ... o dim otsh ... *forget it ... at least* dw i 'di trio bod yn ffeind efo chdi, Luned, *which is more than I can say for you* ... ma jest ... ma jest bechod bo' ... o, *never mind.*'

Roedd 'na olwg ar Shoned fel taswn i newydd roi pelten iddi, ac roeddwn i'n sori am hynny. Wrth ystyried a cheisio'i deall, daeth yn glir bod 'na gymaint o'n i wedi'i gymryd yn ganiataol amdani, a chymaint nad oeddwn i'n ei wybod. O'n, mi oeddwn i 'di meddwl bod na'm gwir ddyfnder iddi. Wedi'i chymryd fel rhywun â diffyg profiad, ac felly diffyg doethineb. Yna'n anfaddeuol braidd, wedi'i chymryd fel rhywun oedd ychydig bach yn ddwl. Roedd gen i gywilydd. Roedd gen i angen ymddiheuro o waelod fy nghalon. Ond doeddwn i'm isio ei hannog. Fedrwn i dal ddim meddwl amdani fel ffrind, fel rhywun oedd o fewn fy nghylchoedd diogel. Roedd popeth o'n i newydd glywed wedi codi ofn arna i a do'n i'm eisiau dim rhan ohono. O'n, mi o'n i'n teimlo rêl bitsh. Be oedd yn bod arna i? Efallai bo' 'na ormod o fy mam yna' i?

Codais fy mhen o fy mrest i edrych arni. Roedd ei llygaid mawrion yn llaith. Roedd hi'n edrych mor ifanc, ac yn drist o amddifad. Cliriais fy ngwddw er mwyn datgan bo' fi ag awydd siarad. Ond gwyddwn nad oedd pwynt dweud unrhyw beth nad oedd yn werth ei ddweud. Do'n i'm isio ymddangos yn anniffuant nac yn ddigyd-ymdeimlad. Doedd gen i'm byd. Fedrwn i'm ffeindio'r geiriau cywir.

Trodd Shoned ei phen oddi wrtha i a syllu ar y cloc ar y lle tân, ac wrth iddi wneud, aeth ei dic-docian yn uwch ac yn uwch nes roedd yn llyncu popeth. Tic toc tic toc tic toc tic toc tic toc ...

'Shoned.'

'Ia?'

Tic toc tic toc tic toc tic toc tic toc.

'Shoned, dw i ... dw i rili ... dw i rili ddim yn gwbod be i ddeud ...'

'Ma hynny'n obfiys, Luned.'

'Dw i mor sori, dw i wir yn sori am bopeth sy 'di digwydd i chdi. Ond ...'

'Ti gwbo be, Luned? Paid, paid â bod yn sori. Dim otsh. Paid â poeni amdano fo, ocê? Jest anghofia am yr *whole thing*, roedd o'n jest *stupid idea* eniwê. Dw i 'di byw *life* fi heb chdi am *twenty one years*, dw i'n gallu dal i cario 'mlaen i byw fo heb chdi rŵan, ag eniwê, ma gynna i Kev a Harrison i helpu fi.'

'Be? Be ti feddwl ti 'di byw hebdda fi? Dw i wir ddim yn deall chdi, Shoned. Pam fi? Pam bod chdi isio ni fod yn gymaint o ffrindia? 'Dan ni mond 'di nabod ein gilydd ers tua tair wythnos a does gynnon ni ddim byd o gwbl yn gyffredin, wel, ar wahân i'r babis ma.'

'Jest forget it ocê, Luned? *It's not going to work* eniwê, dw i actshiwali 'di gweld y papura *estate agents* 'na yn *spare room* chdi a'r *details* am y *cottage* bach del 'na dach chi mynd i brynu yn bell o pawb a bob man. So ti'm yn mynd i fod o gwmpas fan hyn dim mwy eniwê, nagwt? *Out of sight, out of mind. Problem solved.*'

'Be ffwc?! Pa dŷ, Shoned?! Am be uffar ti'n mwydro rŵan?'

'*Country piles* newydd chdi a Mei, nesh i weld pob dim, Luned.'

133

'Sgynna i'm syniad am be ti'n sôn, wir wan. 'Dan ni'm yn prynu tŷ arall, am syniad hollol stiwpyd, 'dan ni 'di setlo'n yn fama, a fama fyddan ni.'

'Un-be-lievable! Sa'm point deneio fo Luned, dw i 'di gweld o'i gyd efo llygad fi fy hun, so paid â deud celwydd wtha fi, ocê? Dw i'm isio siarad amdano fo dim mwy, *I've had enough – end of*! Ti'n meddwl bod o'n *weird* bo' fi isio bod yn ffrindia fo chdi, *that says it all yn opinion* fi. Nesh i mistêc yn dod yma. Dwi'n mynd i gwely efo Harrison bach rŵan os ti'm yn meindio, a plis paid â sdyrbio fi, ocê? Dw i'n *totally shattered*. Na i fynd o 'ma efo Kev yn bora wedyn a neud di'm gweld fi eto. *I think it's the best thing to do*. 'Sdawch!'

Wyth o'r gloch y nos oedd hi, ac er gwaetha'r Lambrini, y bar anferthol o Galaxy, y ddau dwb o Ben & Jerry's a'r Hobnobs, roedd y parti eisoes drosodd.

Fin Nos Fan Hyn

Y noson honno, am y tro cynta ers i ni ddod â hi adra, nath Fflur gysgu am chwe awr soled, o un ar ddeg tan bump y bore. Ond nes i ddim. Bues i'n gwrando'n anniddig ar Harrison yn bloeddio pob dwy awr am ffidan, a Shoned yn gofalu amdano gydag amynedd santes. Hen betha gwael ar y diawl 'di waliau tai newydd, fel waliau palis mewn teras chwarelwyr. Roedd pob sŵn yn fyw. Ond hyd yn oed taswn i 'di bod mewn cell gwrth-sain, fyswn i dal heb gysgu. Nid Harrison oedd yn fy nghadw rhag gwsg, ond y ffaith bo' fi, yn gwbl onest, 'di bod yn rêl hen bitsh gyda'i fam. Roedd y peth yn fy mwyta, ac yn sgil daeth llif ddi-baid o feddyliau negyddol a hurt bost ... Be tasai Mei yn cael ei ladd mewn damwain car ar ei ffordd adra o Gaerdydd? Be tasai'r hogyn newydd efo'r gôt Darth Vader yn y cylch meithrin yn dechrau bwlio Guto, a fyntau yn gymaint o fabi mam? Be taswn i'n ffeindio bod 'na wbath tu fewn i Fflur ddim yn gweithio'n iawn, a'i fod o'n creu poen iddi a dyna pam bod hi'n crio cymaint?

Mi o'n i 'di palu twll i mi fy hun a doedd dim dianc

135

ohono. Hyd yn oed wedi dwy Nytol, dwy paracetamol a gwaelodion marwaidd potel Lambrini – dim cwsg. Dim cwsg, er gwaethaf cyfforddusrwydd y gorchudd dwfe cotwm Eifftaidd o'r sêl yn John Lewis. Felly parhau nath y mwydro aflonydd. Mi o'n i fel dynes o'i cho' ... Be tasai 'na ryw ffrîc o gorwynt yn dod o nunlle a chwalu'r tŷ tra bod ni'n cysgu, fatha hwnnw yn Birmingham yn 2005? Be tasai Morgan yn brathu plentyn arall yn yr ysgol, eto? Be tasai Morgan yn brathu merch Dr Nia Prys-Edwards yn yr ysgol? Be tasai Morgan yn brathu merch Dr Nia Prys-Edwards ar ei boch a honno i fod i gystadlu yn yr unawd werin yn Eisteddfod yr Urdd ddiwedd mis Mai? Be tasai Dr Nia Prys-Edwards wedyn byth yn rhoi gwahoddiad i mi fynd i Clwb Llymaid a Llyfr efo hi a gweddill mams glam yr ysgol? Be tasai Mei yn ffeindio allan bo' fi 'di gwario £275 ar gomisiynu darn o waith celf ar gyfer y stafell fyw? Hwnnw mewn ffrâm o hen dderw, gyda'n henwau ni gyd arno, wedi'i wneud o frodwaith â llaw a darn *vintage* o garthen Trefriw? Be taswn i'n gweld Gethin a Nerys ar stryd a hwythau'n edrych yn wirion o hapus, y math o hapus doedd o erioed wedi bod efo fi? Be taswn i'n cael *prolapse*? Pam bod Shoned yn obsesd efo fi, o bawb? Pam bod Shoned yn meddwl bod ni'n symud tŷ?

Mewn unrhyw sefyllfa arall, mi fyswn i 'di codi, gwneud paned a ffonio Mei. Roedd Mei wastad yn gwybod beth i'w wneud, a'i eiriau wastad yn gysur. Ond y tro hwn, roedd gen i ormod o gywilydd.

Lapiais fy hun mewn blanced, codi fy ffôn a mynd i swatio ar y sedd ffenest, cyn agor y llenni ar lanw'r lleuad yn mynd a dod gyda thaith y cymylau. Syllais ar yr ardd yn ei chwsg. Roedd y peli solar oedd yn crogi yma ac acw hyd ymylon y decin yn taflu cylchoedd cynnes o olau ar y pren, fel addewid o dywydd cynnes i ddod. Aeth cryndod drosta i wrth i wres haul dychmygol gynhesu fy ngwar, a chipolygon o ambell *spritzer* pefriog, a mwg barbeciw lenwi 'mhen. Roedd rhyw hapusrwydd perffaith am gael y pump ohonom yn yr ardd o fewn uchderau'r ffens, yn chwarae, chwerthin a chwyrlïo mewn bodlonrwydd. Fedrwn i ddim gadael i unrhyw beth, neu unrhyw un, amharu ar hynny.

Es ati i sgwennu neges testun i Mei. Un arall, ac yna un arall. I ddweud y gwir, sgwennais saith neges testun yn olynol iddo, rhai eitha pathetig. Saith neges gafodd eu dileu cyn cael eu hanfon – doedd yr un ohonyn nhw'n helpu'r sefyllfa. Tu hwnt i fy nghais ofer i gysylltu â fy ngŵr, doedd gen i neb arall fedrwn i siarad â nhw. Wannwl, ro'n i'n gweld colled Dad – sa fo 'di gwrando a chysuro heb feirniadaeth. Mi fysa fo 'di cael dod aton ni i'r ardd ar y dyddiau barbeciw braf ... ond nid Shoned a Kev ... byth Shoned a Kev ... dim ond teulu ni. Caeais y llenni ar y synfyfyrio a mynd 'nôl i fy ngwely, ond nid i gwsg, yn anffodus.

Er y cywilydd o fod wedi'i thrin hi mor wael, roedd gen i'r hawl i beidio parhau â'm cyfeillgarwch annisgwyl â Shoned, doedd ddim? Roedd gen i gyfle am fywyd gwell gyda Mei ym Mro Derwen a doedd hi a'i chysylltiadau amheus jest ddim yn ffitio. Dim mwy na'r ysgariad o'n i 'di gael, y godineb nath arwain ato, na'r berthynas ddiffygiol a thoredig oedd gen i â Mam. Roedd fan hyn yn sanctaidd a doedd neb am gael ei faeddu fo.

Ond roedd yr euogrwydd o fod eisiau troi cefn ar Shoned yn rhoi camdreuliad i mi. Es ati i stelcian pob congl a changen o'i phroffil Facebook, nid er mwyn ei waredu ond er lles fy nghydwybod. O'n i 'di gobeithio ffeindio rhywbeth i brofi bo' fi'n iawn i'w chau hi allan. Ond na. Nath o ddim ond creu lobsgows o ddryswch pellach. Ymddengys bo'r hen weplyfr yn ei chyflwyno hi mewn ffordd eitha annwyl a diymhongar.

Am chwarter i dri y bore, a Shoned yn y broses o newid o'r fron chwith i'r dde, ymlusgais yn gyfrwys allan o'r *super king size* ac am y llofft sbâr. Wn i'm pa ddaioni o'n i'n ddisgwyl gael o'r sefyllfa, ond mynd nes i yr un fath. O'n i'n anesmwyth.

Petawn wedi bod â bwriad i gnocio neu beidio, doeddwn i'm 'di bod tu allan i'w drws am fwy na chwpl o eiliadau cyn iddi floeddio 'Piss *off*, Luned, dw i'n gwbod bod chdi yna!' Oedd, roedd hi wir wedi cyrraedd pen ei thennyn. Gwingodd Harrison a dechrau ffrwtian. Cymrais innau gam yn ôl a phwyso fy nhin ar ganllaw'r grisiau, er gwaetha'i bygythiad.

Fan'no bues i, yn sefyllian fel taswn i tu allan i swyddfa prifathro. Syllais ar y drws. Doeddwn i ddim isio cnocio, doeddwn i ddim isio peidio cnocio, ond mi oeddwn i isio gwneud rhywbeth i wneud petha'n well. Yn fy ngwely dyliwn i fod wedi bod, yn gwrando ar anadl fy merch ac yn gwneud y mwya o'r cyfle i gysgu, nid crwydro'r landin fel plentyn.

'Dw i'm yn deud eto, Luned. Cer o 'na, dw i'm isio 'im byd i neud efo chdi,' yna tawodd.

Aros nes i. Meddyliais wrth loetran bod rhoi goleuadau bach posh 'na yn sgertin y landin wedi bod yn gam yn rhy bell, ac o bosib yn gwneud i mi edrych fel taswn i'n dangos fy hun braidd. Sa'n well taswn i 'di gwrando ar Mei, a gwario'r arian ar betha llai iwsles ... ac felly bu 'mhen i'n crwydro. Roedd Shoned a'i mab, yn ôl y tawelwch, eisioes wedi cysgu.

Plygais fy mhenagliniau a gostwng fy nghorff yn araf tua'r llawr ac i gynhesrwydd y carped. Roedd fy llygaid yn cau. Dw i'n eitha balch beth bynnag, meddyliais, bo' fi 'di rhoi fy nhroed i lawr am y dewis o garped, a 'di gosod yr *Extra Deep Supreme Serenity* ar y landin yn ogystal â'r stafell wely – oedd, roedd o'n fasdad o beth i'w hwfro, ond roedd o fel gorwedd ar ddafad, ac am dri o'r gloch y bore a hithau'n brigo tu allan, peth braf oedd hynny.

Wyddwn i ddim pa mor hir o'n i 'di bod yn cysgu yno. Deffrois i glywed sŵn cledr llaw Shoned yn curo'n rhythmig ar gefn Harrison a hithau'n hymian 'Love Me Tender' fel petai'n hwiangerdd. Roedd ei llais yn dlws. Dychmygais hi ar erchwyn y gwely, Harrison yn belen gron ar ei brest a hithau'n siglo 'nôl a 'mlaen, ei breichiau amdano, ei llygaid ar gau a llewyrch golau'r lleuad wrth ei thraed.

Roedd hi wedi dod yn amlwg i mi y noson honno fod 'na rywbeth ffyrnig am gryfder a dyfalbarhad Shoned. Nid rhywun i daflu llwch i'w llygaid oedd hon. Ond eto fedrwn i'm peidio â meddwl bod 'na rywbeth anghenus a mymryn yn ddiniwed amdani, fel plentyn angen cwtsh.

Daeth ei chân i ben a chlywais hi'n gosod Harrison yn y *travelcot* gwichlyd cyn llusgo ei thraed yn ddiog drwy'r carped tua'r drws. Plentynnaidd fysa i mi fod wedi aros yno yn fy nghwman yn smalio cysgu, felly cropian oedd rhaid, mor gyflym a distaw ag y gallwn drwy'r *Extra Deep Supreme Serenity* ac yn ôl i fy stafell wely, jest rhag ofn iddi agor y drws a fy ffeindio yno. Ond tybiwn ei bod hi'n gwybod yn iawn mai nythu tu allan i'w stafell wely bues i yr holl amser beth bynnag. Wedi'r cyfan, roedd hi'n gwybod mai cachgi oeddwn i. O'n i'n teimlo'n reit stiwpid.

Nath hi'm agor ei drws, ond clywais swn crafu ysgafn yn dod o'i gyfeiriad. Pan o'n i'n siwr bod hi yn ôl yn ei gwely, es yn ôl ar y landin. Yno, wrth odrau ei drws, wedi'u goleuo gan lifoleuadau'r sgertin, ac yn amlwg wedi'u gadael ar fy nghyfer i, gorweddai casgliad o ddogfennau swyddogol yr olwg.

Codais y papurau ac ymlwybro yn ôl am fy ngwely. Tynnais un o glustogau Mei at fy ochr i. Rhoddais y golau cysgu bach ymlaen wrth ochr y gwely ac estyn am fy sbectol ddarllen, cyn pwyso 'nôl, y dogfennau yn fy llaw.

Ar blaen y pentwr roedd llythyr. Dechreuais ddarllen ...

Annwyl Mr Lewis,

Yn dilyn eich ymholiadau ffôn diweddar, hoffwn gadarnhau fy mod wedi llwyddo i bennu dyddiad i chi ymweld â Bryn Bedw Bach ar gyrion pentref Rhoseithinog. Yn unol â'ch cais, rwyf wedi trefnu i chi ymweld â'r eiddo ar Ebrill 28ain am 1:00yp. Cefais drafodaethau eang gyda'r perchennog ddechrau'r wythnos sydd, fel y gwyddoch, yn awyddus i werthu i bobl leol. Roeddent nid yn unig yn falch o glywed bod gennych gysylltiadau teuluol â'r bwthyn ond hefyd eich bod yn awyddus i fagu eich teulu ifanc yno. O ganlyniad, maent yn teimlo eu bod wedi dod o hyd i'r prynwyr perffaith, ac felly yn awyddus i werthu yr eiddo i chi a'ch gwraig. Gan ei fod bellach yn ail gartref iddynt, maent hefyd yn fodlon cyd-fynd â'ch amserlen chi, ac aros nes bydd gwerthiant eich tŷ presennol wedi'i gwblhau, os mai hynny fydd eich dymuniad.

Bydd rhwydd hynt i chi ar Ebrill y 28ain i dreulio hynny o amser yr ydych ei angen yn archwilio'r eiddo a'r tir, a bydd y perchnogion ar gael i ateb unrhyw gwestiynau.

Mi fyddaf yn y swyddfa bob dydd yr wythnos hon os hoffech ffonio i drafod unrhyw beth ymhellach. Yn y cyfamser, amgaeaf y copi diweddaraf o'r manylion am yr eiddo, sy'n cynnwys mesuriadau manylach a ffotograffau ychwanegol.

Yr eiddoch yn gywir,

bla-di-bla-di-bla-di-bla ...

Llithrodd y llythyr o fy llaw ac ar y llawr. Llithrodd fy llaw i'r drôr ger y gwely a thynnu allan llond llaw o Minstrels, blew, llwch a chornel brau darn o bapur chwythu trwyn. Aeth y cwbl i fy ngheg heb i mi feddwl dwywaith amdano.

Edrychais ar y dudalen nesa ...

Bryn Bedw Bach £249,950. We are proud to be able to offer for sale ... nodweddion hynafol ... trawstiau derw ... grade II listed ... period features ... 2.5 erw ... rolling countryside ... lloriau llechi lleol ... large inglenook dating back to 1710 ... caniatâd cynllunio ... the only bathroom ... original stone walls ... resident chickens ... cwt mochyn ... some modernisation still needed ... an exciting project ...

Wn i ddim pam bo' fi'n chwydu bob tro roedd pryder o unrhyw fath yn dechrau llifo drwy fy ngwythiennau, ond diolch i Dduw am y fraint o *en suite,* (er gwaetha'r diffyg sinc), a *super fast fibre broadband* i mi gael WhatsAppio fy ngŵr oddi ar fy mhenagliniau yn y stafell molchi i ddweud wrtho, pob yn ail gyfog, ei fod o'n fasdad tywyllodrus, a bo' fi'm yn symud i nunlle efo toiled compost *quaint* yn yr ardd oedd yn wynebu golygfeydd *stunning of nearby town.* Yn y *town* o'n i yn aros gyda fy nghonserfatori, fy ngoleuadau sgertin a fy *underfloor heating.* Doedd 'na'm cyfle mul mewn Grand National bo' fi'n mynd yn ôl i fyw yng nghanol cachu iâr na chachu unrhyw beth arall.

Conffeti

Ar ôl i mi fwydo a newid Fflur am bump, cysgais tan saith y bore wedyn. Cysgu trwm ond blêr braidd. Dim syndod, nag oedd?

Deffrois gydag ergyd. Saethodd pelydren o haul llachar drwy hollt rhwng y llenni ac amlygu cywilydd y staeniau siocled hyd y gorchudd cotwm Eifftaidd. Roedd fy stafell molchi yn drewi o chŵd, a dogfennau Bryn Bedw Bach yn gonffeti hyd y llawr ym mhob man, wedi i mi eu rhwygo'n blentynnaidd o loerig yn oriau mân y bore a chyplysu enw Mei gydag amrywiaeth o regfeydd lliwgar. Ymddengys fy mod wedi cael nosweithiau gwell.

Mae'n rhaid gen i fod Shoned wedi gofyn i'r dyn tacsi ganu corn yn uchel pan oedd o'n cyrraedd i'w nôl hi, jest rhag ofn bod hi heb ddeffro. Felly dyna'n union nath y pen dafad, yn fyddarol yn ein *cul-de-sac* bach distaw. Ar y pryd, roeddwn ar goll rhwng muriau hen adfail ar ochr mynydd, yn ceisio dianc rhag ieir o'u coeau, yn troi pob ffordd yn y tywyllwch i drio dod o hyd i'r ddihangfa, y panig yn cynyddu, fy anadl yn lleihau, a'r ieir yn clegar yn arswydus.

Eiliad yn ddiweddarach roeddwn ar y llawr, wedi disgyn

gyda chlec, ac yn ymladd i dorri'n rhydd o gaethiwed y dwfe. O'n i'n chwys laddar ac yn teimlo'n hynod hurt, er mai ar fy mhen fy hun oeddwn i.

Roedd y corn yn dal i udo yn ailadroddus, yn ogystal â Fflur erbyn hynny. Wedi dianc o'r dwfe a'i chodi yn fy mreichiau ymlwybrais ar hyd y landin tua blaen y tŷ. Roedd drws y llofft sbâr yn agored. Camais i'r adwy yn hanner disgwyl clywed 'Piss off, Luned, dw i'n gwbod bod chdi yna!' yn rhuo fel taflegryn tuag ata i. Ond doedd dim siw na miw. Yna clywais glep y drws ffrynt.

Roedd llenni'r llofft sbâr wedi'u clymu 'nôl a'r lle yn gorlifo o olau dydd. Oedd, roedd hon yn llofft braf, yn enwedig yn y gwanwyn. Roedd y gwely wedi'i wneud yn daclus, ac yn gwbl ddi-rych fel petai neb wedi cysgu ynddo. Yn y cornel, wedi'i blygu i mewn i'w fag, roedd y *travel cot*. Doedd yna'r un hoel o Shoned ar ôl yn nunlle, dim ond siâp ei thraed fel ffosiliau yn nyfnderoedd y carped. Roedd hyd yn oed pob mymryn o'i harogl gorfelys wedi'i sugno i'r awel drwy'r ffenest agored. Ond mi o'n i'n dal i glywed sŵn ei llais yn parablu yn y pellter.

'*Yeah*, dw i'n dwad rŵan bêbs, newydd roid sêt Harrison yn sownd yn cefn tacsi. *So glad to be out of here*, 'de. Ti nabod fi, dwyt, Kev, nesh i trio *very best* fi efo hi, rili nesh i.'

Es yn agosach at y ffenest, ond gyda'r gofal mwya i beidio â chael fy ngweld. Roedd hi'n dal yn ei phyjamas pinc fflwfflyd, ei gwallt mewn tas ar ei chorun o hyd, yr e-sigarét binc yn mân grynu rhwng ei bys a'i bawd, a'i iPhone yn swatio rhwng ei chlust a'i hysgwydd. Troediodd y *block paving* yn ddiamynedd wrth glebran, gan oedi pob hyn a hyn i osgoi camu ar weddillion stumog Neil. Wel, y darnau hynny oedd ar ôl, y darnau hynny nad oedd

Caradog, ci Baset Mr Lloyd-Howells, wedi'u bwyta i swper y noson cynt. Es i lawr ar fy mhenagliniau wrth waelod y ffenest agored a chynnig fy mron i Fflur, a'i derbyniodd gyda mawr ryddhad.

'Rili Kev, dodd 'na ddim *give and take* o gwbwl efo hi, o'dd o fatha 'swn i'n *nobody* iddi hi … dw i *even* 'di dod â napis budur Harrison efo fi mewn carrier, na i'm *even* iwsio bin hi, bitsh … ia … o ia, na ti'n *absolutely right* bêb … o *yeah* dw i'n *totally* agrîo efo chdi, iep … *wasn't meant to be* … aha … aha … iep … naddo 'sti … *nope I didn't tell her* … na, no wê … *no point now is there*… yndw dw i'n siŵr 'sti … wir wan, dw i 'di gneud *decision* fi bêb … deffo *no regrets* … *she'll never know now* 'de. NA, NO WÊ, KEV! *Forget everything* am bathrwm hi, ocê? Geith hi ffeindio plymar arall a talu *full price* … yndw dw i'n hollol siŵr … ocê, *see you soon*… iep, lyfio chdi 'fyd dyn fi … rho teciall on yn barod, dw i'n dod â Hobnobs efo fi, gawn ni nhw i frecwast.'

Fedrwn i'm bod yn sicr fy mod wedi clywed pob gair yn glir. Ond ar wahân i'r datganiadau fy mod i'n bitsh hunanol oedd bellach heb Hobnobs, a dim yn mynd i gael trwsio ei sinc, doedd 'na'm llawer o'r hyn roedd Shoned yn ei ddweud yn gwneud synnwyr.

Wedi'r tacsi adael y *cul-de-sac*, gorffennais fwydo Fflur a chodi ar fy nhraed, cyn cau'r ffenest gyda'r math o ryddhad oedd yn amlygu fy nheimladau yn glir, heb i mi fynd i orfod chwilio amdanynt. O'n, ro'n i'n falch bod hi 'di mynd.

Wedyn, fel mae rhywun yn gwneud wrth adael tŷ am y tro olaf ar ôl ei werthu, cerddais yn dawel ac araf o gwmpas fy nghartref, a Fflur yn mwmian bach ar fy mraich. Dilynais drywydd pwyllog o un stafell i'r llall i dic-tocian y cloc ar y lle tân, oedd, erbyn hynny, oherwydd y gwacter, i'w glywed yn glir ym mhobman. Dilynais ymylon pob stafell a phob dodrefnyn wrth gerdded, gan oedi pob hyn a hyn i dynnu bys drwy ambell ddiffeithdir llychlyd. Prin oeddwn i'n teimlo fy hun yn cerdded – effaith llesgedd llwyr, mwy na thebyg.

Sylwais ar bob manylyn, o'r olion traed yn y carped i ambell hances bapur ac ambell lun oedd yn gam ar y wal. O gylchoedd gludiog cwpanau coffi i sanau colledig a chopaon ambell fricsen Lego. O ambell flewyn gwallt, rhai'n syth, rhai'n gyrliog a phob un yn lliw gwahanol, i olion bysedd bychan bach yr hogia, llythyrau heb eu hagor a chawodydd o lwch sgleiniog yma ac acw oedd yn berwi rhyngdda i a'r haul. Hwn oedd adra.

Roedd y tŷ fel arfer yn braf o gynnes a minnau'n ymdeimlo â phob mymryn o'i lonyddwch a'i gysur. Cyrhaeddais waelod y grisiau ac yn reddfol es ati'n syth i gloi'r drws ffrynt, unwaith, ddwywaith, deirgwaith. Atseiniai sŵn cloncian trwm y rhwystrau dur drwy'r cyntedd ac amharu ar y llonyddwch. Mi o'n i'n ddiogel unwaith eto. Yn ddiogel ac unig gyda fy nghywilydd fy hun.

Arhosais yn fy unfan yn y cyntedd am ychydig. Roedd sŵn arall yn dod o rywle. Agorais ddrws y lle chwech o dan grisiau. Roedd y golau ymlaen a'r ffan yn chwyrlïo fel gwenyn mewn sied. Rholiais fy llygaid yn ddiamynedd a dwrdio'n ddistaw bach, wedyn cofio nad oedd yr hogia adra wedi'r cyfan. Tynnais y llinyn i roi taw ar yr hymian, ac wrth wneud sylwi ar gysgod od yr olwg ar wyneb y dŵr glas ym mhowlen y tŷ bach. Rhoddais y golau yn ôl ymlaen. Yno'n arnofio roedd gweddillion hen ffotograff du a gwyn.

146

Syllais i mewn i'r bowlen, un fraich yn dynn am Fflur a'r llall yn cadw fy ngwallt rhag y germau. Roedd 'na rywbeth cyfarwydd rhywsut am y darnau. Ond eto, pan mae rhywun wedi bod yn berchen ar neiniau a theidiau cyhyd, tydy pob llun du a gwyn yn edrych yn gyfarwydd? Fedrwn i'm stumogi rhoi fy llaw yn y dŵr, er gwaetha fy arbenigedd mewn hylifai gwrthfacterol, a'r defnydd manwl o'n i'n ei wneud ohonynt. Ond wrth gwrs, fedrwn i'm jest rhoi'r fflysh iddyn nhw chwaith. Pam ar y ddaear eu bod nhw yno?

Rhoddais Fflur yn ei choets tan ddifyrrwch y blodau symudol, cyn diflannu i'r gegin i chwilota am bâr o Marigolds a rhidyll – fysa wedyn, wrth gwrs, yn cyrraedd diwedd eu hoes yn y bin gwyrdd yn y garej. Fues i ddim o dro yn pysgota, a chario'r cyfan i'r gegin, yna gosod y darnau toredig fesul un ar haenau o bapur sugno yng ngwres melyn y ffenest. Tynnais y menig a sgwrio 'mysedd, (jest rhag ofn) cyn tylino eli lafant yn fanwl i bob rhych.

Wedi'r ddefod, es ati i chwilota am fy sbectol ddarllen sbâr yn y drôr-pob-dim. Roedd hi'n bechod mawr mai'r peth cynta wnaeth fy llaw gyffwrdd â fo yng nghefn y drôr oedd y pecyn wrth gefn o Prozac. Pecyn llawn, pecyn gwaharddedig.

'C'mon, Luned,' dwrdiais fy hun. 'Nest ti lwyddo i ddod oddi arnyn nhw ar gyfer Fflur, ti'm yn cofio? Ti ddim angen nhw, ti'n gallu gneud hyn! Ty'd wan, ti yn gallu gneud hyn.' Es ati i fyseddu'r lympiau bach plastig, esmwyth, yna'r croen arian, sgleiniog ar y cefn. Rhwbiais fy mys hyd y ffoil, nid yn ddigon i'w dorri, ond yn ddigon i amlygu siâp y bwledi bach hirgrwn y tu mewn. Fysa neb ddim callach, na fysan? Yntau fysan nhw? Mi oeddwn i cymaint isio, ond fedrwn i ddim. Na fedrwn i ddim. Fallai mai peth da oedd bod yn gachgi?

Rhwbiais fy wyneb yng nghledrau fy nwylo ac ysgwyd fy mhen fel taswn i'n ceisio bwrw allan y diafol, cyn troi'r tegell ymlaen.

Es yn ôl at y drôr ac ymbalfalu'n fyrbwyll drwy weddill y rwtsh am fy sbectol. Yna, cau'r drôr yn galed cyn i demtasiwn y Prozac afal yndda i go iawn, ond nath y dror ddim cau yn sydyn – maen nhw'n eu galw nhw'n *soft close* am reswm am wn i. Felly yno roeddwn i, yn syllu ar yr *happy pills* hyfryd, gwyrdd a gwyn, yn diflannu'n bryfoclyd o araf i ganol batris, sgriwiau, a *sachets* sos coch o siop jips Sosban Fawr. Tyfodd fy nhemtasiwn. Mae asgwrn cefn yn beth anodd i'w ffeindio mewn gwendid.

Wedi rhoi'r sbectol ar fy nhrwyn, syllais i lawr ar y jigso ffotograffig o 'mlaen.

Fan'no oedd o.

Yno o fy mlaen oedd fy hoff ddelwedd o wyneb Mam.

Ei hwyneb yn annwyl.

Ei hwyneb yn hapus.

Hon oedd Mam cyn y tristwch, y dihidrwydd a'r blynyddoedd o ddiffyg cariad.

Ia, y llun hwnnw oedd o, yma o fy mlaen i wedi'i ddifrodi. Yr un ohoni hi a mi pan oeddwn yn fabi. Y llun oedd wastad wedi fy helpu i gredu bod 'na gyfle ei bod hi wir yn fy ngharu fi, er gwaetha popeth arall. Y llun roeddwn i wastad wedi gadw yn fy mag ers i Dad ei roi o i mi. Roedd o'n meddwl y byd i mi, er bod edrych arno weithia yn teimlo fel edrych ar lun rhywun oedd wedi marw. Rhyfedd oedd hynny, achos roedd edrych ar luniau o Dad fel edrych ar lun rhywun oedd dal yn fyw.

Cymrodd ennyd i'r panig afael yndda i. Wrth gwrs, hwn oedd yr unig gopi oedd gen i. Yr unig gopi, am wn i, oedd yn bodoli, rŵan yn ddarnau mân fel conffeti, mwy na thebyg wedi'i rwygo'n blentynnaidd o loerig gan Shoned. Fedrwn i'm credu bod hi wedi bod mor ffiaidd, a pham? Rhag ei chywilydd am fynd i fy mag i'w nôl a'i ddifrodi fel hyn! Roedd o'n damp, a'r ymylon tenau hyd pob rhwyg, bellach yn las gan gemegau'r tŷ bach. Gosodais sgwaryn arall o bapur cegin ar wyneb y darnau, yna gwasgu lawr yn ofalus gyda chledrau fy llaw yn y gobaith o amsugno'r lleithder. Ond gludo at ei gilydd wnaeth popeth, y llun a'r papur gegin. Fedrwn i'm credu ei fod wedi cael ei ddifetha. Roedd fy llygaid i'n boeth. Cydiais mewn congl o'r papur ac ysgwyd y cyfan er mwyn ceisio eu gwahanu. Yna, fel dail marw, cafodd pob darn yn ei dro ei ryddhau i'r aer cyn troelli'n ddi-ddim tua'r llawr, y rhan fwya yn glanio ar eu hwyneb ar deils llechen ffug llawr y gegin. Es ar fy nghwrcwd. Doedd rhywbeth rhywsut ddim yn edrych yn iawn. Pam bo'r cefn yn lan? Ble roedd y dyddiad? Ble roedd sgwennu Dad? Ble roedd ein henwau ni a chyfeiriad y ffotograffydd, G. A. Griffiths, Church Street? Ble roedd y galon fach goch nes i wneud gyda beiro Bic pedwar lliw pan o'n i'n naw oed? Nid fy ffotograff i oedd hwn wedi'r cyfan. Ond sut hynny?

Codais ar fy nhraed a gadael y tameidiau o ffotograff yn ddirgelwch hyd lawr y gegin. Yna rhoddais y radio ymlaen mewn cais am fymryn o normalrwydd. A fan'no oedd o, Tudur Owen a'i falu cachu fore Sadwrn, diolch i Dduw amdano.

Roedd fy mag llaw ar y cownter o fy mlaen. Gwagiais ei gynnwys yn swnllyd hyd y marmor. Yna, ymysg y geriach, fel y disgwyl, roedd fy llun i. Ei gorneli wedi meddalu, a'r dyddiad a'n henwau wedi'u sgwennu'n daclus gan Dad, wrth ochr calon fach goch nes i mewn beiro Bic pedwar lliw pan o'n i'n naw oed, ac o dan hwnnw, gyfeiriad y ffotograffydd.

Doedd dim byd yn nunlle i egluro o ble daeth y ffotograff arall, na beth oedd yn ei wneud yn ddarnau mân yn y tŷ bach. Dim nodyn ar bapur, dim neges testun, dim statws cryptig ar Facebook, dim cliwiau, dim byd. Ond roedd yn amlwg bod ganddo rywbeth i'w wneud efo Shoned.

Wedi stwffio popeth yn ôl i fy mag, es ati i ddechrau ar y ddefod goffi, yn y gobaith o drio anghofio smonach y dau ddeg pedwar awr diwetha.

'Dach chi gyd yn nabod hon!' meddai Tudur yn sionc tu cefn i mi. Troais i edrych yn feirniadol ar y radio. Do'n i'm isio sionc, dim rŵan, diolch yn fawr. 'Dyma 'chydig o nostalja ar fora Sadwrn,' meddai wedyn, fel tasai fo'n siarad efo neb arall ond fi mwya sydyn.

Roedd nodau disglair, cynta y piano yn ddigon i mi. Triais lyncu fy mhoer, ond roedd tristwch yn fy nghrogi. Canodd y piano yn hiraethus a gwthiodd galar yn fy erbyn nes bu bron i mi ddisgyn.

Mi o'n i'n syth yn ôl yn y Sesiwn Fawr a chwtsh fy nhad. Llifodd y dagrau, heb unrhyw ymdrech i'w bwrw nhw ymaith. Roeddwn i'n ei glywed o'n canu mor llawen. O'n i'n clywed y ddau ohonom yn canu ...

'*Wel, shwd mae yr hen ffrind?*'

2008 oedd hi, a minnau'n un ar bymtheg. Roedd y ddau

ohonom gyda'n gilydd wrth ochr y llwyfan yn pwyso dros y ffens, ein breichiau'n siglo yn yr awyr.

'Mae'n dda cael dy weld di gartre fel hyn.'

Roedd hi wedi bod yn ddiwrnod egnïol o gynnes. Diwrnod rhydd a'i lond o lawenydd, cwmni da, a llaeth mwnci. Diwrnod oedd yn prysur arwain at ei derfyn erbyn hynny, a'r sêr yn pigo'r düwch uwch ein pennau.

'Dy'n ni ddim wedi cwrdd, ers i ti hel dy bac a rhedeg i ffwrdd.'

Roedd 'na genod pryfoclyd ym mreichiau eu hogia, hogia chwantus ym mreichiau eu genod, clystyrau o ffrindiau'n cydsymud, a phawb ar ben eu digon. Yna roeddwn i, ar fraich Dad – fy mêt, fy nghraig. Y ddau ohonom yn meddwl y byd o'n gilydd ac yn prysur greu atgofion, y rhai hynny sy'n parhau am byth.

'Ac rwy'n cofio nawr, ni'n meddwl bod ni'n fechgyn mawr. Cerdded gyda'n tade y llwybr hir i'r pylle.'

O'n i ar ben y byd.

'O, la la la la.'

Roeddwn i 'di gobeithio cael gwahoddiad gan Lleucu a'i chriw y penwythnos hwnnw. Roedd Anti Gwyneth ac Yncl Richard yn mynd â'u carafán a'i hadlen i Ddolgellau ar gyfer 'y genod'. Roedd y ddau wedyn yn mynd am westy gwledig cyfagos am ddwy noson i'r 'genod' gael y penwythnos iddyn nhw eu hunain. Ond nath 'y genod' ddim fy ngwahodd i, er gwaetha galwad ffôn gan Dad at ei chwaer yn begera yn y ffordd anwylaf. Yn ôl Anti Gwyneth, roedd gan 'Lleucs ni' hawl i ddewis drosti ei hun pwy oedd yn cael ymuno gyda hi a'r 'genod' ar eu penwythnos arbennig. Felly, gohirio pob gwaith a phob ymrwymiad nath Dad, yr aur. Yna, gan fod Mam eisoes wedi trefnu mynd i Gaer i hwfro ei pherfedd, fe drefnodd o docynnau i'r ddau ohonom ar gyfer y penwythnos cyfan, yn ogystal â benthyg camper-fan gan un o'i fêts, prynu bwyd, a gadael i mi helpu fo i ddewis pa grysau-T oedd well iddo bacio, rhag ofn iddo godi cywilydd arna i.

Cawsom yr amser gorau erioed am benwythnos cyfan, penwythnos oedd yn mynd i barhau am byth, penwythnos oedd byth yn mynd i farw.

> *'Ond rwy'n credu taw ti oedd y cynta i weld y tywydd*
> *ar y gorwel,*
> *O, la la la la.'*

Oedd, roedd Dad wastad yn gwybod beth i'w wneud am y gorau, roedd Dad wastad yn gwneud y peth iawn. Ond wrth gwrs, doedd Dad ddim yma mwyach. Doedd Dad byth yn mynd i fod yma eto. Teimlais y trallod yn fy sugno i'n gyfan nes o'n i'n llwyr ddiymadferth.

> *'A chariad at y cwm yn berwi yn ein gwaed.'*

Yna fel hen bowlen bwdin Mason oedd wedi goroesi blynyddoedd gydag un crac llwydaidd, torrais yn ddau ddarn.

'Dad, Dad, Dad, Dad, Dad, naaaaaaa Dad, naaaaaaaaa, Dad, Dad, naaaaaaa, dad na, na na na Dad, na plis, plis na, plis na, pliiiiiiis na ... plis Dad, pliiiiiiiis ...' Roedd y galar yn arllwys ohona i yn un llifeiriant cynddeiriog.

Es at yr oergell, agor y drws a thynnu allan yr ail botel o Lambrini. 7.5% o alcohol, bastad blydi piso dryw! Ond o leiaf roedd hi'n botel fawr. Yna agorais y dror-pob-dim. Fues i'm chwinciad yn ffeindio beth o'n i ei angen. Troellais y caead i agor y botel, cyn suddo wysg fy nhin at y llawr a dechrau llowcio'r melysrwydd yn flêr, ac yna dwy dabled fach ddel gwyn a gwyrdd, gwyrdd a gwyn.

'Pam, Dad? Pam, pam, pam, pam, pam?'

Roedd hi'n tynnu am ddeg y bore, ond beth oedd ots am hynny, beth oedd ots am unrhyw beth bellach? Fedrwn i'm llywio fy hun drwy fywyd yn gall, dim mwy na fedrwn i hedfan awyren. O'n i'n rhoi'r gorau iddi. O'n i'n rhoi'r gorau i bopeth. Stwffio pawb. Stwffio Lleucu blydi, blydi, blydi Swyn a'i pherffeithrwydd, yr ast snobyddlyd. Stwffio Gethin a Nerys a'u hapusrwydd. Stwffio Mam, y bitsh ddideimlad, a'r llinyn trôns o ddyn 'na oedd ganddi. Stwffio Shoned a'i bywyd Maes Morfa. Stwffio Mei a'i ffwcin gyfrinachau, a stwffio bwthyn bach perffaith ei freuddwydion – ei freuddwydion o, nid fy rhai i. Stwffio Tudur Owen am chwarae Huw Chis. Stwffio fi. Stwffio pawb!

Yna cyn hir, aeth popeth yn gysurus o dywyll.

'Helô! Syrpréis! Dw i adra! Ti yna, Luns?'

Hitio'r Wal

'*Believe you me!*'

Believe you me?

Be?

Do'n i'm 'di clywed y dweud yna ers talwm.

O'n i rhwng cwsg ac effro. Nid cwsg ac effro braf, ond cwsg ac effro oedd yn drewi o ddifaru ac yn brifo'n ddifrifol. Bras synnwyr oedd gen o lle oeddwn i, er gwyddwn rywsut mai adra oedd o. Y peth diwetha i mi weld oedd y twmpathau hyll o lwch gludiog o dan yr oergell, a'r peth diwetha i mi deimlo oedd fy mod wedi mynd â phetha yn rhy bell ... llawer iawn yn rhy bell.

Un chwythiad yn ormod yn y balŵn.

Pop.

Roedd fy llygaid yn sownd ac o'n i'n pendilio'n afreolus 'nôl a 'mlaen, 'mlaen a 'nôl rhwng ymwybyddiaeth a düwch. Y cur pen yn mynd a dod gyda phob siglad. Roedd 'na awgrym o sgwrs o fy nghwmpas a'r lleisiau'n lled gyfarwydd. Ond anobeithiol oedd fy ngallu i ddadansoddi unrhyw beth yn synhwyrol.

'Mi faswn i'n gneud apointment *as soon as you can*

gyda'r GP. Ma hi angen cael *check up* go iawn, *mentally and physically*, a chael yr help ma hi angen, mach i. Dw i'n nabod y *signs*, Mr Lewis, *and I'm not often wrong*. Os mai PND yw hyn, tydy o ddim yn rhywbeth i'w gymryd yn ysgafn. *She's been through so much, it wouldn't surprise me* a deud y gwir. Gwrandwch, dach chi wir angen aros adra rŵan, *no more galavanting ...*'

'Ond do'n i ddim yn galifantio!' meddai Mei yn amddiffynnol. 'Gweithio yng Nghaerdydd o'n i, mi o'n i ar gytundeb dach chi'n gweld, a rhwng popeth, wel, fedra i'm fforddio pei—'

'Gwaith neu beidio, *she needs you here*, a'r beth bach 'ma hefyd. Ond *fair play*, dw i'm yn ymosod, *after all*, doeddech chi'm i wbod bysa hyn yn digwydd. Ond mae isio sbio 'mlaen rŵan a gneud siŵr bo'ch teulu bach yn iawn.'

Bu tawelwch am ennyd. Roedd osgo Mei yn awgrymu llond bol, ond nid ildiad. Prin iawn oedd Mei yn ildio yn wyneb unrhyw drafferth. Ond roedd o'n amlwg dan bwysau. 'Wel ia ... oes, dw i'n gweld hynny rŵan.' Roedd llais Mei 'di distewi. 'Dach chi'n iawn wrth gwrs ... a sori am ... wel, wel, diolch, Sister Davies, diolch o waelod calon am eich help. Wir, wn i'm be 'swn i 'di neud hebddoch chi bore 'ma, mi fysa'n rhaid i mi fod wedi mynd â hi 'nôl i Bron Saint am wn i, a mi fysa hynny 'di bod yn ddiwedd arni, dach chi'n gwbod, efo'i *anxiety* hi a phob dim arall.'

'Ma hi'n lwcus iawn bod hi ddim wedi gorfod mynd, Mr Lewis, lwcus iawn ... *social services would have probably been alerted you know ... and if you hadn't come home when you did*, wel ...' Cododd sister Davies ei dwylo a'u gosod yn awdurdodol ar ei chluniau.

'Plis, galwch fi'n Mei.'

'Wel, Mei, *I'd better get back*, mae hi'n ben-blwydd mawr ar Hywel heddiw a mae'r bybli yn y ffrij! Fy nghyntaf anedig yn bedwar deg, pwy sa'n meddwl!'

'Ia, wrth gwrs, joiwch y dathlu a diolch eto.' Trodd Mei at ddrws y stafell wely er mwyn annog Sister Davies i gymryd ei chyfle i ddianc. Ymlaciodd hithau ei hosgo cyn cymryd dau gam yn nes at ben y grisiau, yna oedodd a throdd ei phen yn ôl at Mei, nes oedd y ddau yng ngwynt ei gilydd.

'Popeth yn iawn, *it's what I do* ... wel, mae o yn y gwaed fel ma nhw'n dweud, hyd yn oed pan dw i *off duty*. Dw i'n falch iawn o fod wedi medru helpu chi'ch dau. Cadwch lygad arni heddiw a chnociwch ar y drws *if she takes a turn*. Dyla hi fod yn ocê ar ôl cysgu, digon o ddŵr, *regular* paracetamol a bwydo'r fechan efo potel am heddiw *at least* ... ond Mei?'

Estynnodd Davies ei braich tuag ato a lapio'i llaw rownd ei fraich, ei llaw fedrus oedd wedi geni cymaint o fabanod. 'Gofalwch amdani ... *she wasn't the easiest patient*, braidd yn *stubborn*, *but I could see under everything* fod ganddi galon dda. O'n i'n gallu gweld bod hi'n stryglo, dim jest efo'r babi, ond efo popeth, *life in general* a deud y gwir. Dw i'n meddwl mai jest *the tip of the iceberg* ydy'r *anxiety* 'ma, ia?'

Nodiodd Mei yn dawel a pharhaodd Davies i draethu. 'Tydy o'm yn hawdd gorfod tyfu fyny heb gariad mam wyddoch chi, *it's such an important part of a girl's upbringing* ... *and the sudden death of her father*, wel, roedd pawb ar y ward yn gwbod faint oedd hynny wedi'i brifo hi. Pedair blynedd ar ôl iddo fo ddigwydd *and sometimes it*

156

was like it was yesterday. The nightmares, wel, wel, gryduras.'

Gollyngodd Mei anadl. 'Ia, dw i'n gwbod, dw i'n gwbod hyn i gyd,' meddai.

'Ma 'na gymaint o betha ma hi'n stryglo efo nhw chi, … gweiddi yn y nos am ei thad a'r dagrau'n llifo, mae o mor boenus. Yn aml iawn tydy hi'm hyd yn oed yn deffro, a dim callach bora wedyn bod 'na unrhyw beth 'di digwydd, ond dw i'n cofio pob un.' Roedd llais Mei yn dechrau torri.

'Gwrandwch Mei, chwiliwch am help iddi hi *as soon as you can,* ac os dach chi angen wbath, *like I said,* croeso i chi gysylltu. *We'll keep this little incident just* rhyngddon ni, neith Hywel ddim sôn dim wrth neb, *not a word.'*

'Diolch … diolch, dw i wir yn gwerthfawrogi'ch help.'

Bu tawelwch rhwng y ddau am ennyd, fel petai'r naill a'r llall yn ansicr ai hon oedd y frawddeg ddiwetha. Ond, llenwodd Mei ei ysgyfaint, a manteisio ar drugaredd y fydwraig.

'Dach chi'n gwbod be, mi o'n i rywsut wedi gobeithio bysa hi'n gwella ar phen ei hun, y bysa'r tŷ a'r babi yn ei mendio hi, ond ella bo' fi 'di bod bach yn naïf.' Tawodd am eiliad i ddianc i'w feddyliau. 'Hy,' meddai wedyn, a gwenu'n siomedig. 'Nesh i hyd yn oed feddwl ar un adeg mai'r unig beth oedd hi angen oedd rhywun i'w charu hi'n iawn.' Ysgydwodd ei ben. 'Mi fuo 'na obaith am gyfnod bach ar ôl ni symud yma. O'n i fatha 'swn i'n gweld hi'n fwy ymlaciol rywsut, fatha bod hi'n dechra dod allan o'r twllwch. Ond wedyn a'th petha'n chwâl efo'r geni, a nath Gethin, yr ex, godi'i ben hyll eto efo busnas y car ma … Wyddoch chi be, weithia ma hi'n llonydd a bodlon, a wedyn heb rybudd ma hi ar goll eto, fatha sa hi'n brwydro efo'i hun a'r byd o'i chwmpas. Mae o fatha *rollercoaster.* Ond mi na i wbath yn y byd i helpu hi ... wbath fedra i ... dw i jest ddim yn siŵr be.'

'Dw i'n gwbod, Meirion.' Roedd llais Davies yn feddal. 'Dach chi'n ddyn da a ma hi'n lwcus i gael chi.' Rhwbiodd ei fraich fel tasai fo'n fab iddi.

'Diolch, ond dach chi'n gwbod be? Dw i'n lwcus i ga'l hi hefyd. Dw i'n gwbod be ma pobol yn feddwl, ma nhw'n meddwl mai fi nath achub hi, tydyn? Ond wir, yn y dyddia cynnar 'na, diwedd 2013, hi nath achub fi, heb air o gelwydd. O'n i mewn lle cas pan nesh i gyfarfod Luned, mewn lle, wel, lle 'chydig yn dywyll am wn i, ac o'n i ...' Stopiodd Mei yn stond a gosod cledrau ei ddwylaw ar dop ei ben. 'O sori, be haru fi, dwch? Dw i'n dechra mwydro eto dydw, deud gormod a ballu ... plis, ewch chi rŵan,' meddai a phwyntio at y grisiau, 'dw i'n gwbod bod ych teulu yn aros amdanoch chi a tydy o'm yn deg i mi gadw chi yma fel hyn. Dach chi 'di gneud digon, chwara teg.'

'*It's OK*, peidiwch â phoeni, Meirion bach. Gwrandwch,' meddai Davies, gan edrych i lawr ar ei horiawr fel tasai ar y ward. Oedd, roedd ganddi un ym mhoced brest ei blows. 'Gen i bum munud bach – *it will take Hywel much longer than that* i newid ei ddillad ac ail-neud ei wallt. Dowch, awn ni lawr grisia iddi hi gael cysgu, rŵan. *Carry on*, dw i'n gwrando. Gewch chi siarad wrth gerdded, ylwch.'

'Wel,' meddai Mei, wrth ddilyn Kath i lawr, 'pan nesh i gyfarfod Luned am tro cynta ...'

Distawodd eu lleisiau a llithrais innau i gwsg trymach fyth. Parhaodd Mei â'i fwrw bol ar bwys y soffa yn y stafell fyw, ei lygaid yn crwydro 'nôl a 'mlaen rhwng ei draed a wyneb trugareddus Sister Kath, oedd wrth ei gwt yn gwrando'n amyneddgar.

'... o'n i'n dal i alaru cymaint am Mam ac yn meddwl weithia byswn i byth yn dod drosto fo. Roedd o fatha 'swn i'm yn gwbod sut i fyw yn iawn wedyn. Mi o'n i 'di gofalu amdani hi a'r cancr cyn hired, wedyn mwya sydyn roedd o'i gyd drosodd a popeth 'di mynd. Yr unig beth o'dd ar ôl oedd pacedi pils gwag, y comôd, a'r gwely yn y stafell fyw. Daeth popeth i stop, a jest fel'na doedd gen i'm cyfrifoldeb yn y byd ond fy ngwaith. Roedd fy chwaer adra efo fi erbyn hynny, ond o'n i dal yn teimlo'n ofnadwy o unig. Do, duwcs, fuesh i'n potsian 'nôl a 'mlaen efo ambell gariad ffwrdd â hi, ond dim byd siriys, jest bach o hwyl yma ac acw ... bach o *distraction* am wn i. Beth bynnag, nesh i byth, byth feddwl byswn i'n syrthio mewn cariad go iawn efo neb yr adeg hynny, heb sôn am gael y cyfle i fod yn dad ... hynny oedd y peth diwetha ar fy meddwl i, a deud y gwir. Ond yn sydyn mi landiodd Luned yn fy mywyd i, ac am ryw reswm fy nerbyn i'n hollol ddiamod, y galar a pob dim ... *warts and all* fel ma nhw'n ddeud, 'de.'

Gwenodd Mei a Davies ar ei gilydd.

'Wyddoch chi be, roedd ei chariad hi yn teimlo mor gryf a mor saff. Nath hi gysuro fi pob munud o'n i'n isel a helpu fi drwy'r adega tywylla. Roedd hi fel craig, er nad oedd 'na lawer ers iddi hi golli ei thad, ac ers i'w phriodas fynd ar chwâl, ac wrth gwrs ar ben hynny i gyd gorfod geni Guto heb neb yno yn gefn iddi. Roedd o bron fatha sa hi 'di disgyn ar ei hwyneb, wedyn sylwi na'r unig beth call oedd hi'n gallu neud oedd codi ar ei thraed, rhoi un droed o flaen y llall a dal i gerdded. Felly dyna nath hi, codi pob dydd a cwffio drosti hi a'r hogia ... wannwl, mi ffeindiodd hi gryfder o rywle. Ond wedyn, wrth gwrs, nath popeth yn ara bach ddechra dal i fyny efo hi.'

Pwysodd Mei yn ôl ac ildio gweddill ei bwysa i gadernid cefn y soffa. Roedd o'n ymwybodol ei fod yn cadw Sister Kath rhag ei theulu, ond roedd o mor braf cael bwrw bol. Arhosodd yn dawel am ychydig eiliadau er mwyn rhoi'r cyfle iddi ddianc, ond parhau i wrando nath hi.

'Ma pobol, fel ma nhw, yn meddwl bod nhw'n nabod hi, ac wedyn, wrth gwrs yn ei beirniadu hi'n hallt. Ond dim ond fi sy wir yn dallt faint o dywyllwch sy 'di bod yn ei bywyd hi a pa mor fregus ydy hi weithia. Dw i cymaint isio medru gneud hi'n well, ma hi'n haeddu hynny.'

Gafaelodd Sister Kath yn dynn yn llaw Mei a'i gwasgu, fel petai'r weithred am helpu i'w geiriau suddo'n ddyfnach i'w enaid. Yna gwyrodd ei phen tuag ato i fynnu ei sylw. Roedd ei ben o yn pwyntio'n drwm tua'i draed. 'Ylwch, Meirion. Anghofiwch am bawb a phob dim arall rŵan *and focus on just the two of you*. Ma'n amlwg bod gynnoch chi briodas dda efo digon o barch at eich gilydd. Fedrwch chi'm gneud hi'n well ar eich pen eich hun, *you need help*. Ewch â hi at y GP, peidiwch â gadel iddi fynd hebddoch chi, *you have to work as a team*. Mi newch chi sortio hyn efo *professional help and guidance*, y ddau ohonoch chi efo'ch gilydd, wir rŵan ... a fatha dudes i gynna, ffoniwch os dach chi angen wbath fwya 'rioed.'

Wedi coflaid anghyfforddus a llif o ddiolchiadau gan Mei, aeth Sister Kath yn ôl i gyfforddusrwydd ei theulu a'r addewid o *champagne*.

Clywais glec y drws ffrynt a deffro rhyw fymryn, ond cadwais fy llygaid yn dynn ar gau nes i mi glywed siffrwd traed Mei yn ymlwybro'n ddistaw fyny'r grisiau. Ond hyd yn oed wedyn, mi o'n i'n dal i deimlo mai'r peth hawsaf yn y byd bysa i mi fod wedi cadw fy llygaid ar gau … ar gau ac efallai byth yn gorfod eu hagor eto.

Roedd yr haul yn fywiog a'r stafell yn boeth.

Daeth Mei i mewn ac oedi ger y drws fel petai'n ceisio penderfynu sut i ymateb i'r fath lanast. Nesaodd at y gwely, yna'n bwyllog gosododd ei gorff yn ofalus wrth fy ochr, a ryddhau pob cyhyr.

'Luns?' Roedd ei law yn boeth ar fy nhalcen.

'Mei?' Mentrais droi fy mhen i edrych arno. Roeddwn i mewn niwl, a gwayw difrifol yn dyrnu fy mhenglog.

'O Luned. O cariad bach, be ti 'di gneud i chdi dy hun?' Yna dechreuodd grio. Crio llwyd aneglur, di-dor. Crio heb ffiniau.

Crio ar goll.

Crio blydi hel.

Crio fel chwydu.

Jest crio, llefain, wylo. udo.

'Sori Mei, dw i mor, mor sori.'

Cododd ei fraich drosta i nes bod hi'n dynn amdanaf, yna dechreuodd fy siglo'n rhythmig 'nôl a 'mlaen fel taswn i'n blentyn oedd angen cysur … neu fel petai o'n blentyn oedd angen cysur.

'Dw i'n caru chdi gymaint, Luned, cymaint â'r gymaint â'r gymaint,' udodd trwy ddagrau, nes bod pob modfedd o'i gorff yn crynu tu hwnt i'w reolaeth. Yna cysgodd. Cysgais innau. Cysgodd Fflur. Cysgodd y tri ohonom.

♦

Aeth y ffilmio yn drech yng Nghaerdydd beth bynnag. Cafodd un o'r prif actorion ei gymryd yn wael ddiwedd y prynhawn, yna trodd rhagolygon tywydd y penwythnos yn chwerw mwya sydyn. Felly gohirio oedd rhaid, ac aeth Mei i'w wely'n gysurus o fuan, gyda chynllun i gael brecwast diog wrth godi, yna gyrru'n hamddenol tua'r gogledd er mwyn cyrraedd adra erbyn diwedd y prynhawn.

Ond am dri y bore cafodd Mei neges testun cryptig gan Shoned yn datgan, 'mysg petha eraill, fy mod i'n 'nyts' a'i bod hi'n gadael 'as soon as dw i 'di deffro'. Aflonyddodd Mei a dihangodd cwsg yn llwyr oddi wrtho. Erbyn hanner awr wedi pump y bore, roedd yr hen lew, wedi cael cawod, wedi iro ei farf a phacio'r Defender. Yna wedi llenwi'r tanc a phrynu cyflenwad o Red Bull mewn garej agor-drw-nos, roedd ar yr A470 rhwng Caerdydd a Merthyr yn gwrando ar Steve Eaves yn canu 'Sigla dy Din'. Roedd o'n edrych ymlaen yn fawr iawn at gael rhoi ei freichiau o gwmpas ei wraig unwaith eto, a rhoi cynnig ar wneud popeth yn iawn. Cafodd siwrne hir ac unig adra, ond un llawn gobaith.

Pan gyrhaeddodd y *cul-de-sac* am hanner awr wedi naw, gwelodd wyneb cyfarwydd ond annisgwyl yn camu allan o dacsi o'i flaen. Roedd hi'n gwegian tan lwyth o flodau crand, nwyddau o Waitrose a bagiau o anrhegion. Rhoddodd y brêc ymlaen a gostwng y ffenest. Safai polyn o ddynes o'i flaen, fel colofn farmor mewn teml.

Roedd Sister Kathleen Mary Davies wedi dod i dreulio'r penwythnos gyda'i mab Hywel Vaughan a'i wraig Marija. Roedd ei gŵr, Mr Vaughan Kenneth Davies – nad oedd (er syndod) â gyrfa yn yr NHS – yn cyrraedd o fewn yr awr gyda'r *champagne*.

Wedi ambell i 'Wel, wel, wel' a *'fancy seeing you here'*,

dysgodd Mei beth oedd y cysylltiad, yn ogystal â darganfod mai dim ond *nibbles* oedd yn y bagiau Waitrose, oherwydd bod y cwmni arlwyo yn cyrraedd am un ar ddeg. Er mai 'jest *gathering* bach' roedden nhw'n gael gyda'r teulu, roedd croeso mawr i mi a Mei alw draw tua dau am *champagne cocktail* a 'chydig o hwyl. Roedd brawd Hywel (y deintydd oedd ond flwyddyn yn fengach) wedi trefnu rhyw fath o adloniant cefndirol drwy wneud casgliad o hoff ganeuon ei frawd i'w chwarae drwy'r system sain Bang & Olufsen a redai drwy'r tŷ. Roedd ei ddwy chwaer fenga (un yn fydwraig fel ei mam, a'r llall newydd ddod o *rehab*, gryduras) wedi rhoi casgliad o albymau lluniau difyr at ei gilydd i bawb bori drwyddyn nhw yn eu hamser eu hunain. Diolchodd Mei am y gwahoddiad ffeind cyn dreifio'r Defender i mewn i'r garej.

'Mae'n edrych fel bod rhywun 'di bod ar gefn Sister Kath wedi'r cyfan,' meddai Mei dan ei wynt yn ddireidus, 'mwy nag unwaith yn ôl y golwg.' Gwenodd wrtho'i hun. Roedd yr haul yn llenwi'r bore ac roedd yn edrych ymlaen yn fawr iawn i roi syrpréis i'w wraig. Chwistrellodd 'chydig o Lynx i flewiach ei geseiliau a chnoi'n wyllt ar losin mintys cyn ymyrryd â'i fwng, agor rhywfaint ar ei grys, a chamu'n dalog allan o'r cerbyd. Roedd rhywbeth yn deffro yn nhrôns yr hen lew.

Er bo'r graith *caesarean* yn parhau i fod mymryn yn sensitif, roedd 'lawr grisiau' bellach wedi mendio'n reit daclus, diolch i gyflenwad o fêl Manuka a thabledi Arnica gan Haf. Felly roedd Mei, 'rôl rhagweld y bysa Fflur wedi cael ffidan a bellach yn cysgu, yn gobeithio'n fawr am damaid bach adferol cyn amser cinio. Wedi'r cyfan, roedd hi 'di bod yn beth amser a'r hen danc yn llawn. Hoff ateb

Mei i'r cwestiwn 'Be tisio i frecwast?' wedi i ni briodi oedd 'Chdi, Musus Lewis, yn noeth, yn gynnes ac yn ara deg.' Oedd, roedd o'n gweld eisiau'r dyddiau hynny.

Wedi cau drws y garej ar yr haul, cerddodd Mei yn ddistaw drwy'r golchdy ac i'r gegin heb daro yr un olwg o'i gwmpas. Trodd y radio i ffwrdd wrth basio. Roedd Fflur yn gwichian crio, ei dyrnau'n dynn a'i hwyneb yn borffor. Rhedodd hormonau Mei i guddio dan garreg, ac mewn chwinciad roedd unrhyw chwant roedd ganddo wedi diflannu. Trodd yn syth at ei ferch. Rhoddodd y sugnwr bach yn ei cheg, yna'n gwbl reddfol tynnodd ei grys cyn dadwisgo hithau, ei chodi, a'i gosod hi groen at groen ar er frest. *Attachment parenting* roedd o'n ei alw fo. Trodd ei phen nes roedd ei chlust ar ei galon, a chaeodd hithau ei llygaid llaith. Yna gan synhwyro bod rhywbeth o'i le, aeth y ddau ati i grwydro'r tŷ i chwilio amdanaf, gan ddechrau yn y stafell wely.

Roedd hi'n bum munud cyn i'r ddau fy ffeindio i mewn twmpath o flaen yr oergell. Yn ddiymadferth, yn chŵd drosta i, ac yn fyddar i'w galwadau pryderus. Roedd darnau o hen ffotograff hyd y llawr ym mhob man, yn ogystal â phecyn Prozac, yng nghysgod potel Lambrini wag, pâr o Marigolds, papur cegin a hanner Jammie Dodger.

Wedi iddo gadarnhau fy mod i dal yn fyw, ac o leiaf yn ymateb rhywfaint i'w brocio a'i aflonyddu, brasgamodd Mei yn hanner noeth ar draws y *cul-de-sac*, a Fflur yn belen fach ar ei frest. Dychwelodd gyda byddin o gymdogion – Sister Kath i ofalu am y fechan a Hywel Vaughan (ar ei ben-blwydd yn ddeugain, a gweddillion *party-popper* yn ei wallt), i wneud diagnosis, ac i helpu fy nghario o'r gegin i'r stafell wely.

Bu modd dadansoddi yn reit handi mai achos o feddwdod a thrwmgwsg oedd fy anhwylder, hynny â diffyg bwyd, diffyg hunanbarch a dôs o Huw Chiswell. Wrth gwrs, gwyddai Mei yn syth fod rhywbeth llawer mwy o dan yr wyneb. Mi o'n i, heb amheuaeth wedi hitio'r wal ... go iawn y tro yma.

Y Ffordd i Iachawdwriaeth

Nes i wylio ffilm unwaith o'r enw *Mr & Mrs Smith*, lle roedd Angelina Jolie a Brad Pitt yn chwarae gŵr a gwraig oedd yn gweithio fel bradlofruddion dirgel. Ond roedd y ddau yn gweithio i asiantaethau gwahanol, y naill yn llwyr anwybodus fod y llall yn gwneud yr un math o waith. Roedd y pâr wedi hen arfer gorfod gweithio'n galed i gelu eu gweithredoedd cyfrin rhag ei gilydd drwy wneud galwadau ffôn dirgel, cuddio ebyst, a llithro allan o'r tŷ heb yn wybod i'r llall – hyn i gyd gydag ambell wên ffals a chyffyrddiad cariadus 'gwneud' yn llen dros y cyfan.

Er bod Mei wedi cael gwared â gweddillion dogfennau Bryn Bedw Bach oddi ar lawr y stafell wely y bore tyngedfennol hwnnw, nath o'm sôn dim amdanyn nhw. Yn ei galon, roedd yn ofni bysa codi'r pwnc yn creu crac arall, gan hyrddio ei wraig a'i breuder yn agosach at ymyl y dibyn. Nes innau, oherwydd y ffordd i mi gywilyddio fy hun, ddim meiddio pwyntio bys. Roedd o'n gwybod, oherwydd y neges testun ffrwydrol yrrais i ato y noson honno, fy mod i'n gandryll o siomedig. Ond roedd o hefyd yn gwybod, oherwydd y neges testun ffrwydrol gafodd gan

Shoned yr un noson, fy mod wedi byhafio fel rêl hen, hen ast hunanol. *Stalemate.*

Roedd yna gymaint angen ei ddweud. Roedd cwestiynau angen eu hateb. Ond am y tro, doedd dim amdani ond anwybyddu'r drewdod oedd rhyngddom a byw celwydd diogel, fel Mr a Mrs Smith. Roedd petha'n reit flêr.

Aeth Mei ati i guddio galwadau ffôn ac ebyst, a nes innau ddim meiddio â busnesu. Ar ddiwrnod yr apwyntiad i weld y bwthyn, gadawodd y tŷ i fynd am y banc, i biciad i Tesco a, medda fo, i gael paned gyda Siôn, rhyw foi camera o'r Bala, er mwyn cael sgwrs am joban o waith yn y Steddfod. Daeth yn ôl gyda phamffled HSBC yn sôn am gyfrifon ISA, deunydd barbeciw o Tesco, a chachu iâr hyd ei sgidia cerdded, y rhai yr oedd wedi'u gadael yn y garej yn y gobaith o gael y cyfle i'w llnau nhw cyn i mi eu ffeindio. Cawsom farbeciw siomedig y noson honno.

Roedd hi'n oddeutu mis ers Huw Chis-gate, a'r awel fain yn ymledu'r mwg siarcol i bobman nes bod gwallt pawb yn drewi a llygaid pawb yn llosgi. Oedd, roedd petha wedi mynd yn gachlyd braidd, ac ar ben popeth, roedd dirgelwch y ffotograff du a gwyn yn gwlwm parhaol yn fy stumog.

Yn ôl y seicolegydd, nid iselder ôl-enedigol oedd yn bod arna i, ond galar. Galar ataliedig, dwys. Hen alar anfad, didrugaredd oedd wedi bod yn dawel dyfu a chryfhau mewn lle cyfyng am flynyddoedd lawer. Rhyddhad oedd cael cadarnhad bod fy mherthynas â Fflur yn iawn, ond siom oedd clywed na fysa parhad i iechyd y berthynas honno os na fyswn i'n prosesu'r galar; yn ôl y sôn, roedd un yn ddibynnol ar y llall.

Do, ildiais i'r therapi. Unwaith yr wythnos am y tro, wysg fy nghefn ar y soffa Habitat dan lygad manwl Dr Meinir Bertini. Roedd hi'n hyfryd o addfwyn, ond yn boenus o drylwyr, a'r sesiynau'n arteithiol.

Er gwaethaf ambell bwl afreolus o chwydu crio, roeddwn wedi llwyddo i brosesu colli Dad yn arwrol o lwyddiannus, yn ôl Dr Bertini. Ymddengys bod ffeindio Gethin yn ffwcio Nerys pan o'n i bum mis yn feichiog, yn ogystal â ffeindio David ar ei gwrcwd o flaen Mam yn y consyrfatori, a cholli Dad, i gyd ar yr un diwrnod, wedi fy ngyrru tuag at ryw fath o *survival mode* hynod effeithiol. Mi o'n i nid yn unig wedi derbyn ei golled, ond hefyd wedi dysgu byw hebddo. Ond ymddengys bo' fi erioed wedi dod i dermau â'r berthynas ddiffaith oedd gen i gyda fy mam. Felly, galaru am y berthynas na chefais i erioed gyda hi oedd yn fy mwyta i'n fyw pob dydd. Y bitsh honno oedd yn fy ngyrru fi o fy nghof. *Ambiguous grief* maen nhw'n ei alw fo.

Roedd yn anodd iawn gen i gredu mai diffyg cariad ac ymrwymiad fy mam oedd wrth wraidd popeth.

Mae'n debyg bod ni ddim yn adnabod galar fel rhywbeth sydd ynghlwm â'r byw, fel petai. Felly pan oedd symptomau galar yn brathu, y gorbryder, iselder, problemau cysgu, problemau bwyta ac ati, roeddwn i'n cymryd yn ganiataol mai fy annwyl rai yn y pridd oedd yn creu'r boen. Y gwir chwerw oedd, pob tro roeddwn i'n cael hunllef am golli Dad, galaru am Mam oeddwn i.

Pan griais am dair wythnos 'rôl colli Taid, galaru am Mam oeddwn i.

Pan redais i ffwrdd wedi i Nionyn y gath ddiflannu tan olwyn y bws ysgol, galaru am Mam oeddwn i.

Pan fu farw Denzil yn *Pobol y Cwm* – Mam.

Ray Gravell – Mam.

George Michael – Mam.

Leonard Cohen (hoff ganwr Dad) – Mam.

Roedd yr eironi yn troi arna i.

Oedd, roedd Philip Larkin yn llygad ei le ...

> *They fuck you up, your mum and dad.*
> *They may not mean to, but they do.*

Ges i ddau dewis gan y meddyg teulu. Gallwn barhau i fwydo Fflur ar y fron ac elwa o'r effeithiau positif ar fy nghorff, fy mabi a fy emosiynau, yn ogystal â chysegru fy hun yn llwyr i'r therapi. Neu ildio i'r cyffuriau a chyflenwad o lefrith powdr. Roedd y dewis, wrth gwrs, yn ... wel, doedd 'na ddim dewis, nag oedd? Roedd yn rhaid mi roi'r gorau i danseilio fy hun, brifo fy nheulu a difrodi fy mywyd. Wedi'r cyfan, onid hynny'n union roedd Mam wedi bod yn ei wneud ers blynyddoedd?

Felly fan'no oeddwn i, ar y ffordd i iachawdwriaeth yn y modd mwya organig, a'r ffordd mwya poenus. Dim Prozac. Dim alcohol. Ond roedd rhywbeth arall ar goll hefyd – Mei.

Mi o'n i 'di bod yn breuddwydio yn hir iawn am farbeciwio llawen yn yr ardd, a'r gwanwyn yn ei anterth. Y math o farbeciwio sy'n deilwng o dudalennau sgleiniog *Good Housekeeping*, nid y math gawson ni'r noson honno. Fe ddüwyd y selsig, yna ffraeodd yr hogia dros gyfle pwy oedd hi i fynd ar y siglen, nes roedd Guto yn sgrechian dros bobman ei fod yn casáu pawb yn y byd i gyd. Doedd Mei a minnau prin yn siarad â'n gilydd, nid siarad go iawn am unrhyw beth o bwys. Roedd 'na ias ynddi, a doedd dim mymryn o gysur i'w gael o'r gwydraid o leim a soda o'n i'n droelli'n ddiflas yn fy llaw, er gwaetha'r gwydr crand, y talpiau rhew, y darnau lemon, a'r ymbarél bapur.

Ymddengys bod 'na lawer o betha yn fy mywyd yn smalio bod yn betha nad oedden nhw, gan gynnwys mi fy hun. Er hynny, tynnu llun del o'r gwydr oedd rhaid, gyda'r mwg barbeciw fel *soft focus* yn y cefndir, yna ychwanegu ffilter i wneud i'r leim a soda edrych fel coctêl, ac i lwydni'r nen edrych fel cynhesrwydd haul. Wedyn ei bostio ar Instagram gyda'r hashnods #AmserTeulu #barbeciw ac i goroni'r cyfan #GwynFyMyd.

Ges ddau sylwad ar waelod y llun.

lleucuswyn – Neis iawn, ond bechod nad wyt ti'n cael cyffwrdd mewn alcohol ar hyn o bryd de. Gafodd Mam dy hanes gan Anti Doris. Gobeithio byddi'n well yn fuan os ti'n gwbod be dw i'n feddwl.

Wrth gwrs, roedd Mam 'di bod yn achwyn amdanaf, doedd – wastad beirniadaeth, byth canmoliaeth. Bitsh.

shonedmummyevans – Living the dream ia Luned? Living a lie more like!

Roedd yr ail ateb gan Shoned yn chwerw ac yn drewi o gwrw rhad. Cafodd y negeseuon eu dileu cyn gynted ag y nathon nhw ymddangos. Cael gwared ag unrhyw berthynas niweidiol, dyna ddudodd Dr Bertini. Felly i'r bin aeth Instagram hefyd, yn ogystal ag unrhyw obaith caneri bysa fo rhywsut yn gneud petha'n well – mi o'n i 'di dal fy ngafael yn y fagl honno am yn llawer rhy hir.

Tywyllodd y llwydni uwchben, brathodd Morgan ei frawd bach ac aeth y barbeciw teulu lawr y pan gyda'r leim a soda. Anesmwythodd Mei, a heb edrych ar yr un ohonom, tolltodd weddillion ei gwrw dros y cols llwyd, cyn mynd ati'n ddiamynedd i grafu'r clincars cig oddi ar y gril gyda'i gyllell boced.

Roedd Mei a fi yn prysur golli nabod ar ein gilydd ac roedd hynny'n torri fy nghalon. Aeth y noson yn drech na fi a throais fy nghefn ar yr ardd a'i siomedigaethau. Hudais yr hogia gyda'r addewid o fath swigod, a'u tywys i fyny grisiau i olchi'r noson o'u gwallt, cyn eu cwtsho'n dynn a'u suo i dawelwch cwsg. Roedd y ddau, wedi dwyawr a mwy o chwyrlïo'n afreolus o gwmpas yr ardd, yn swrth. Wedi dim ond un pennill o 'Nos Da Nawr' roedd eu cegau'n agored, eu llygaid ar gau a'u gêm archarwyr yn parhau yn eu breuddwydion. Buan aeth Fflur yr un ffordd, wedi llond bol o lefrith a chlwt glân.

Clywais sŵn drysau'r stafell haul yn cael eu llithro'n glep at ei gilydd, yna'r stwffiach barbeciw'n cael ei ddidoli'n flin yn y gegin. Yna daeth sŵn y gawod yn y golchdy yn llifo a llifo'n ddi-ben-draw. Roedd hyd yn oed honno'n swnio'n flin.

Petha budur 'di barbeciws, felly penderfynodd Mei ddadwisgo yn y fan a'r lle, stwffio'i ddillad i'r Indesit a chamu i'r gawod. Roedd o'n siŵr o feddwl am ryw esgus yn ymwneud ag ymarferoldeb, ond roeddwn i'n gwybod eisoes mai dewis molchi lawr grisiau nath o o fy herwydd i. Felly, penderfynais ymlaen llaw i beidio herio. Wedi'r cyfan, os oedd gweddill y diwrnod yn arwydd o beth oedd i ddod, dewis cysgu yn y stafell sbâr byddai Mei y noson honno beth bynnag. Felly, mewn ffordd, doedd dim rhaid i ni dorri'r un gair â'n gilydd.

Es innau ati'n systematig i dynnu un dilledyn ar ôl y llall, i molchi cadach yn y sinc, i olchi fy nannedd ac i dylino casgliad o hylifau amrywiol i'w llefydd priodol. Wedi tynnu brws drwy fy ngwallt, es at ddrôr crysau-T yr hen lew, ac fel petai o eisoes wedi fy ngadael i, tynnais allan ei hoff grys a'i arogli cyn ei dynnu dros fy noethni. Llithrodd gwefr dros fy ngwar.

Roedd yr haul wedi dechrau gostwng a llwydni'r awyr yn teneuo, gan ddadorchuddio pyllau o las ac oren yma ac acw. Steddais yn y ffenest. Tawodd y gawod lawr grisiau a llifodd ochenaid ddigalon drosta i. Syllais mor bell i'r pellter ag y gallwn, gydag awgrym o fod eisiau dianc, ond na. Dianc oddi wrth Mei a'r plant? Callia, Luned!

Codais o fy eistedd. Roedd yn rhaid i mi siarad efo fo, roedd yn rhaid rhoi diwedd ar y gwallgofrwydd 'ma. Codais fy mhen a throi tua'r drws, ac yna roedd o, yn dawel ac yn llonydd.

Safai'r hen lew yn yr adwy yn syllu'n syth ata i. Roedd o'n noeth a disgleiriai pob mymryn o'i groen â diferion cawod ffres. Roedd yn ddyn cryf, ond nid yn orgyhyrog. Daeth gwendid i guriad fy nghalon wrth weld yr olwg benderfynol oedd arno, a llithrais fy nhraed 'nôl a 'mlaen mewn swildod yn nyfnder y carped. Roedd ei edrychiad yn un na welais erioed o'r blaen. Roedd o rywsut fel petai'n paratoi am her, ond doedd gen i mo'i ofn. Roedd ei anadl yn amlwg, ei ddyrnau'n dynn a'i lygaid addfwyn yn syllu'n syth arna i. Camodd ymlaen a safodd ar fy nghysgod. Roedd ei gorff yn arw ac olion ei fywyd amherffaith yn harddu ei groen. Gostyngodd ei ddwylaw fawr a gafael yng ngodrau'r crys-T. Yna gydag un symudiad araf, tynnodd y crys yn bwyllog dros fy mhen a'i ollwng i'r llawr. Teimlais flew trwchus ei gorff yn sibrwd hyd fy nghroen. Ochneidiodd. Rhythodd yn nwydus ar fy noethni a fy nhynnu ato, nes o'n i'n rhannu pob diferyn o leithder ei gorff. Teimlais ei chwant yn chwyddo. Yna dechreuodd fwytho fy ngwallt, fy wyneb, fy sgwyddau, fy mronnau. Roedd o'n afreolus ond hynod fedrus. Ildiais gyda rhyddhad, cyn meddwi'n wirion ar ei gariad a gostwng yn ei freichiau tua'r llawr.

Siâp Seren

Wedi mis heb fawr o agosatrwydd, roedd hi'n syndod mai'r frawddeg gynta o bwys ddwedodd Mei wrtha i oedd, 'O sori Luns, o'n i'n disgwl 'swn i 'di para'n hirach.'

Oedd, roedd y caru'n felys ac adferol, ond wir mi oeddwn i 'di medru gwneud i belen Malteser bara yn hirach. 'Compliment' oedd o, meddai Mei.

'A dyma ni,' meddyliais. 'Mei a fi *back to normal* unwaith eto, ochr yn ochr yn noethni ein gilydd yn syllu fyny ar y nenfwd.'

'W'sti be'r hen lew,' meddwn yn wên gwritgoch, 'dw i *mor* hapus i fod yn dy freichia eto. Fama dw i fod, 'sti ... nunlle arall ond fama 'fo chdi.' Pum munud nwydus ar ben Mei ac o'n i ar ben fy nigon unwaith eto. Gwyrais fy mhen i'w gesail.

Ond aflonyddodd Mei, tynnu ei fraich yn rhydd oddi tana i, troi tuag ata i a chodi ei hun ar bwys ei benelin. 'Ocê Luns, w'sti be? 'Di shag chwinciad chwannen ddim yn mynd i weithio fel hud a lledrith fan hyn, nacdi? 'Dan ni'n gorfod sortio petha allan yn iawn ... ma rhaid i ni siarad.'

Diflannodd fy awra ôl-rywiol.

'Fedran ni'm gadael petha tan fory, Mei? 'Dan ni'n dau 'di blino a wel ... wel, o'n i'n meddwl ella sa ni'n rhoi cais arall ar ...'

'Na, fedra i ddim ... fedran *ni* ddim. Fedran ni'm gadael petha tan fory, mi fydd y plant ar eu traed yn y bora. Rhaid i ni neud hyn rŵan ... c'mon, cariad, chawn ni'm sgubo popeth dan carped eto.'

Cododd flewyn oddi ar fy moch a'i chwythu ffwrdd, cyn codi ar ei eistedd ac ysgwyd gweddill y rhamant o'i wallt. Mi o'n i 'di gobeithio am bach mwy o fodio budur, ond dyna fo.

'Ocê, Mei, ond be am neud hyn yn y stafell fyw? Gawn ni banad a bisged a ... wel, mi fydd o'n well ar y soffa.' Mi o'n i 'di amau bod gynnon ni gwpl o oriau annifyr o'n blaena, ac os oeddwn am gael fy herio yn emosiynol, mi o'n i eisiau bod hynny'n digwydd tra o'n i'n stwffio bisgedi i fy ngheg. Es ati i olchi a thwtio'r mannau priodol, brwsio 'ngwallt a gwisgo pyjamas glân. Nath Mei ond codi ar ei draed a thaflu trowsus tracsiwt am ei din fel tasai fo'n mynd i hollti coed yn yr ardd.

'Bryn Bedw Bach,' meddai'n swta. Roedd ei din ar y soffa, paned o de tramp yn un llaw a Wagon Wheel yn y llaw arall. Ia, dyn Wagon Wheel oedd Mei.

'Dw i'n gwbod bod chdi 'di gweld y papura, Luns. Rŵan dw i isio'r cyfle i ...'

'Dw i'm yn symud i nunlla, ocê Mei, i nunlla!' poerais drwy friwsion Jammie Dodger.

'Fama 'di adra, hwn 'di tŷ ni! Nathon ni ddewis o efo'n gilydd ac adeiladu fo jest fel oeddan ni isio ... a wedyn ti'n mynd a dechra prynu rwla arall tu ôl i 'nghefn i fatha bod dim otsh am fy nheimlada i. Fan hyn oeddan ni'n mynd i adeiladu bywyd efo'n gilydd, ti'm yn cofio?'

Rhoddais fy siocled poeth i lawr, sychu fy llygaid a gafael mewn Jammie Dodger arall.

'Hold on am funud fach, Luned. Nesh i'm dechra siarad yn flin efo chdi, naddo? Ti'm hyd yn oed 'di rhoi cyfle i mi orffen fy mrawddeg. Gen i lot i egluro, so ma'n rhaid i chdi roi cyfle i mi orffen, ocê? Ac eniwê *chdi* nath ddewis fama, dim fi! Chdi di'r tŷ 'ma Luned, pob carpad, pob papur wal, pob tap a phob lamp, chdi ddewisodd popeth! Y blydi gegin piws 'na a'r ...'

'*Aubergine*, Mei, dim piws!'

'Beth bynnag ti'n galw fo dw i'm yn licio fo ... na'r blydi goleuada drud 'na yn y sgertin, yr holl gloeau diangen ar y drysa, y *security lights*, yr *underfloor heating*, a fflipin *soft close* ar pob blydi drôr a chwpwrdd. Chdi, Luned sy wedi dewis fama! O, a jest i chdi ga'l dallt, dw i'm 'di *dechra* prynu nunlla, ocê?'

''Di hynna'm yn wir, Mei. Prosiect ni oedd hyn!'

'Naci, Luned! Ar wahân i liw y drws ffrynt a'r teledu ar y wal, chdi sy 'di creu fama, ti'n gwbod bo' fi'n deud y gwir.'

'Ia, ond neud o i ni nesh i 'de, Mei, i'n teulu *ni.*'

'Naddo, gneud o i chdi nest ti, Luned, i fodloni dy hun ... i neud i chdi deimlo bod chdi gystal â phawb arall, os nad yn well.'

'O c'mon Mei, ma hynny'n greulon, dw i'm mor hunanol â hynna, ti'n gwbod bo' fi ddim!'

'Dw i'm yn deud bod chdi'n hunanol, nacdw?'

'Felly mae o'n swnio.'

'Ond *dim* dyna dw i'n trio ddeud.'

'Wel, be ti'n *trio* ddeud 'ta?'

Rhoddodd ei baned ar y bwrdd bach a'i ddwy law ar bob ochr iddo ar y soffa fel tasai fo'n barod i godi, ac edrychodd ar ei draed. 'Duw a ŵyr, dw i'n dy garu di'n ffwcin rhacs, ond ...'

'Ond be, Mei? Ti'n gadal fi, ma siŵr, wyt?'

'Iesu Grist, nacdw! Callia nei di!'

Gwingodd yn nes ataf a gafael yn fy nwylo. 'Ocê ... ocê ...' pwyllodd Mei. 'Dw isio i chdi wrando, iawn? Gwrando a cau dy geg am funud. Dw i'n mynd i fod yn hollol onast efo chdi ac o bosib fyddi di'm yn licio hanner y petha dw i'n deud, ond dyna fo, dw i'n mynd i ddeud nhw er dy les di, a dw i'n sori o flaen llaw os ydw i'n dy frifo di, ond dw i'n gobeithio neith o helpu.'

Caeais fy llygaid a sugno ar fy ngwefus.

'W'sti'r tŷ 'ma? Dy gar a'i *panoramic roof* a'i sgrins DVD? Y bagia Waitrose, y shîts drud ar y gwelyau a phopeth arall o'n cwmpas ni'n fan hyn? Tydyn nhw'm yn chdi, Luned. Dw i'n nabod chdi ers bron i bum mlynadd ac yn byw fo chdi ers pedair, a dw i'n gweld dim o dy gymeriad lliwgar di'n y petha 'ma ... dim ond dy ofnau di. Ti'n meddwl os nei di amgylchynu dy hun efo'r petha drud 'ma y gneith pobol dy licio di. Ti'n meddwl neith y crachach dosbarth canol, fel y Dr Nia Prys-Edwards 'na – Iesu welish i neb mor sych â honno 'rioed – ti'n meddwl nawn nhw dderbyn chdi yn un ohonyn nhw? Dydy o'm yn gweithio fel'na, nacdi? Yr unig beth ti'n neud ydy bod yn anonast efo chdi dy hun, jest fel mae dy fam di gneud erioed.'

Agorais fy llygaid a syllu arno, cyn hawlio fy nwylo 'nôl. Derbyniodd y ffaith fy mod wedi fy mrifo a chodi ei law i fwytho fy moch.

'Sbia arnon ni, 'dan ni'n byw mewn *cul-de-sac* dienaid fel rhywle mewn cylchgrawn, ac ar wahân i Hywel a Marija, ma pawb o'n cwmpas ni yn eu saithdegau. Mae o fatha byw yn y *Truman Show*! Does na'm plant i'r hogia chwara fo nhw yma, does na'm cymuned, dim coed i'r hogia ddringo. Does na'm lle iddyn nhw fod yn rhydd a chreadigol. Dw i'm isio bod yma. Dw i'm isio byw yn rhywle efo rheolau a phwyllgor cymuned. Nid lle i fagu teulu di hwn, cyw.'

Mi on i'n gwybod ei fod yn iawn. 'O'n i di meddwl byswn i'n gallu gneud i'r holl beth weithio, 'sti, bysan ni'n dod yn rhan o'r gymuned yma.'

'Dw i'n gwbod, cyw. Ond neith y pobol 'ma byth dy dderbyn di, Luned, achos nid dy bobol di ydy nhw. Rhain 'di'r math o bobol chwarae golff a charafáns drud ma dy fam yn perthyn iddyn nhw. Cofia mai hogan dy dad wyt ti, fo nath dy fagu di. A'th o â chdi i gigs pan oeddat ti'n rhy ifanc i fynd ar ben dy hun, ac i wersylla ym mhob tywydd, a gadael i chdi liwio dy wallt yn binc pan doedd dy fam ddim adra. Nath o ddysgu chdi am foto-beics, a gneud i chdi syrthio mewn cariad efo hen ffilmiau du a gwyn. Nath o adael i chdi gael gwersi drymio am bo'r genod er'ill i gyd yn cael gwersi piano, a talu i chdi gael twll yn dy drwyn pan oeddet ti'n ddwy ar bymtheg. Nath dy dad di dy fagu di i fod yn siâp seren, Luns. A dyna pam nes i syrthio mewn cariad efo chdi. Ti'm yn ffitio mewn bocs sgwâr, a fyddi di byth. Paid â chwffio i drio dilyn y dorf ... achos neith y dorf byth neud chi'n hapus. Rho'r gorau i drio efelychu dy fam, achos mae o'n dechra mynd yn salwch gen ti. Stopia drio gneud i dy fam dy licio di, tydy hi'm yn berson clên, tydy hi 'rioed wedi bod a neith hi'm newid bellach. Mae'n rhaid i chdi adael iddi hi fynd.'

Mi o'n i'n udo crio. 'Ond fydd gen i'm un rhiant wedyn, Mei.'

'Does gen innau ddim rhiant chwaith, 'nghariad i, ond ma gynnon ni'n gilydd, a'r hogia, a Fflur ... ty'd yma.'

'Dw i'n gwbod bod chdi'n iawn, Mei.'

Cymrodd anadl ddofn, tynnodd oddi wrtha i, a chododd fy siocled poeth 'nôl i fy nwylo. 'Ma 'na wbath arall hefyd. Dw i'n gwbod am Gethin 'sti, Luns.'

'Be ti feddwl gwbod am Gethin? Gwbod be am Gethin?'

'Dw i'n gwbod bod chdi 'di briodi fo am mai fo oedd y cynta.'

'E?!'

'Dw i'n gwbod bod chdi ddim 'di bod efo neb arall cyn Gethin ... wel, ti'n gwbod, dim efo neb go iawn, dim fel'na.'

O'n i'n gwrido, hen wrido anghyfforddus.

'Dw i hefyd yn gwbod bod chdi 'di argyhoeddi dy hun mai fo oedd yr un i chdi achos roeddet ti'n meddwl bysa neb arall isio chdi ... achos doedd neb arall 'rioed wedi bod isio chdi ... a dw i hefyd yn gwbod na nest ti 'rioed ei garu fo, a nad oeddat ti ddim hyd yn oed ei licio fo rhan fwya o'r amser.'

'Ond sut ... sut ar y ddaear ti'n gwbod hynny? Dw i 'rioed 'di ...'

'Naddo, ti 'rioed 'di deud wrtha i, a dw i'm yn dallt pam achos ti'n gwbod yn iawn bod chdi'n gallu deud wbath wrtha i. Ti'n cofio pan oeddan ni'n symud o'r fflat? Oedd 'na focs yn yr atig oedd 'di tampio a nath o rwygo a gollwng ei lwyth. Roedd dy hen ddyddiadur di yng nghanol pob dim, ar y llawr ar agor ... a, wel, fedrwn i'm peidio, sori. Roedd o'n un o'r petha mwya trist dw i 'rioed 'di ddarllen. Adag hynny nesh i ddechra dallt go iawn cymaint oeddet ti'n tanbrisio dy hun, a chymaint o niwed oedd dy berthynas efo dy fam 'di gneud i chdi. Adeg hynny, ma siŵr, nesh i ddechrau ei chasáu hi am am dy wthio di ffwrdd fel nath hi, a dy feirniadu di yn ddi-baid. Felly rŵan ti'n gwbod mai dyna pam dw i isio hyn stopio. Gad i'r hen ast fynd. Gad iddyn nhw i gyd fynd. Does yr un ohonyn nhw yn dy haeddu di. Dw i a'r plant yma a 'dan ni'n meddwl mai chdi ydy'r peth gorau yn y byd i gyd yn grwn. Ti'n hollol ôsym, Luns, a mae'n hen bryd i chdi sylweddoli hynny.'

Byw Hefo'n Gilydd Mewn Tŷ ar y Mynydd...

Roedd hi'n un o'r nosweithiau Gwener 'na lle mae rhywun yn disgyn i'w wely heb olchi ei ddannedd. Roedd y pump ohonom newydd gyrraedd Caerdydd dair awr yn hwyrach na'r disgwyl. Bu tagfa yn sgil damwain ddifrifol yn Nolgellau, bu'n rhaid i ni stopio ddwywaith i newid Fflur, unwaith am betrol, unwaith i Mei a'r hogia ddyfrio'r gwrychoedd ar lannau'r afon Gwy, unwaith i llnau chŵd Morgan oddi ar ei frawd, ac unwaith i rannu brechdanau sych a phecyn o Mini Rolls ym maes parcio Llanbryn-mair. Unwaith eto, wyddwn i ddim pam bo' fi 'di trafferthu llnau'r car cyn cychwyn. Diolch, A470.

Ond roedd yr Airbnb yng Nglan-yr-afon yn hyfryd. Roedd yr hogia 'di gwirioni efo'r byncs a minnau 'di gwirioni efo'r ffenestri mawr yn nho y gegin – wannwl, am le braf am *spritzer* bach yn heulwen ddiwedd dydd ym mis Mai. Roedd Mei, ar y llaw arall, yn hapus i aros yn unrhyw le cyn belled â bod ganddo fo'm llawer o ffordd i gerdded i'r gwaith. Wythnos o ffilmio oedd ar ôl, wythnos i gwblhau ei gytundeb â'r cwmni teledu, a drwy ryw wyrth roedd hynny'n cyd-fynd â'r gwyliau hanner tymor. Llety am ddim yn y brifddinas yn y gwanwyn, a'r tywydd yn swynol. Perffaith.

'Reit, ma'r hogia 'di setlo.'

'Nest ti gofio rhoi clwt nos am Guto?

'Do cyw, a ...'

'O, a un o'r ... ymmmm ... petha matia hen bobol 'na dan ei din o, jest rhag ofn?'

'Do, do, dyna o'n i ar fin deud. A hefyd 'de, gwranda ar hyn, nesh i hyd yn oed lwyddo i olchi dannedd y ddau er bod nhw'n hanner cysgu, a helpu nhw newid i'w jamas, a ffeindio'u blancedi a'u tedis nhw, anhygoel 'de! Sa ti byth yn meddwl bo' fi mond 'di bod yn byw efo chdi am bedair blynedd, na fysat? Dw i'n dysgu'n sydyn, dydw?'

'Hei, digon ar dy sarcasm di'r twmffat!'

'Dw i'n gwbod sut i ofalu am y plant, 'sti, a dw i'n meddwl fedri di jest abowt ymddiried yndda i bellach. Sut siâp sydd ar modlan?'

'Newydd gael ffidan ac yn cysgu'n sownd.'

'Eith hi drwodd rŵan ti'n meddwl, ar ôl cysgu cymaint yn y car?

'Neith, o bosib, gryduras. Mae 'di cael digon o hambygs heddiw, do?

'Do, am wn i, bechod iddi. Iawn, ymlacio wan, ia? Ti ffansi tec awê?'

'Mei, swn i'm yn gallu bwyta unrhyw beth 'rôl yr holl sothach 'na yn y car. Panad dw i isio, a gwely, dw i'n meddwl. Be amdana chdi?'

'Na, dw i'n reit dda, deud gwir. Welish i bod 'na fagia te

a llefrith yma, ond dim byd arall. Tisio fi fynd i Tesco drw nos yn Gabalfa i stocio fyny? A' i rŵan, dim problam.'

'Dim rhaid, cyw, *delivery* am yr wsnos yn cyrraedd yn bora rhwng naw a deg, a dw i 'di ordro coffi neis a *croissants* i ni gael i frecwast.'

'Ewadd, dach chi'n drefnus, musus Lewis! Www, a sôn am betha'n cyrraedd 'de, fysa otsh gen ti tasai Haf yn dod lawr i aros? Ma 'na lofft sbâr, does? Roedd hi'n gobeithio dod fory – wbath am ddêt yn y Peppermint Bar efo rhywun ma hi 'di gyfarfod ar ryw wefan, a ma hi jest isio brêc bach, am wn i. Ddudish i bo' fi'n meddwl fysa'm otsh gen ti, ond bod well mi ofyn cyn tecstio hi 'nôl.'

'Rargol, Haf yn mynd ar dêt? Www, cyffrous! Na, duwcs, dim otsh gen i o gwbl. Deud y gwir 'de, os ti'n mynd i fod yn gweithio pob dydd, sa'n braf cael ei chwmni a'i help efo'r plant. Wedi'r cyfan, yr unig berson arall dw i'n nabod o gwmpas lle 'ma 'di Lleucu! Ella sa Haf yn gwarchod un noson i ni gael mynd allan? Sa hynny'n braf, bysa?'

'Mi fysa fo'n fendigedig, blod, a dw i'n siŵr bydd hi wrth ei bodd yn helpu. Na i tecstio hi rŵan, yli.'

'Hei, deud wrthi bo' fi'n deud da iawn hi am fynd amdani, a bo' fi isio gwbod popeth am y busnas detio ar lein 'ma. Reit, dw i'n mynd am y ciando. Nei di gloi pob dim, cyw?'

◆

O'i chrysau-T LGBT lliwgar i'r bathodyn Pride Cymru ar ei bag llaw, roedd Haf wastad wedi bod yn agored am fod yn hoyw. Ond yn fwy diweddar dechreuodd ddatgelu ei rhwystredigaeth am ei statws sengl parhaol. Ychydig a wyddwn i nad oedd y sîn merched hoyw yn dre 'cw yn un bywiog iawn. Yn ôl Haf roedd pennau pobol yn bell fyny eu tinau, a'u hagweddau braidd yn hen ffasiwn, a'r sîn yn sgil hynny heb ddatblygu rhyw lawer ers iddi fod dramor. Dyna ddwedodd hi wrtha i drwy ddagrau riwbob a sinsir mewn gŵyl jin yng nghastell Biwmares ddechrau Mehefin 2016, tua mis cyn i mi feichiogi efo Fflur. Oedd, roedd y ddwy ohonom 'di dechra closio. Bu ambell noson liwgar y gwanwyn hwnnw, â'r ddwy ohonom wedi'n iro'n llawen, lle bu i ni ddysgu llawer am y naill a'r llall. Er hynny, doedden ni ddim eto yn yr arfer o rannu petha dwys gyda'n gilydd yn rhwydd. Daeth ein perthynas mymryn yn brafiach wedi iddi gyfaddef nad oeddwn i ei theip hi … oedd, roedd rhaid i mi ofyn. Er bod hi'n meddwl fy mod i'n 'reit ddel' doedd hi wir ddim yn fy ffansïo o gwbl, meddai hi, a dim mymryn yn genfigennus o Mei. Gan hynny, o'n i'n ddigon cyfforddus yn ei chwmni i fynd â hi efo fi i siopa am fra newydd yn Bravissimo Caer, ac felly daethom yn fwy o fêts byth.

◆

Fel o'n i 'di deall, roedd Haf wedi bod ar Facebook yn gofyn am lifft i Gaerdydd o'r gogledd, tra oedd Mei a mi dal ar yr A470. Oedd, roedd hi braidd yn fyrbwyll ar adegau, ond do'n i'm eisiau bod yn rhagrithiol. Cafodd ateb drwy ffrind i ffrind i ffrind oedd yn ddrymiwr mewn band. Roedd o angen bod mewn sesiwn recordio erbyn amser cinio ar y dydd Sadwrn, ac am ddreifio drwy'r nos. Felly erbyn i mi fod yn tynnu'r *croissants* o'r popty y bore hwnnw, roedd Haf wrth y *breakfast bar* yn pendwmpian uwch ei phaned boeth o Arabica.

'Wel, chwannen!' meddai Mei'n chwareus y tu cefn iddi, gan wasgu ei ddwy fraich yn dynn o'i chwmpas nes roedd hi'n gwichian. Roedd Mei wastad yn eitha cyfrifol a phwyllog, ond pan fyddai yng nghwmni ei chwaer roedd yn hogyn bach unwaith eto.

'Oi, paid â galw fi'n chwannen! Godsêc, Mei, dw i'n dri deg!'

'Chwannen fyddi di am byth i chdi ga'l dallt, sis ... eniwê, dw i'n gweld bod chdi'm 'di callio dim, tri deg neu beidio. Be o'dd ar dy feddwl di'n teithio drw nos dwa, nytar. Www, wn i, ydy rhywun efo crysh?' meddai'n bryfoclyd, gan chwalu ei gwallt i bob cyfeiriad.

'Duwcs, gad iddi Mei, mae 'di blino.'

'Gei di gysgu pnawn ma, yli. Dw i'm ar set tan fory a ma Luns a fi am fynd â'r hogia i Techniquest, so gei di'r tŷ i chdi dy hun i chdi gal ailjarjo dy fatris a shafio dy geseilia cyn dy ddêt mawr.'

Gwridodd Haf a rowlio ei llygaid arna i.

'Mei, dw i'm yn deud eto, gad lonydd iddi hi! Reit, dowch at y bwr' chi'ch dau, i ni gael *croissants*.'

Roedd yr hogia 'di bwyta eisoes a 'di lapio eu hunain yn eu blancedi o flaen Cyw, a Fflur bellach yn glyd ym mreichiau ei modryb wrth y bwrdd.

'Wel, 'rhen Meirion, ti 'di deud wrthi eto?' meddai Haf yn bowld.

'Deud be?'

'Ti 'di siarad efo Luned am Bryn Bedw Bach?'

Mwya sydyn roedden ni fel tasen ni mewn tafarn fyglyd mewn ffilm cowbois a nodau pryfoclyd Ennio Morricone yn gwichian yn y cefndir. Y tri ohonom yn syllu'n annifyr ar ein gilydd o dan ein stetsons, a gwn pawb yn barod i'w saethu.

Gan Mei ddaeth yr ergyd gynta. 'Blydi hel, Haf, oedd rhaid i chdi?'

'Be?'

'Be ti feddwl, be?'

'O, c'mon Mei, paid â deud bod chdi dal heb siarad efo hi am hyn.'

Roedd o fel taswn i ddim yno.

'Tydy o ddim o dy fusnas di, nacdi, Haf?'

'Wel, doedd o ddim, Mei, dim nes i ti ddod ata i isio bwrw bol ac isio cyngor.'

'Ia, ond dim lle chdi ydy o i ddeud dim byd.'

'Naci, Mei, ti'n iawn, lle *chdi* ydy o i ddeud, a mi nest ti addo tro diwetha i ni siarad bod chdi'n mynd i neud y peth iawn a bod yn onest efo Luned. Ti'n gwbod bo' fi'n iawn, Mei.'

Codais ar fy nhraed a churo fy llaw ar y bwrdd. 'Oi, chi'ch dau, gora iddi rŵan! Dim blydi plentyn ydw i, ocê? Godsêc, dach chi'n siarad fatha bo' fi ddim yma. Dw i'n haeddu mwy o barch na hynny siawns? Naddo Haf, 'di Mei heb drafod Bryn Bedw Bach efo fi yn iawn. I ddeud y gwir tydy o'm 'di trafod o hefo fi o gwbl, felly 'sgen i dal ddim syniad be sy'n mynd ymlaen, ond ma Mei yn iawn – wbath i fo a fi drafod 'di hyn.

'Mei, ma Haf yn iawn, os oes 'na betha dw i angen wbod, dyla bod chdi 'di siarad efo fi cyn rŵan. Reit Haf, rho Fflur yn y goets, ma hi 'di cael ffidan a 'di cael ei newid, gysgith am gyfnod go lew rŵan. Ma'r hogia angen sgidia ond fyswn i'm yn potsian efo cotia, ma hi'n ddigon cynnes. Cer â nhw i'r parc lawr lôn am ryw awran. Os ti'n pasio siop mi gân nhw hufen iâ ond dim fferins. Ma Mei a fi am orffen y coffi 'ma a sortio hyn allan.'

♦

Bwthyn oedd Bryn Bedw Bach, ar gyrion pentref Rhoseithinog, tua tair milltir o dre. Roedd rhannau o'r adeilad yn dyddio 'nôl i ddechrau'r ail ganrif a'r bymtheg, ond dros y blynyddoedd, wrth i deulu ar ôl teulu ymgartrefu yno i fagu plant a ieir, fe dyfodd y bwthyn, a threfniant anghyffredin y stafelloedd yn adlewyrchu hyn. Roedd yr estyniad diweddaraf ddim ond yn bymtheg mlwydd oed. Eisteddai'r bwthyn mewn man uchel ond nid anghysbell. Swatiai coedwig fechan yn glyd tu cefn iddo, ond roedd y tir o'i flaen yn agored a chroesawgar ac yn cyflwyno rhai o olygfeydd mwya godidog yr ardal. Roedd, fel y disgwyl, yn rhyfeddod o nodweddion hynafol, addurniadau gwreiddiol, a môr o gymeriad. Roedd yn ail gartref i deulu Cymraeg oedd bellach wedi gorfod symud i Gaeredin oherwydd cyfrifoldebau gwaith.

Roedd y lloft yn y to wedi'i haddasu i fod yn stafell ddwbl braf, gyda thrawstiau derw, dwy ffenest Velux fawr yn fframio'r olygfa, a chypyrddau dillad wedi'u gosod yn y bargodion gan saer lleol. Roedd yna ddwy stafell wely arall, a'r rhain ar y llawr gwaelod gyda stafell molchi rhyngddynt. Ym mhen arall yr adeilad roedd parlwr bach â stafell haul fechan ynghlwm iddo, yna stafell fyw hir gyda lle tân nobl o ithfaen a llechen gyda simdde fawr. Roedd hefyd cegin fach hen ffasiwn gyda phantri, a golchdy oedd yn arfer bod yn dwlc mochyn. Roedd dwy stafell arall tu cefn oedd angen eu hadnewyddu, ac roedd caniatâd cynllunio ar gael i droi'r *lean-to* yn gegin fwy gyda lloft sbâr uwchben a stafell molchi ychwanegol ynghlwm iddi.

Roedd yr ardd yn drysorfa o goed afalau ac eirin, ambell fedwen, rhosbrennau, dwy griafolen, trefniant o berlysiau, clwstwr o ieir, un tŷ coeden, dwy hwyaden mewn pwll, teiar tractor bach yn crogi ar raff llong ar fraich y dderwen, hen dŷ gwydr, a ffynnon ddŵr oedd yn hawlio rhinweddau lledrithiol. Ond doedd yna ond un stafell molchi.

Pan syrthiais yn feichiog gyda Fflur, penderfynodd Mei bysa creu coeden achau yn olrhain hanes ei thaid, Guto Huw Pritchard, yn anrheg geni perffaith iddi. Rhywbeth i'w gadw am byth. Gwyddai bysa'n meddwl y byd i mi, a thybiai bysa naw mis yn fwy na digon o amser i'w chwblhau, yn enwedig a fynta'n gweithio i ffwrdd cymaint. Felly aeth ati'n annwyl o gyfrinachol i ymchwilio i hanesion cymhleth fy nheulu. Yn anffodus, oherwydd bylchau mawr yma ac acw, roedd naw mis yn annigonol ac aeth yr hel achau, am y tro, yn drech na'r hen lew. Ond wrth ddarganfod cymeriad lliwgar fy hen daid, daeth Mei hefyd ar draws hanes Bryn Bedw Bach, oedd wedi bod yn y teulu am bedair cenhedlaeth yn y ddeunawfed ganrif. Wyddwn i 'rioed amdano.

Dwedodd Mei wrtha i, â difrifoldeb yn ei osgo, na wnâi fyth angofio'r noson honno dreuliodd mewn B&B hen ffash ar y prom yn Aberystwyth, gwta chwe mis yn ddiweddarach. Roedd yn eistedd ar erchwyn y gwely yn syllu draw ar y môr yn ei hydref, roedd hi'n bump y bore ac yntau, gan wybod bo'r amser yn prinhau, 'di bod wrthi'n hel achau drwy'r nos. Gwnaeth baned arall o goffi rhad iddo'i hun cyn claddu'r *custard cream* olaf, a theipio Bryn Bedw Bach, Rhoseithinog, i focs Google.

'Roedd o fel arwydd,' meddai, wrth ddisgrifio'r sioc o weld mai manylion tŷ ar werth yn Rightmove oedd y peth cynta a daflodd Google ato.

Syrthiodd yr hen lew mewn cariad yn y fan a'r lle a chafodd weledigaeth yn y modd na chafodd un o'r blaen. Credai mai'r peth perffeithia erioed fysa i'r pump ohonom symud o Fro Derwen, ymhell o lygredd y gymuned *cul-de-sac* a'i chymdeithas wenwynig dosbarth canol, ac i fywyd newydd yng nghartref fy nghyndeidiau. Dychmygai'r plant yn rhedeg yn rhydd 'mysg yr ieir a ninnau'n tyfu llysiau. Dychmygai iachâd a thrawsnewidiad.

Ar fore diwrnod y barbeciw siomedig hwnnw, aeth Mei i ymweld â'r bwthyn am y tro cynta. Dyna pam y daeth adref gyda chachu iâr hyd ei sgidia cerdded, y rhai nath o eu gadael yn y garej yn y gobaith o gael y cyfle i'w glanhau cyn i mi eu ffeindio.

'Mi ges i fy nghofleidio gan y lle, Luns,' meddai, a'i lygaid yn sgleinio.

Darganfyddodd lythrennau cynta enw fy hen daid wedi'u cerfio i'r llechen ger ffrâm y drws ffrynt. G.J.P – Guto John Pritchard. Oedd, roedd Guto wedi bod yn enw poblogaidd yn y teulu ers cenedlaethau, yn ôl y golwg. Penderfynodd yn y fan a'r lle mai fan'no roedden ni fod, mai hon oedd ein stori. Eisteddodd ar hen fainc wrth adwy'r tŷ a syllu allan ar yr olygfa, yna tynnodd bapur a phensel o'i boced a mynd ati i gyfrifo. Tybed be fysa'r isafswm bysa'r perchnogion yn fodlon gymryd er mwyn gwerthu i deulu lleol? Be fysa gwerth Bro Derwen rŵan ar ôl yr holl ychwanegiadau?

Cytunodd Haf i'r syniad o werthu tŷ eu mam yn hytrach na pharhau i'w rentu, a daeth cynllun rhamantus Mei yn ara deg at ei gilydd. Roedd wedi argyhoeddi ei hun mai hon fysa'r syrpréis orau erioed. Credai heb os y byswn i'n gwirioni gyda'r lle cymaint ag o, nid yn unig am ei fod yn hardd, ond oherwydd mai hwn oedd fy etifeddiaeth i, a mai dyna fysa fy nhad wedi'i ddymuno.

Ond, wrth gwrs, daeth Shoned o hyd i'r papurau y noson wallgof honno ym Mro Derwen, a chymryd yn ganiataol fy mod i eisoes yn gwybod, ac aeth popeth ar chwâl.

'Syrpréis i chdi oedd o i fod, Luns. O'n i am fynd â chdi yno heb ddweud dim byd. O'n i am gael benthyg y goriadau un pnawn a mynd yno gyda dwy botel fach o Prosecco, dau wydr a'r goeden achau wedi'i gorffen o'r diwedd. Yna, o'n i am osod popeth ar y bwrdd bach yn y stafell haul o flaen yr olygfa fendigedig 'na. Roedd Haf am warchod y plant ac o'n i am ddreifio chdi yno a tywys chdi fewn drwy'r drws a gofyn i chdi os oeddat ti isio dechrau ar fywyd newydd yno efo fi.'

Codais o'r bwrdd a mynd ati i wneud potyn arall o goffi, cyn gadael y gegin, taflu dŵr oer dros fy wyneb a nôl fy ngliniadur o'r llofft.

Pan gyrhaeddais y gegin roedd Mei yn ei blyg dros y bwrdd, ei ben ar ei freichiau. Cerddais ato a rhwbio'i gefn gyda chledr fy llaw. 'Ti werth y byd, Mei.'

Cododd ei ben, pwyso 'nôl ar ei gadair a syllu fyny drwy'r ffenestri yn y to, ei lygaid yn goch. 'W'sti be, ma 'na ffenestri mawr fel hyn yn nho'r brif stafell wely yn Bryn Bedw. Pan esh i yna, o'n i'n dychmygu'r ddau ohonom yn gorwedd ym mreichia'n gilydd yn syllu i fyny ar y sêr. Ddudodd y perchennog fod o'n lle perffaith i wylio'r cawodydd meteor Perseid 'na sy'n digwydd bob rha.'

Rhoddais y gliniadur o'i flaen ar y bwrdd.

'Hwda, agor hwn, nei di, a cer i Rightmove, gei di roi taith i mi o gwmpas Bryn Bedw a deud popeth wrtha i amdano, wedyn gei di ebostio'r arwerthwr a gofyn os gawn ni bicio yno wsos nesa. Wedi'r cyfan, mynd i'w weld o 'di'r peth lleia fedra i neud, 'de. Rŵan, tisio panad arall?'

Het Haul Fawr

Roedd hi'n wyth ar Mei yn deffro'r bore wedyn, ac yntau eisiau bod ar set erbyn hanner awr wedi. Mi o'n i 'di bod tan flanced yn y stafell fyw efo Fflur ers pump y bore, wedi iddi ddeffro'n annisgwyl yn yr oriau mân. Cysgodd y ddwy ohonom wedi ffidan, gan anghofio popeth am gyf-rifoldebau'r diwrnod newydd. Doedd dim golwg o Haf.

'Mei sori, nesh i ddod â Fflur lawr fel bo' fi'm yn styrbio chdi, a gysgodd y ddwy ohonon ni'n sownd wedyn.'

Safodd Mei o 'mlaen i'n flêr a chysglyd. Roedd wedi llwyddo i wisgo, iro'i farf a gosod ei *aviators* ar dop ei ben, ond doedd yr injan ddim 'di cynhesu'n iawn eto.

'Mae'n iawn, cyw, dim dy fai di ydy o. Sa'n well 'swn i 'di setio larwm deud y gwir, ond dw i 'di bod yn cysgu mor wael yn ddiweddar o'n i'n siŵr byswn i'n deffro'n reit handi. Ond w'sti be, gysgish i fel mochyn neithiwr.'

'Wel, do, Dadi Mochyn – o'n i wrth dy ochr di'n gwrando arnat ti'n rhochian.'

'O daria, sori! Ond wir i chdi, nesh i gysgu'n well na dw i 'di neud ers wythnosa, fatha sa 'na bwysa mawr 'di codi oddi arna i.' Gwenodd.

192

'Wel, dw i'n falch, Mei, a paid â phoeni amdana i, dw i'n ocê 'sti. Ga i fore tawel fan hyn efo rhain wedyn a' i â nhw i Barc Bute am bicnic, dwi'n meddwl. Gwranda, o's ti'n rhydd amser cinio ella fedri di alw draw?'

'Ga i weld sut eith hi, blod. Na i decstio i adael chdi wbod yli, ond fedra i'm addo unrhyw beth.' Oedodd am eiliad ac edrych o'i gwmpas. 'Lle ma Haf – dal i gysgu?'

'Aha, wel dyna chdi stori. Daeth y *dirty stop out* ddim adra neithiwr.'

'Be? Paid â sôn!'

'Go wir i chdi, dim siw na miw ohoni.'

'Wel, ti'n meddwl bod hi'n iawn? Be os oes 'na wbath 'di digwydd?'

'Gwranda Mei, ma hi 'di teithio'r byd ar ei phen ei hun, ma hi'n ddigon tebol. Rhaid i chdi stopio bod mor warchodol ohoni drwy'r adeg 'sti, cyw. Eniwê, os tisio cadarnhad ... wel, neu os tisio laff go iawn cer ar ei Facebook hi i chdi ga'l golwg. Gesh i fodd i fyw yn fan hyn am bump o'r gloch bore ma tra'n bwydo Fflur.'

Ysgydwodd Mei ei ben.

'O'r nef, be ma hi 'di bod yn ddeud? 'Di hi 'di codi cywilydd arni hi ei hun, do?'

'Wel, duwcs naddo, dim a deud y gwir, roedd o i gyd yn eitha diniwed – ambell emoji llawn calonnau, ambell gyfeiriad at fod yn syrthio i gysgu ym mreichiau y dirgel 'Miss L' a'i choesau hir a ballu. Chwarae teg iddi, mae'n haeddu bach o hapusrwydd. Dw i'n siŵr bydd hi'n ôl nes 'mlaen, a creda di fi, cynta bydd hi mewn drw drws 'na bydda i 'di hoelio hi i'r soffa 'ma a 'di ca'l gwbod popeth ganddi am neithiwr. Reit, well chdi heglu hi, cyw. Tisio wbath yn dy law i fynd efo chdi?'

'Na, fydda i'n iawn 'sti, ga i frechdan bacwn ar set wedi mi gyrraedd. Hei, sôn am fwyd, beth am i ni gael y tec awê 'na heno? Ma 'na ryw le *fusion* gwych yn y Bae, dw i'n meddwl, a fydda i'm yn hwyr heno, mond golygfeydd dydd 'dan ni'n ffilmio.'

'Iawn cyw, syniad lyfli. Wela i di nes 'mlaen.'

Gwnaeth Mei ei rownds o swsys a chwtshys cyn ei heglu hi lawr y lôn.

Erbyn hanner dydd doedd dal dim golwg o Haf. Gyrrais ambell neges testun, ond daeth dim ateb. Doedd 'na chwaith ddim sôn ohoni ar Facebook na Twitter. Yna rhoddais gais ar ei ffonio, ond nath hi'm ateb, felly ffoniais Mei. Oedd, roedd hi wedi cysylltu, medda fo, drwy ryw neges testun ffwrdd â hi. Roedd hi'n iawn ac yr treulio'r bore gyda'r cariad newydd. Doedd hi'm yn gwybod pryd bysa hi yn ôl ond roedd am yrru neges i adael iddo wybod. Ond dim byd i mi. Wel, diolch, Haf … a finnau'n meddwl bod ni'n dechra agosáu.

Cwta ugain munud gymrodd i ni gerdded i Bute gyda'r picnic, clytiau, tri set o ddillad sbâr, eli haul, pêl-droed tîm Lerpwl, poteleidiau o ddŵr a blanced i roi dan ein tinau. Wannwl, roedd hi'n braf a llwybrau'r parc yn fwrlwm o sglefrfyrddwyr, daergwn a bodiau pinc mewn sandalau. Gweodd yr hogia'n fedrus drwy ffrydiau o Fitbits, eu traed yn prysur chwilio am antur. Roedd Fflur yn mân sgwrsio, a chysgodion dail fel brychni yn berwi uwch ei phen, a minnau'n canolbwyntio ar anadlu'r hyder i mewn a'r pryder allan. Oedd, roedd o'n hollol iawn i mi fod yno ar fy mhen fy hun gyda'r plant yng nghanol pobol ddiarth. I ddweud y gwir, mi o'n i'n mwynhau fy hun.

Yng nghysgod coeden ar gyrion ciosg y Tŷ Haf nes i

barcio, yn y gobaith y bysa Mei yn gallu dianc ata i am *latte* bach. Felly gyrrais neges iddo'n reit handi. Aeth yr hogia ati i smalio bod yn bêl-droedwyr proffesiynol, ac es innau ati i hwylio'r picnic. Wedi dadlwytho, gwyrais 'nôl ar foncyff y goeden a syllu'n dawel ar gysgodion y dydd yn mynd a dod. Roedd hi'n gynnes hyd yn oed tan fantell y dail.

Nes i'm nabod Haf ar yr olwg gynta. Roedd hi mewn ffrog na welais ganddi o'r blaen, yn llathenni o gotwm gwyn wedi goleuo gan yr haul. Crogai'r ffrog o ddwy strapen denau ar ei hysgwyddau, a llifai'n ysgafn tros ei bronnau noeth cyn disgyn yn rhaeadr at ei thraed. Roedd cudynnau ei gwallt yn rhydd a bodlonrwydd yn llenwi ei llygaid, fel model rhwng dudalennau cylchgrawn o'r chwedegau. Edrychai'n anarferol o dlws. Mae'n rhaid bod hi 'di bod tua ugain llath i ffwrdd oddi wrtha i. Cerddodd yn ling-di-long hyd y llwybr, ei bag ar ei hysgwydd, llygaid y dydd yn troelli rhwng ei bysedd, a'i phen yn y gwynt. Fedrwn i wneud dim ond syllu arni. Welodd hi ddim ohona i, a rhywsut doedd gen i'm awydd i dynnu ei sylw; roedd rhywbeth diarth amdani. Troediodd ymlaen yn ei byd bach ei hun, ei phen yn llawn melysbethau.

Trois i weld a oedd yr hogia wedi sylwi arni, ond roedd y ddau ar goll yn eu chwarae tu cefn i mi. Wrth droi yn ôl at Haf gwelais ffigwr tal yn rhedeg tuag ati, a meddyliais am eiliad annifyr bod rhywun am gipio ei bag. Ond na. Stopiodd y ffigwr a'i het haul fawr yn stond tu cefn iddi. Yna daeth dwy fraich, hir, heulfelyn am ganol Haf, ac ildiodd hithau i'w coflaid. Trodd Haf i wynebu'r ffigwr a daeth y ddwy wyneb yn wyneb dan gantel lydan yr het. Gwnaeth gorff Haf osgo ochenaid, yna daeth eu gwefusau llaith ynghyd, a chusanodd y ddwy yn addfwyn. Cododd y ferch ei llaw yn araf, a'i siffrwd yn ysgafn dros fron Haf, cyn ei gosod ar ei boch a pharhau i sugno'n ysgafn ar ei gwefus. Roedd gruddiau'r ddwy yn goleuo. Doedd o'm yn gusanu blêr, amhriodol, ond yn gusanu hardd, mesmerig oedd wedi llwyddo i dynnu sylw ambell un yn mynd heibio. Roedd fel gwylio ffilm. Yna, oedodd Haf i gymryd gwynt a chymrodd y ferch gam fach yn ôl, cyn plygu i dynnu rhywbeth o'i bag. Gafaelodd yn llaw Haf, ei throi cledr fyny, a gosod ffôn symudol ynddo. Chwarddodd Haf ac ysgwyd ei phen cyn rhoi'r ffôn yn ei bag ei hun a chusanu'r ferch yn sydyn ar ei boch. Yna pwyntiodd y ferch tua'r ciosg a cherddodd y ddwy ymlaen law yn llaw.

Wedi archebu coffi, dewisodd y ddwy eistedd wrth fwrdd oedd o fewn tafliad oddi wrtha i a'r plant. Roedd Haf a'i chefn ata i, ac roedd y ferch – ond am gysgod un boncyff a chantel lydan ei het – yn fy wynebu. Yn ffodus iawn, doedd dim posib i'r un o'r ddwy fy ngweld ar y llawr yng nghysgod y goeden. Er hyn, troais goets Fflur i fod yn un rhwystr ychwanegol rhyngddom. Wyddwn i ddim pam nad o'n i'n fodlon gwneud cysylltiad. Swildod? Neu efallai'r ffaith bo'r ddwy i'w gweld fel petaent ar goll yn eu byd bach perffaith eu hunain, un nad oedd gen i'r hawl i fod ynddo.

Roedd y ddwy yn gafael yn dynn yn nwylo ac yng ngeiriau ei gilydd, eu *cappuccinos* yn araf oeri, ac amser cinio'n prysur fynd heibio. Roedd cariad eisoes yn ffynnu yma.

Yna, clywais lais dwfn Mei, nid yn galw fy enw i, ond yn hytrach yn galw ar ei chwaer. Roedd yn cerdded fyny yr un llwybr ag y daeth Haf a'i chymar, ac felly wedi sylwi arnynt yn syth. Welodd o ddim ohona i.

Cododd Haf ar ei thraed, ond roedd ei wyneb yn oeraidd. Mi o'n i'n disgwyl yr un hen lol. Mi o'n i'n disgwyl ei gweld hi'n rhedeg at ei brawd, yna'n ei gofleidio'n wirion cyn ei dynnu at y bwrdd er mwyn iddo gwrdd â'i chariad newydd. Ond gwthio ei chadair i'r ochr wnaeth hi, cyn brasgamu ato'n llawn ffwdan a gadael y ferch wrth y bwrdd. Roedd ei hosgo wedi newid. Symudodd y ferch ddim o'i lle.

Fedrwn i'm clywed geiriau Haf. Tybiwn ei bod hi'n ceisio esgusodi ei chariad am fod yn swil. Ond fel roeddwn i a llawer un arall yn y parc yn gwybod eisoes, roedd y cariad newydd yn bell o fod yn swil. Roedd llais Mei i'w glywed yn hollol glir.

'Duwcs, be haru chdi. Gad i mi ddeud helô!' Anelodd Mei yn syth at y ferch wrth y bwrdd.

Yn hytrach na'i ddilyn, safodd Haf yn ei hunfan ar y llwybr.

'Haia!' meddai Mei yn sionc. 'Mei dw i, brawd Haf, neis iawn cyfarfod chdi.' Safodd wrth ochr ei chadair a rhoddodd ei law allan i ysgwyd ei un hi. Am eiliad symudodd hi ddim. Yna cododd yn bwyllog, ei phen yn gwyro tua'r llawr a'i hysgwydd tuag at Mei. Roedd hi'n dal ac yn siapus o denau. Oddi tan ei het haul enfawr gwisgai dop du, tyn heb strapiau a glynai i'w chorff eurfrown, ac islaw hwnnw trowsus *capri* gwyn â thoriad da iddo. Ar ei braich gwisgai gasgliad o freichledau arian tenau, ac roedd ewinedd ei dwylo yn berffaith o Ffrengig. Fyswn i'm wedi dychmygu hi fel teip Haf o gwbl ... ond dyna fo, be wyddwn i.

Safodd Mei yn ddisgwylgar gyda'i law allan, a chodais innau ar fy nhraed tu cefn i'r goets, er mwyn cael gweld yn well. Sylwodd Haf arna i'n syth a throdd i wynebu'r ffordd arall. Trodd y ferch i wynebu Mei. Cododd ei phen, yna tynnodd ei het a'i rhoi ar y bwrdd, cyn edrych fyny i fyw ei lygaid. Ebychodd Mei yn uchel, cerddodd Haf i ffwrdd ac eisteddais innau i lawr o'r golwg.

Cyfnitherod

Doeddwn heb weld Lleucu Swyn ers Steddfod y Fenni, bron i un ar ddeg mis yn ôl. Roedd y ddwy ohonom mewn ciw di-ben-draw am y portalŵ, myfi'n brwydro'r chŵd beichiogrwydd yn cronni yn fy stumog, a hithau ar frys eisiau tacluso'i cholur, fel mae pobol o bwys pan fyddan nhw yn llygad y byd yn y Brifwyl. Rhyw hanner codi'i phen o'i ffôn wnaeth hi, er mwyn datgan yn ddramatig bo'i hamserlen yn llawn, a'i Jimmy Choos ddim wir yn addas ar gyfer anwastadrwydd y Maes. Yna trodd ar ei sawdl a blaendroedio'n fursennaidd at Angharad Mair, gan glegar fel gŵydd wrth fynd.

Y gwir oedd, heblaw am ambell gyffyrddiad ffals ar Facebook dros y pum mlynedd diwetha, doeddwn heb siarad yn iawn â fy nghyfnither ers y diwrnod i mi briodi Gethin, a bryd hynny dim ond 'Llongyfarchiadau ond dw i'n gorfod mynd rŵan,' ddwedodd wrtha i. Pan anwyd yr hogia, cerdyn di-fflach gan Anti Gwyneth ac Yncl Richard ges i, ac enw Lleucu yn ychwanegiad ar ei odrau. Yr un fath pan briodais â Mei, ac eto pan aned Fflur. Ddaeth hi ddim i angladd Dad, a ches innau ddim gwahoddiad i barti mawreddog pen-blwydd priodas ruddem ei rhieni yn Neuadd Plas y Fedwen.

Blwyddyn yn hŷn na fi oedd Lleucu a'r ddwy ohonom wedi'n magu yn yr un dref yn rhannu nain a taid, *hand-me-downs* oedd byth yn ffitio, a blynyddoedd o bartïon teulu nosweithiau calan. Roedd hi wastad yno, ond eto doedd hi ddim chwaith.

Fuodd na 'rioed ddwy ferch fach mor wahanol i'w gilydd na Lleucu a fi. Chwaraeodd hi erioed â'i phishyn deg ceiniog yn y capel, fethodd hi 'rioed yr un prawf yn yr ysgol. Doedd hi ddim yn un am ddisgyn oddi ar ei beic a chrafu ei phenagliniau, na rhwygo'i dillad ar weiars pigog wrth droedio'r caeau. Chollodd hi 'rioed ei llyfr gwaith cartref, anghofiodd hi 'rioed y geiriau i'w hunawd yn steddfod y pentref. Bu hi 'rioed yn dlawd o sylw. Roedd pawb eisiau Lleucu.

Roedd wastad yn benbleth sut bod rhai pobol yn llwyddo i ddisgleirio cymaint, ac roedd Lleucu yn un o'r rheiny. Roedd hi'n ddigon o sioe. Ei mam wastad tu cefn iddi'n ei phrocio a'i chanmol, ei thwtio ac yn mân reoli popeth roedd hi'n ei wneud.

Aeth fy mherthynas â hi drwy donnau o benbleth a thristwch. Bues i'n hurt o eiddigeddus ohoni ac yn crefu ei chyfeillgarwch, nes dod i'r canlyniad nad oedd hi erioed wedi fy licio, gyfnitherod neu beidio. Yn y pen draw, wedi blynyddoedd o deimlo'n israddol, gollyngais fy ngafael, ac aeth y cysylltiad yn frau.

Erbyn y prynhawn ysblennydd hwnnw ym Mharc Bute, pan ddarganfyddais nid yn unig bod Lleucu yn hoyw, ond hefyd ei bod hi mewn cariad â fy chwaer yng nghyfraith, mi o'n i eisoes wedi cyrraedd y pwynt o obeithio na fyswn i byth yn ei gweld hi eto. Ond fan'no roedd hi, yn ei holl ogoniant.

Gwyn y Gwêl

'Tydy Mam ddim yn gwbod,' meddai'n dawel. Yna oedodd.

Roedd Lleucu'n eistedd gyferbyn â mi wrth fwrdd i ddau yn nhŷ bwyta'r Potted Pig yng nghanol Caerdydd. Bwyty tanddaearol o frics melyn, mewn hen ddaeargelloedd banc ar y stryd fawr. Lle tawel gyda byrddau'n swatio mewn corneli tywyll, a chysgodion amlhaenog ar y wal. Lle perffaith i gelu. Lle addas i drafod y dwys a'r astrus dros wres cannwyll, â'r *blues* a'r *jazz* yn ymladd yn chwareus â'i gilydd yn y cefndir.

Roedd dau ddiwrnod wedi pasio ers i mi fod yn ei gwylio hi'n cusanu Haf yn y parc. Ddeuddydd wnaeth fy mwyta fi'n fyw. Er mawr syndod, ganddi hi daeth y cais am sgwrs. Ond oherwydd styfnigrwydd Mei a'i chwaer, tyfodd yr awgrym o alwad ffôn anffurfiol i fod yn noson emosiynol wrth fwrdd mewn cornel o'r Potted Pig.

Doedd 'na'm golwg o'i beiddgarwch gynt. Roedd y ferch oedd wastad wedi rhagori rŵan wedi'i llesteirio gan ansicrwydd, a'r hyder fu'n ei gwarchod am flynyddoedd wedi diflannu.

Cododd ei chyllell a thowcio'i blaen hi'n ysgafn i ganol cwyr poeth y gannwyll fach oedd rhyngddom. Roedd hi'n trio ei gorau i osgoi gorfod agor y drws yn lletach. Edrychais i fyny arni.

'Be, 'di dy fam ddim yn gwbod am *Haf*?'

'Nacdi, Luned, tydy Mam ddim yn gwbod bo' fi'n ... wel ... bo' fi'n hoyw.' Roedd ei llais hi'n fychan bach. 'Tydy Dad ddim yn gwbod chwaith, dim bod otsh ganddo fo am ddim byd ond ei waith ... doedd Yncl Guto ... ymmm, dy dad, doedd o ddim yn gwbod ... na dy fam. Tydy Glain ddim yn gwbod, na Cêt ... wel, does na'r un o'r genod yn gwbod. Waeth i mi ddeud bod 'na neb yn gwbod ... heblaw am un ffrind i mi yn y gwaith, Gari. Mae o 'di bod drwyddo fo'i gyd ei hun ac wedi bod yn gefn mawr i mi, chwara teg iddo fo.'

'Ond, ond ers faint ...'

Aflonyddodd Lleucu. 'O c'mon Luned ... ti wir am ofyn i mi pa mor hir dw i 'di bod yn hoyw? Godsêc!!' styfnigodd ei llais.

'Sori, sori, do'n i'm yn meddwl ...'

'Na, na, mae'n iawn, fi ddylai fod yn sori. Nes i addo i Haf byswn i'n bod yn amyneddgar. Nesh i'm meddwl gwylltio, dw i jest ... wel, ma hyn mor anodd.'

Llonyddodd ei llais ac edrychodd arna i. 'Y peth ydy, 'di o'm yn gweithio fel'na, nacdi. Dw i wastad ... wel, ers i mi dechra medru gneud synnwyr o fy nheimlada, wedi gwbod bo' fi'n hoyw. Nesh i'm deffro un bora a penderfynu bod well gen i fŵbs na ... sori ...' Roedd hi'n dechrau colli amynedd eto.

'Dw i'n dallt hynny, Lleucu ond ...' Arhosodd y ddwy ohonom yn ddistaw. Yna, er mawr ryddhad daeth y gweinydd atom â photel Pinot Noir. Llenwodd Lleucu ei gwydr hyd at yr ymylon, ac ildio i lymaid adferol.

'Ond, ers pan oeddan ni'n ysgol uwchradd?'

'Ia.'

'Roeddat ti'n ... ymmm ... *ymwybodol* adag hynny?'

'O'n, ma'n siŵr bo' fi tua deuddeg pan nesh i ddechra sylwi bod gen i deimlada gwahanol.'

'Ond be am yr hogia i gyd yn y Chweched?'

'*Cover up.*'

'Ond pam?'

'Mam.'

'Ond dach chi ... wel, roedd hi ...'

'Roedd hi wastad yna i fi? Roedden i wastad yn agos?'

'Wel, ia o be fedrwn i weld. Lleucu, o'n i *mor* genfigennus o'ch perthynas chi.'

'Doedd Mam 'rioed *yna* i fi, Luned.'

'Dw i'm yn dallt.'

'Ers i mi gael fy ngeni ma Mam 'di rheoli pob elfen o fy mywyd i. Popeth o'n i'n wneud, yn ddweud, yn wisgo, hyd yn oed popeth o'n i'n fwyta. Roedd hi'n gwylio pob man o'n i'n mynd ac efo pwy o'n i'n siarad, roedd hi hyd yn oed yn rheoli pwy o'n i'n cael bod yn ffrindia efo nhw. Doedd ganddi'm diddordeb yn pwy o'n i go iawn na be o'n i isio.'

'Ond o'n i wastad yn meddwl bod hi yna i chdi, yn dy gefnogi di efo popeth oeddat ti isio neud?'

'Na Luned, popeth oedd *hi* isio fi neud. Dw i 'di byw drwy flynyddoedd o wersi canu diflas, clyweliadau a rhagbrofion diddiwedd, clybiau drama embarysing, gwersi barddoni, gymnasteg ... o, a'r deiets ... peidiwch â gadael i ni anghofio'r blydi deiets i gadw Lleucu fach yn iach a slim. Dw i 'di diodde hi'n crafu brwsh drwy fy ngwallt gant o weithia pob nos nes i mi orfod dysgu sut i syrthio i gysgu efo cur yn fy mhen. A wedyn y degau o *dinner parties* efo rhieni hogia roedd hi isio fi fod yn gariad iddyn nhw – hogia diflas, teuluoedd clwb hwylio a chlwb golff, a Mam yn llyfu tin fatha *sycophant* o'i cho. Do'n i'm byd i Mam ond *accessory* i neud iddi hi edrych yn well.'

Roedd ei wyneb yn welw. Doedd Lleucu ddim yn sgleinio fel o'n i 'di arfer ei gweld hi'n ei wneud. 'Tydy Mam ddim isio lesbian yn ferch, Luned. Ma Mam isio mi briodi dyn golygus, proffesiynol. Ma hi isio i mi fod yn byw mewn tŷ fel sy gen ti, isio i mi gael plant bach del a charafán *top of the range* ar y dreif ... o, blydi hel!' Dechreuodd Lleucu ollwng dagrau i mewn i'w gwin.

Gwthiais fy serfiét ar hyd y bwrdd i'w chyfeiriad yna cododd ei llaw a'i gosod ar ben fy un i.

'Dw i 'di dy drin di'n eitha shit dros y blynyddoedd, do?'

'Wel, do a deud y gwir, Lleucu, ti wedi, ond w'sti be, dim ots am hynny rŵan.'

Cododd ei phen o'i gwin i edrych arna i.

'Dw i'n sori ... sori go iawn. Mi fyswn i 'di licio cael cyfnither o'n i'n agos ati, ond doedd Mam ddim am adael i hynny ddigwydd. Roedd hi'n deud bod chi'n deulu cymhleth a *dysfunctional* a bod yn well cadw'n glir ... alli di gredu'r eironi? O fy rhan i, roedd gen i ormod o ofn mynd yn rhy agos at unrhyw un, rhag iddyn nhw ffeindio allan pwy o'n i go iawn, a wedyn i Mam ffeindio allan pwy o'n i go iawn.'

'Tasat ti ond wedi dod ata i i siarad, mi fyswn i 'di dallt a 'di helpu, a wir fyswn i'm 'di deud wrth neb. Mi o'n i gymaint isio chdi licio fi, mi fyswn i 'di bod wrth fy modd yn dy gael di fel ffrind.'

'Dw i'n gwbod hyn i gyd rŵan, a ma 'na gymaint dw i'n difaru. 'Sti be, mi fues i drwy gyfnod o sgwennu llythyrau i chdi pan oeddan ni'n yr ysgol, yn trio egluro, ac yn gofyn am gyfeillgarwch a maddeuant. Nes i 'rioed gyrru nhw. Ma nhw dal gen i dan glo mewn bocs yn rhwla.'

Ochneidiodd a chodi'r gwydr at ei gwefusau unwaith yn rhagor. 'Sbia arna i, Luned, dw i'n dri deg chwech a dw i mor ffycd yp. Dw i 'di treulio blynyddoedd yn cuddio pwy ydw i go iawn nes dw i'm yn gwbod sut i fod fel arall ... dim ond pan dw i efo Haf, 'de ...'

Cododd y serfiét at ei hwyneb a sychodd ei dagrau.

''Dan ni gyd yn ffycd yp, Lleucu.'

Gwenodd arna i. 'Dw i'n osgoi Mam a Dad cymaint â medra i dyddia hyn, ond ar wahân iddyn nhw, dw i'n teimlo bod gen i'm teulu o gwbl.'

Aeth y ddwy ohonom yn ôl at y gwin unwaith eto ac am funud neu ddwy bu distawrwydd llwyr.

'Dw i'm yn disgwyl i ti anghofio pa mor wael dw i 'di dy drin di, ond byswn i'n licio gofyn os medri di drio dallt pam ... a hefyd, yn fwy nag unrhyw beth arall, mi fyswn i'n licio os bysa ni'n gallu rhoi cynnig ar ddechra eto?'

Oedodd i ail-lenwi ein gwydrau – oedd, roedd hanner y botel wedi mynd yn barod.

'Dw i 'di dysgu cymaint amdanat ti, Mei a'r plant gan Haf, mae ganddi feddwl y byd ohonach chi, a mae o'n gneud i mi deimlo dy golled di, teimlo'ch colled chi gyd, Luns ... ydy o'n ocê i mi alw chdi'n Luns?'

Nodiais fy mhen yn gytûn a chyrhaeddodd y cwrs cynta.

Llithrodd Lleucu flaen cyllell lân yn araf drwy'r terîn cig moch o'i blaen, a daeth gwên fodlon i'w gwyneb. 'Ma Haf a fi o ddifri am ein gilydd 'sti ...' Oedodd a lledaenodd ei gwên. 'Hmmmmm … fedra i dal ddim credu bod ni 'di cwrdd ar hap ar y we a ninnau bron yn perthyn, sôn am nyts!' Taenodd ychydig o'r terîn ar gornel o dost. 'Ma gen ti berthynas reit glòs efo dy chwaer yng nghyfraith, does?'

'Wel, dw i'n meddwl bod gynnon ni. Nath o'm dechra'n hawdd, ond 'dan ni 'di dod i nabod yn gilydd yn reit dda bellach. Ma gen i eitha dipyn o feddwl ohoni hi 'sti … mae fel chwaer fach i mi, am wn i.'

'Ma hynny mor braf, mi fyswn i'n licio'r cyfla i ddod i nabod chdi'n well hefyd, Luns, i drio bod yn gyfnither go iawn … os … os bysa hynny'n ocê?'

Rhoddais fy fforc i lawr, cymrais lymaid arall o'r Pinot a gwthiais fy sedd yn ôl oddi wrth y bwrdd cyn codi ar fy nhraed. Ebychodd Lleucu. Mae'n rhaid gen i bod hi 'di meddwl am ennyd bo' fi am adael. Cerddais rownd ymyl y bwrdd at lle roedd hi'n eistedd, yna cododd hithau ar ei thraed fel petai hi am ffarwelio â mi. Camais yn nes ati a'i chofleidio.

'Cawn, Lleucs … ydy o'n iawn i mi alw chdi'n Lleucs? Mi gawn ni ddechra eto, a dw i'n maddau i ti, os nei di drio maddau i mi am wastad meddwl y gwaetha ohonat ti ac am dreulio blynyddoedd yn dy alw di'n Lleucu Blydi Swyn?'

Chwarddodd fy nghyfnither drwy ddagrau.

'Ond dw i isio chdi ddallt un peth, Lleucs, dw i'n ffwcin gandryll efo Anti Gwyneth. Os wbath, dw i'n fwy candryll efo hi nag ydw i efo fy mam fy hun. Ma hi 'di dwyn perthynas oddi wrthon ni a dw i'm yn meddwl fedra i fyth faddau iddi hi am hynny. Felly, pan bydd gen ti'r hyder i ddweud y gwir wrthi hi, mi fydda i yna efo chdi yn dy gefnogi di, a chymra i ddim lol ganddi.'

Aeth petha'n flêr wedi'r pwdin. Cafodd Lleucu druan pob manylyn o enedigaeth Fflur a ches i ormod o wybodaeth o lawer am y noson gynta dreuliodd hi ym mreichiau Haf. Erbyn un ar ddeg roedd y ddwy ohonom mewn bar *karaoke*, minnau'n talu teyrnged angerddol i Barbara Streisand a Lleucu'n profi bod hi'n llawer mwy cartrefol yn canu Catatonia na cherdd dant.

Fel glaw llifeiriol ar dir crinsych, aeth y tri gwydraid o Pinot a'r ddau G&T yn drech na fi. Diolch i'r drefn fy mod i wedi godro digon i gadw Fflur i fynd tan bore wedyn, a bod Lleucu yn ddigon o gwmpas ei phetha i 'nhywys i at dacsi.

Pan ddeffrodd Mei o'i drwmgwsg roedd o'n meddwl bod rhywun 'di torri mewn i'r tŷ. Oedd, roedd fy nosweithiau allan mor brin nes iddo anghofio bod fi ddim yno yn gorwedd wrth ei ochr. Llamodd allan o'r gwely, gafael yn fy mrwsh gwallt oddi ar y seidbord wrth basio a'i godi uwch ei ben fel arf, yna blaendroediodd i lawr y grisiau yn dinnoeth, fel tasai'n barod i ymosod.

Ar fy hyd ar y bwrdd yn y gegin o'n i pan ffeindiodd o fi. Mi o'n i'n chwil ulw. Roeddwn wedi tynnu pob dilledyn ond am fy nicyr, wedi gorchuddio fy ngwefus â lipstig coch, a fy mronnau noeth efo mynyddoedd ewynnog o hufen chwistrio Tip Top. Y gobaith oedd rhoi'r math o brofiad gwefreiddiol i fy ngŵr na chafodd o 'rioed o'r blaen. Roedd o'n mynd i ddisgyn i fy mreichiau a fy nghusanu'n nwydwyllt fel Burt Lancaster a Deborah Kerr yn *From Here to Eternity*. Ond er gwaetha fy ymdrechion, mi o'n i'n edrych mwy fel Beryl, Meryl a Cheryl yn torheulo ar y traeth yn Tenerife nag unrhyw seren Hollywood. Roedd fy lipstig yn gam, yr hufen yn dalpiau gludiog, blêr ym mhob man, ac yn anffodus roedd y golau mawr ymlaen a minnau 'di anghofio bod 'na ffenestri yn y to. Roedd y dyn drws nesa ar ben ei ddigon.

Chwerthin nath Mei lond ei fol. 'O mam bach, dw i mor falch bod chdi'n cael dy synnwyr digrifwch yn ôl, cyw. Sa neb yn gallu neud i mi chwerthin fatha chdi. Tyd, awn ati i glirio'r llanast 'ma ia, a mi a' i at y dyn drws nesa fory efo potel neis o Bordeaux i gau ei geg o.'

Felly molchi cadach yn y tywyllwch wrth y sinc oedd rhaid, tra oedd Mei yn llnau'r hufen oddi ar y bwrdd yng ngolau tortsh.

'Gest ti noson dda felly?' meddai Mei wrth ddod i'r gwely.

'Do cofia, do, noson dda iawn. Noson reit emosiynol hefyd a deud y gwir, a noson sy 'di chwalu 'mhen i braidd ond noson dda ... noson dda iawn. Nathon ni siarad lot fawr ... a petha mawr 'de ... wannwl, ma Lleucu 'di deud petha mawr wrtha i, ond God dw i 'di dysgu lot amdani. Pwy sa meddwl 'de? A 'dan ni'n ffrindia rŵan 'sti, yndan, ffrindia go iawn, a 'dan ni am fod yn gyfnitherod fel 'dan ni fod, Lleucs a fi ... fi a Lleucs ... Lleucs a Luns. Ond 'dan ni'n dwy yn gandryll efo Anti Gwyneth 'de. Blydi hel, ma honno'n rêl bitsh, ond ma hi am gael ei rhoi yn ei lle, creda di fi. Mi fydda i 'di rhoi ffwcin llond ceg iddi hi ... dw i 'di addo i Lleuc, do, 'di addo bo' fi am fod yna iddi hi. Geith Anti Gwyneth hanas ei nain gen i ... a ...'

'Ocê'r meddwyn, digon o Lleucu am heno, ia? Gei di ddeud y gweddill wrtha i fory yli, pan ma dy feddwl di'n gliriach.'

'O ia, iawn, ocê 'ta, fory amdani, ga i ddeud pob dim wrthat ti dros frecwast.'

'Reit 'ta secsi, ti'n dal i deimlo'n horni?

'Wwwww, ydw wir, Mr Lewis.'

'Wel, dowch yma 'ta, Mrs Lewis, ma gen i wbath i ddangos i chi.'

Chydig o funudau wedyn, a Mei'n dechra cael blas arni, mi o'n i'n cysgu fel hwch.

'Dan Ni i Gyd ar Daith

Llwyddodd Haf i argyhoeddi Lleucu na fyddai unrhyw dda yn dod o barhau â'r celwydd. Roedd hon yn bennod lawn addewid ac roedd rhaid ei dechrau â gonestrwydd. Felly, penderfynodd y ddwy fynd ar drywydd llechen lân, a dychwelyd i'r gogledd cyn gynted â phosib. Daeth yr amser i Lleucu amddiffyn yr hyn oedd yn ei gwneud hi deimlo mor rhyfeddol o hapus. Roedd yn rhaid iddi wynebu ei rhieni.

Nid y dêt yng Nghaerdydd oedd y cynta, meddai Lleucs wrtha i noson y Pinot Noir a'r *karaoke*. Roedd y ddwy wedi bod yn prysur wirioni â'i gilydd ers oddeutu pedwar mis. Drwy ebyst, galwadau fidio ac ambell noson odidog yn y Metropole yn Llandrindod, ffynnodd gorfoledd o gariad. Felly, roedd hi'n hen bryd wynebu'r byd law yn llaw.

Roedd cael teithio 'nôl gyda'r ddwy ar yr A470 fel ffeindio darn colledig o hen jigso. Chefais i 'rioed *road trip* efo'r genod o'r blaen, a rhoddodd deimlad cynnes o berthyn i mi. Doeddwn ddim yno drwy hap a damwain, nac oherwydd bod 'na reidrwydd ar unrhyw un i roi gwahoddiad i mi, nac am fod unrhyw un yn tosturio wrtha i. Mi o'n i yno am eu bod nhw isio i mi fod. Roedd y tair ohonom wedi penderfynu bysa fo'n hwyl.

Rhoddodd Lleucu seddi Morgan a Guto yng nghefn ei Merc a'r goriadau i Mei. Er iddo orffen ffilmio ar y dydd Iau, roedd awydd ganddo i aros yn y ddinas tan y Sul i fanteisio ar y cyfle i fynd â'r hogia ar daith o gwmpas Stadiwm y Mileniwm a'r castell, a chael noson yn y sinema. Yna ar y bore Sul, wedi brecwast yn Bill's, roedd y tri am gychwyn ar daith epig adref yn yr E-Class. Felly gwnaeth Mei yn siŵr fod ei *aviators* a'i CD Meat Loaf ganddo, cyn i ni genod adael.

Chwarae teg i Lleucu a'i cherdyn platinum, roedd wedi talu am ddwy stafell foethus yn y Metropole, Llandrindod, ar gyfer y nos Wener. Un i mi a Fflur, a'r llall iddi hi a Haf. Yn ogystal â hynny, roedd pryd tri chwrs yng nghwmni dwy botel o Prosecco wedi'i drefnu i'r tair ohonom, a brecwast swmpus i ddilyn bore wedyn. Ar y dydd Sadwrn roedd cynllun ar y gweill i adael tua amser cinio am noson efo'n gilydd ym Mro Derwen, er mwyn rhoi'r byd yn ei le dros tec awê o'r Magic Noodle cyn i'r hogia ddychwelyd ar y Sul.

"Sti be, Luns, ma gynnon ni flynyddoedd o ddal i fyny i neud, a bydd hyn yn ffordd wych i ddechrau ... bydd yn rhoi cyfle i mi ddeud sori,' meddai Lleucu, wrth deipio rhif ei cherdyn credyd i wefan LastMinute.

Gadawon ni'n handi y bore Gwener hwnnw i lawenydd Yws Gwynedd yn canu 'Sebona Fi'. Roedd gynnon ni *latte* poeth bob un a digon i gnoi cil drosto. Felly dyna sut beth oedd o i fod yn un o'r genod. Mi o'n i wrth fy modd.

Fedrwn i'm peidio, roedd yn rhaid tynnu hunlun. Un o'r rheiny dach chi'n dynnu yn y car er mwyn dweud wrth y byd bod chi'n gyffrous i fod yn mynd ar daith. Dwedodd Lleucs ei fod yn iawn iddo fod yn gyhoeddus oherwydd byddai'n edrych fel teulu yn rhannu lifft a dim byd mwy na hynny. Llwyddais i gael y tair ohonom a'n *lattes* i ffitio yn y ffrâm, yn ogystal â Fflur fach yn cysgu, a fy ngwên llawn lipglos. Mi o'n i 'di gwirioni efo fy hun.

'Pawb ddeud sbriiiiiiiiiiiiii!' meddai Haf wrth i mi godi'r ffôn i dynnu'r llun.

#RoadTrip
#teulu
#GenodYnUnig
#GirlPower
#AduniadTeulu
#antur

Roedd ein datganiad o gyfeillgarwch yn gyhoeddus ar Facebook cyn i ni basio'r arwydd am Castell Coch. Erbyn i ni gyrraedd y silff clytiau babis yn Boots ym mharc siopa Cyfarthfa, Merthyr, roedd y clecs wedi cyrraedd Anti Gwyneth. Daeth dau beth yn annifyr o glir i mi y bore hwnnw. Yn gynta, pa mor afiach o feddiannol oedd Anti Gwyneth o fy nghyfnither, ac yn ail, cymaint roedd hi'n fy nghasáu i. Doeddwn i'm 'di gneud unrhyw beth i haeddu cael fy ngalw'n ddafad ddu.

Roedd fy stafell yn y Metropole yn hyfryd. Wrthi'n plygu'r blancedi fewn i'r *travel cot* o'n i pan ddaeth yr alwad gan Shoned – roedd hithau wedi cael ei hysgogi i gysylltu wedi pum munud busneslyd ar Facebook. Mi o'n i 'di cynllunio setlo'n braf i'r stafell a chael bath â *spritzer* bach tra oedd y genod yn mynd â'r fechan am dro o gwmpas y dref. Ond taflodd Shoned fi'n llwyr oddi ar fy echel ac erbyn i Haf fod yn cnocio ar ddrws fy stafell gyda babi llwglyd, mi o'n i 'di gorffen pob bisgedyn o'r casgliad te a choffi, 'di yfed dau *sachet* o siocled poeth a chladdu honglad o Eton Mess o'r fwydlen *room service*.

'Reit, dw i jest yn mynd i ddod *straight out* a deud o, Luned – dw i 'di gweld llun chdi'n smalio bod yn *best friends* efo'r Lleucu Blydi Swyn a dw i di diseidio bo' ni angan ca'l *chat*, siriys *chat*. Gynnaf i wbath i ddeud wrtha chdi ... ma fo'n bwysig *for the sake* o'r plant a baliu. So dw i'n dod i tŷ chdi nos fory ocê? Tecstia fi i ddeud faint o'r gloch. Ti jest goro trystio fi tan hynny. Wela i chdi nos fory,' a rhoddodd y ffôn i lawr. Sôn am ddifetha'r noson.

Roedd y swper yn y Radnor & Miles Restaurant yn y gwesty yn fendigedig a Fflur fel yr aur. Ond roedd galwad Shoned wedi fy siglo. Wrth gwrs, roedd gen i angen bwydo Fflur, ac i fod yn ddigon o gwmpas fy mhetha i ddreifio'r bore wedyn, felly doedd 'na'm diferyn o'r gwin pefriog ar gael i leddfu'r pryder.

Nes i'm aros am bwdin. Doeddwn i ddim isio dwyn y noson gyfan oddi ar y cariadon. Gadewais Lleucu'n byseddu clun Haf yn ddistaw bach o dan y bwrdd, a'i throi hi am y lifft gyda'r addewid bod y ddwy am dreulio'r nos Sadwrn efo fi ym Mro Derwen, er mwyn bod yn gefn. Do'n i ddim am wynebu Shoned a'i chyfrinachau ar fy mhen fy hun. Roedd gen i gryfder chwaergarwch tu cefn i mi am y tro cynta yn fy mywyd, a phleser llwyr oedd medru manteisio ar hynny.

Y Swper Olaf

Daeth Shoned i'r tŷ mewn fflip-fflops, ac er gwaetha anffurfioldeb ei thraed, roedd y gweddill ohoni'n hynod drwsiadus. Edrychai fel petai hi ar ei ffordd i gyfweliad. Darganfyddais nes ymlaen mai wedi gwneud ymdrech oherwydd difrifoldeb y sefyllfa oedd hi.

'Be ma'r bitsh yma'n da yn fama!' poerodd, gan nodio ei phen i gyfeiriad Lleucu oedd yn prysur droelli corcyn potel win.

Wrth ryw drugaredd roedd Lleucu wedi clywed digon am natur Shoned i ddeall pam ei bod yn ymateb iddi mor sarhaus. Gwenu'n dawel wnaeth hi a pharhau i agor y Pinot.

Er fy mod wedi gofyn iddi ddod am saith i roi amser digonol i ni fwyta, fe laniodd Shoned am chwech ar ei ben, a minnau'n tyrchu drwy bowlen o *prawn crackers*. Cerddodd yn dalog i'r consyrfatori, gafael mewn cadair a gwneud ei hun yn gyfforddus wrth y bwrdd. Chwarae teg i Haf, aeth ati ar ei hunion i nôl plât ychwanegol er mwyn i'n gwestai ymuno yn y wledd.

'O ffeind 'de, 'sgen ti gwrw hefyd?'

Cododd Haf eto, y tro hwn i fynd i chwilota drwy gyflenwadau amrywiol Mei yng nghefn y garej.

Mewn dim o dro roedd y pedair ohonom wrth y bwrdd. Teimlai'n rhyfeddol debyg i'r Swper Olaf. Pawb yn fud, dysglau bwyd yn cyfnewid dwylo o gwmpas y bwrdd, a minnau â'r reddf fod rhywbeth tyngedfennol ar fin digwydd.

Wedi i ni gyd lwytho ei platiau'n ddigonol (wel, dw i'n dweud digonol, roedd ein gwestai 'di pentyrru ei un hi fel tasai hi 'di bod ar ei chythlwng), rhoddais gais ar annog Shoned i gychwyn arni gyda'i 'siriys *chat*' er mwyn i ni ei gael o 'allan o'r ffordd'.

'Tydy hwn ddim yn wbath ti'n gallu ga'l allan o ffordd, Luned!' meddai'n flin. 'Nei di ddallt hynny mewn munud!'

Roedd llygaid y tair ohonom ar Shoned bellach a honno'n dweud dim. Stwffiodd belen cyw iâr i'w cheg a chymrodd lymaid o gwrw cyn torri gwynt, sychu ei gwefus ac edrych arna i â llonyddwch ei hwyneb.

'Ma Mam fi newydd ga'l pen-blwydd hi,' oedd y datganiad cynta wnaeth hi. 'Roedd o'n ben-blwydd sbeshal,' meddai wedyn, fel petai hi'n blentyn ysgol feithrin. Doedd hi'n amlwg ddim yn barod i ddatgelu unrhyw beth o bwys eto, felly hanner gwrando wrth fwyta nath y tair ohonom.

'Roedd hi'n *fifty*!' Cododd ei llais i ennyn sylw.

'O, wel, llongyfarchiadau mawr i dy fam,' meddwn, mewn ymdrech i ddangos diddordeb.

'Ti'n dda 'fo maths, Luned?' Parhaodd â'i mwydro.

'Wel, nes i ymdopi'n ddigon da yn yr ysgol, ond fedra

i'm deud bo' fi'n arbenigwr. Pam? Be ti angen gwbod am faths? 'Dan ni am neud syms rŵan, ydan Shoned?' gofynnais yn ysgafn.

'Paid â dechra cymud y pis ohonaf fi a bod yn sarcastig a ballu ocê, Luned?'

'Ocê, sori, ond yn enw'r tad, be sydd gan unrhyw beth i neud efo maths? Ti'n amlwg yn osgoi trafod be nest ti ddod yma i ddeud, ac i fod yn onest 'sgen i'm mynadd efo'r mwydro 'ma. Nei di plis jest deud beth bynnag ti angen deud, i ni gael o allan o'r ffordd?'

'Dw i'n trio handlo subject rili sensitif yn fan hyn, so ti jest yn mynd i orfod bod yn *patient* efo fi.'

'Ocê, iawn, dw i'n gwrando, ma'r tair ohonom yn gwrando. Ond neith osgoi'r peth ddim gneud o'n haws, na neith? Rŵan, amdani, ia?'

Ond oedodd Shoned, a stwffiodd belen cyw iâr arall i'w cheg yn gyfan, a'i chnoi â'i llygaid ar gau, cyn ei golchi i lawr â llymaid arall o gwrw Mei. Collais innau ddiddordeb.

Deud y gwir roedd gen i ofn bo' gan hyn i gyd rywbeth i'w wneud efo Gethin ... unwaith eto. O'n i'n teimlo rhywsut bod 'na'm diwedd yn mynd i fod i'r niwed roedd yn achosi i eraill ... tybed beth fysa'i gysylltiad â Shoned yn gallu bod? Doedd bosib ei fod wedi bod efo hi hefyd? Collais ddiddordeb yn fy mwyd.

Cododd Shoned ei phen.

'Ti cofio fi'n sôn bod mam fi'n *fifteen* pan gafodd hi babi cynta hi?'

'Ydw, dw i'n cofio chdi'n sôn am hynny pan oeddan ni'n y sbyty. Hogyn bach ia?'

'Na, hogan.'

'Reit, a nath ryw berthynas fagu'r plentyn, do?'

'Naddo, doedd Mam ddim yn nabod nhw. Nath hi orfod mynd i Lerpwl i geni babi hi, a nath Taid drefnu i teulu arall heb blant adoptio hi drw' capal.'

'O, wela i.'

'So os di Mam fi'n *fifty*, fysa hogan hi tua *thirty five and a half* rŵan.'

Oedodd Shoned am funud ac edrychodd o'i chwmpas, fel tasai hi 'rioed wedi bod yn y tŷ o'r blaen.

'Gafodd hi pen-blwydd lyfli, ond roedd tristwch mawr yn bol hi achos ma' darn bach ohoni hi dal yn *devastated* am babi hi. Ma hi'n lyfio fi a Bleddyn a Dad gymaint, a ma hi'n deud bod hi'm yn gwbod be sa hi neud heb ni gyd ... ma hi'n deud na ni 'di *whole life* hi. Ond hefyd 'de, pob tro ma 'na *special occasion* neu wbath, ma hi'n meddwl am babi hi ag yn ypsetio.'

'Wel, dw i'n rili sori am hynny, Shoned, ma'n rhaid ei fod yn beth anodd i fyw efo fo. Ond wir i chdi, tydw i ddim yn deall o gwbl sut fedra i helpu efo hyn?'

Y funud honno daeth sŵn aflonydd dros y monitor babi, a dechreuodd Fflur baratoi i grio. Cododd Haf ar ei hunion.

'A' i ati 'sti cyw, paid â phoeni,' meddai mewn sibrydion, fel petai hi'n tendio rhag styrbio'r sgwrs. Y sgwrs oedd yn mynd i nunlle.

'O diolch i ti, Haf. Gwranda, gen i lefrith yn barod yn yr oergell, jest angen c'nesu, fel medra i gael gwydrad neu ddau heno.'

Diflannodd Haf. Yna fel tasai wedi darllen fy meddyliau, llenwodd Lleucu fy ngwydr.

'Sa well i mi fynd at Haf?' gofynnodd wrth dollti. 'I helpu?'

'Na!' meddai Shoned ar ei ben. 'Ti angen clŵad hyn hefyd!'

Felly, eisteddodd Lleucs yn ddistaw a lapio ei dwylaw am ei gwydr fel tasai ganddo'r gallu i'w harbed rhag niwed.

Aeth Shoned yn ôl iddi.

'Ti'n tri deg pump dwyt, Luned?'

'Ydw.'

'Wel, dw i'n meddwl ella bod chdi'n nabod hi.'

'Pwy, merch dy fam?'

'Ia.'

'Gwestiwn gen i, Shoned, fysa hi'm yn byw rownd ffordd hyn, na fysa, debyg?'

'Ma hi *yn* byw pen yma, Luned, deffinytli.'

'Be, go iawn?'

'Go iawn!'

Oedais. Yna gwelais y goleuni.

'O Shoned, *dyna* pam nest ti ofyn am gael fy rhif ffôn gan y fydwraig 'na yn y sbyty. Dw i'n dallt rŵan. W'sti be, dw i 'di gyrru fy hun yn nyts yn pendroni am hyn a wir yn methu dallt pam bod chdi isio cadw mewn cysylltiad efo *fi* o bawb? Pam bod chdi isio i *ni* fod yn ffrindia? Pam yr holl tecsts a'r negeseuon ar Facebook a ballu ... rŵan mae o i gyd yn gneud synnwyr. Meddwl ella bysa gen i gysylltiad efo dy hanner chwaer, neu byswn i rywsut yn cytuno i helpu chdi ffeindio hi? Felly smalio bod ni'n ffrindia a ryw ffwcin llyfu tin i weld be sa ti'n medru ga'l allan ohona i – dyna pam yr holl gwestiynau yn y sbyty a'r busnesu mewn i 'mywyd i, a finna'n ddigon gwirion i ddeud petha wrthat ti dyliwn fod wedi gadw i mi fy hun. Ai dyna pam nath Kev gynnig trwsio'r sinc am ddim a ballu? Blydi hel, de! Sa ti jest 'di medru bod yn onast, Shoned, lle malu cachu fel hyn. Pam bod chdi 'di goro bod mor dan din? Pam na fysat ti jest 'di gofyn yn lle cynta?'

Codais a'i throi hi am y gegin i nôl potel arall. Agorais ddrws yr oergell, a rhoi diawl o sgrech. Arhosais yno am rai munudau i ymladd â'r corcyn o'r botel. O'n i 'di gwrando digon arni a do'n i'm eisiau cael fy nhynnu fewn dim mwy.

Pan ddychwelais i'r consyrfatori, roedd Shoned yn udo crio ar ysgwydd Lleucu. Doeddwn i erioed wedi gweld Shoned yn crio o'r blaen.

Gosodais y botel ar y bwrdd, ac yna cerddodd Haf i mewn.

'Ydy popeth yn iawn?' gofynnodd.

'Ffyc *knows*, Haf,' oedd yr unig ateb fedrwn roi iddi. 'Ydy Fflur yn ocê? Oes isio i mi fynd ati?'

'Na, ma Fflur yn tsiampion, 'di cael llond ei bol, 'di torri gwynt ac ar fin cysgu. Ond nath dy sgrechiad di'm helpu iddi setlo, 'de. Be haru chdi?' Yna trodd at Shoned. 'Nefoedd, be sy, Shoned? Be sy wedi digwydd? Ti'n ocê, cyw?' a rhwbiodd ei braich.

Rhywsut ffeindiodd Shoned ei hun mewn cwtsh brechdan rhwng Haf a Lleucu, fel hogan fach ar goll. Roedd y ddwy yn ei chysuro mor garedig. Llonyddodd ei hanadl a chododd ei phen i edrych arna i, y masgara yn gymylau llwyd o amgylch ei llygaid. Roedd gen innau bechod drosti mwya sydyn.

'Luned,' meddai'n dawel. 'Dw i'n gwbod pwy 'di hogan mam fi. Dw i'm isio help i ffeindio hi, dw i 'di ffeindo hi'n barod.'

'Felly be ti isio gen i, Shoned? O God, *ma* hyn i neud efo Gethin, dydy? Paid â deud bo'r blydi Nerys Hafod Isaf 'na'n hanner chwaer i chdi? Ma honno'n dri deg pump! O blydi hel ... o'n i'n gwbod, o'n i'n gwbod bysa fo'n rhywsut yn dod 'nôl i'm mrifo fi eto ... Wel, diolch, Shoned, iwsio fi i gael drwodd at Gethin a Nerys i chdi ga'l chwarae *happy* blydi *families* ... tipical.' O'n i'n gandryll.

Roedd Shoned dan deimlad difrifol erbyn hyn. 'Na, Luned, na. Sud bod chdi'm yn sylwi ar be dw i'n trio deud wrtha chdi? Sud bod chdi'm yn gweld o? Sud bod chdi'm yn gweld y trwth? Mae o yna reit yna o flaen llygad chdi. Chdi ydy hi, Luned.'

'E? Be ar y ddaear ti'n feddwl?'

'Chdi 'di hanner chwaer fi. Chdi 'di babi mam fi. Chdi ydy hi, Luned. Chdi!'

Chwarddais, chwerthin uchel, gorffwyll. 'Iesu, Shoned, paid â bod yn *ridiculous*!' Yna chwarddais eto.

Ond crio mwy wnaeth Shoned.

Tynnodd Lleucu ei breichiau'n rhydd ac edrych at wyneb Shoned. 'Gwranda, Shoned,' meddai, 'dw i'n gwbod bod hyn yn sefyllfa emosiynol iawn i chdi a bod chdi bron â marw isio ffeindio dy hanner chwaer, ond wir yr, ma 'na ryw ddryswch mawr yn rhywle. Merch Anti Doris ac Yncl Guto 'di Luned. Ella bod hi tua yr un oed â dy hanner chwaer, ond mae 'na gannoedd o ferched eraill hefyd. Ella bod 'na ran ohonat ti isio iddi hi fod yn Luned, ond nid Luned ydy hi, 'sti, Shoned. Fedar hi ddim bod, wir i ti ... a beth bynnag, yn sbyty Bron Saint gafodd Luned ei geni, fel fi, dim yn Lerpwl.'

'Ymmmm, nage, Lleucs ...' dywedais. 'Yn Lerpwl *ges* i 'ngeni. Roedd Mam a Dad ar eu gwylia yno ar y pryd.'

'O, wela i ... ond, ond 'di hynny ddim yn meddwl unrhyw beth, nacdi?' Roedd cryndod bach yn llais fy nghyfnither.

Estynnodd Shoned ar draws y bwrdd i afael yn fy llaw. Mi o'n i'n rhy swrth i ymwrthod.

'Luned, nath Mam geni babi hi ar *thirty-first of October, nineteen eighty two* – diwrnod Halowîn.'

'Dyna ydy fy mhen-blwydd i,' nodais.

'Ia, dw i'n gwbod.'

'Ond eto, dydy hynny ddim yn profi unrhyw beth, jest cyd-ddigwyddiad ydy o 'de?'

'Gwranda, ti'n gwbod y llun 'na oedd 'di ripio yn toilet chdi? Fi nath roid o yna pan o'n i 'di gwylltio efo chdi. Llun nath mam chdi yrru i mam fi oedd o ar ôl iddyn nhw adoptio chdi. Y llun ma hi 'di cadw am byth. Pan welish i llun 'run fath yn disgyn o bag chdi yn hospitol, amsar hynny nath ceiniog fi syrthio.'

'Ond, ond ma rhaid bod 'na ryw fath o gamgymeriad, Shoned. Ma'n rhaid bod rhywun yn rhywle 'di drysu, ma rhaid bod 'na! Fy mam nath fy ngeni fi ... er, tydy o'm yn rhywbeth ma hi 'rioed di siarad amdano ... ond ...'

Roedd y ddwy ohonom yn ein dagrau bellach.

'Na, Luned, does 'na ddim camgymeriad, dw i'n gwbod hynny ffor deffinet rŵan ... dw i 'di gneud y *research* i gyd. Chdi 'di chwaer fi ... go iawn. Nath mam chdi ddeud celwydd wrtha chdi.'

'Ond fedar o ddim bod yn wir ... fedar o ddim.'

Yn sydyn cododd Lleucu o'i heistedd. 'O fy Nuw, Luned! Mae o *yn* wir ac roedd Mam yn gwbod, ma Mam *yn* gwbod, ma hi 'di gwbod erioed, ma'n rhaid bod hi. Dyna pam y rwtsh 'na drwy'r adeg am deulu *dysfunctional* a chdi'n bod yn ddafad ddu a ballu ... dyna pam doedd hi ddim isio ... o fy Nuw ... o Luned, rŵan dw i'n weld o a fedra i'm... o yr ast uffar iddi! Dyna pam doedd hi ddim isio i fi fod yn ffrindia efo chdi.' Roedd Lleucu 'di styrbio'n lân.

Edrychais fyny arni.

'Dw i jest yn methu credu hyn i gyd, Lleucs. Ydy fy mywyd cyfan i'n gelwydd?' Llenwais fy ngwydr. 'Blydi hel 'de, dw i 'di treulio blynyddoedd yn breuddwydio am gael mam wahanol i'r un oedd gen i, a rŵan dw i'n ffeindio allan am hyn a dw i'm isio credu'r peth ...' Troais i edrych 'nôl ar Shoned. 'Dw i jest ddim isio credu fo, Shoned ... dw i jest ddim.'

Roedd tosturi ar ei hwyneb.

'Luned, Taid Raymond fi nath sortio'r *adoption* drw capal, a taid chdi y gwenidog nath contactio fo i ddeud bod merch fo yn methu ca'l plant a bod nhw isio adoptio babi. Aparyntli roedd o'n digwydd lot ers talwm efo pobol *religious* a ballu ... dim yr *infertility*, ond yr *adoption*. Nath mam a dad chdi fynd i'r hospitol yn Lerpwl i nôl chdi gan taid fi ar ôl i mam geni chdi. Ma papura *adoption* Mam gynno fi fan hyn yn bag fi, ma enw rhieni chdi a *signatures* nhw arno fo. Dw i'n sori Luned, dw i'n gwbod bod chdi ddim isio fo fod yn wir, ond dyna di'r trwth. Ma siŵr ma dyna pam bod mam chdi 'di bod mor distant efo chdi am flynyddoedd.'

Ond ... be am ...' Roedd siarad yn faich bellach. 'Be am Dad? Pam na fysa fo ... o na ... o Dad bach...'

Daeth Lleucu i eistedd yn y gadair wrth fy ochr a dechreuodd rwbio fy nghefn mewn cylchoedd mawr, wrth iddi boeri casineb drwy neges testun tuag at ei mam.

'Ma'n rhaid ma dyna oedd o'n trio deud wrtha i jest cyn iddo fo farw ... o Dad, yr aur.'

Ac yna heb drefniant blaenllaw, heb ddatganiad na heb ffwdan, cawsom ddwy funud o dawelwch er cof am Dad.

'Luned, ma 'na wbath arall ti rili angan gwbod. Nath Mam deud wrthaf fi unwaith bod *adoptive father* y babi, dad chdi, 'di contactio hi pan oedd y babi ... yr hogan fach ... wel, chdi rili, yn bump oed. Ond roedd o 'di neud o i gyd yn *secret* achos doedd gwraig fo ... mam chdi, ddim yn gwbod dim byd am y peth. Roedd o'n teimlo yn sori drost mam fi ac isio hi ga'l gwbod bod chdi'n gneud yn ocê, so nath dad chdi gyrru llythyr i mam fi a nathon nhw cyfarfod yn pendraw traeth Carreg Wen un diwrnod a nath o ddangos llunia ohona chdi iddi hi. Aparyntli roedd mam chdi 'di roi troed hi lawr a deud bod hi ddim isio i chdi byth wbod bod chdi 'di ca'l dy adoptio, a nath hi thretnio dad chdi efo difôrs a cysdydi os bysa fo'n deud. Felly nath Mam byth clwad gan dad chdi eto ... ma siŵr bod o gymaint o ofn colli chdi. Felly dyna pam nath dad chdi byth deud dim byd.'

Peth diawledig ydy cael eich hunaniaeth wedi ei chwalu mewn un sgwrs flêr dros tec awê ar nos Sadwrn. Mi o'n i newydd fod yn gorfoleddu mewn teimlad o berthyn, ac yn dathlu cyfaddawdu â Lleucu fy nghyfnither ... a hithau ddim yn gyfnither i mi wedi'r cyfan. Mi o'n i ar gyfeiliorn eto.

Cododd Shoned ar ei thraed. 'Dw i'n meddwl bo' fi 'di deud digon,' meddai gan godi ei chôt oddi ar gefn y gadair. 'Luned, dw i'n sori bo' fi 'di brifo chdi. Dw i'n meddwl sa well i fi fynd rŵan, dw i 'di gneud digon o trwbwl am un noson. Os tisio, na i adal llonydd i chdi a peidio deud dim byd wrth neb am hyn. Na i gadw fo'n *secret* a gei di mynd 'nôl i bywyd normal chdi.'

'Does na'm byd yn normal am fy mywyd i, Shoned.'

'*In all honesty*, does dim byd yn normal am bywyd neb, Luned.'

'Ydy dy fam yn gwbod amdana i Shoned? Ydy hi'n gwbod bod chdi yma heno?'

'Nacdi, dydy hi ddim yn gwbod. Does 'na neb yn gwbod ond ni. Do'n i'm isio risgio brifo Mam, so nesh i penderfynu dod i siarad efo chdi gynta, jest rhag ofn. Nesh i ffeindio'r papura *adoption* yn *filing cabinet* Mam a dod â nhw o tŷ yn ddistaw. Gen i copi i chdi gadw. Ond sdim raid i Mam wbod dim byd am hyn, Luned. O'n i jest yn meddwl bod o'n bwysig i *chdi* wbod, *especially* ar ôl i chdi deud pob dim wrthaf i am mam chdi a ballu ... o'dd o'n torri calon fi i glwad bod hi'n bod yn gymaint o bitsh efo chdi, ac o'n i'n gweld bod o'n brifo chdi lot ag yn gneud chdi'n conffiwsd ... a wel ... dw i'n licio chdi, chdi a plant chdi a gŵr chdi, dach chi'n bobol da ... ac on i'n licio'r idea o ga'l chwaer. Ond siriysli, os ti isio llonydd, *I understand*, na i ddim deud dim byd wrth neb, *especially* Mam. Na i fynd o bywyd chdi a byth sôn am y peth eto.'

Llithrodd fy hanner chwaer ei breichiau i mewn i'w chôt, a gosod y copïau o'r papurau mabwysiadu ar y bwrdd.

'Ti gwbod be, Luned?' meddai, wrth godi ei bag ar ei hysgwydd. 'Ti mor, mor debyg i Mam ... Carys 'di enw hi ... ma gynnoch chi'r un llgada.'

Gwyneth

Doedd lolfa'r aelodau yn y clwb golff heb newid dim ers y saithdegau. Roedd o'n odidog. Fan'no roedd Anti Gwyneth pan gyrhaeddodd negeseuon testun lliwgar Lleucu. Roedd wedi gosod ei hun ar gopa stôl dal ar bwys y bar, a bochau chwyddedig ei thin yn ymladd â'i throwsus *linen* gwyn ac yn bolio dros ymylon y stôl. Yng nghwmni gwraig y cadeirydd roedd hi, y ddwy yn clochdar yn oriog ond di-glem am *the benefits of a Conservative government* rhwng cegeidiau o *gin & orange*.

Hoffai Gwyneth wneud ffỳs pob tro y canai ei ffôn, rhag i neb feiddio amau ei phoblogrwydd. Wrth reswm, roedd y ffôn diweddaraf ganddi, yn disgleirio mewn cas euraid a di-chwaeth wrth ei hymyl ac yng ngolwg pawb ger y bar. Roedd amlygrwydd ei ffôn yn angenrheidiol, rhag i Lleucu 'pingio' i grybwyll ei bod hi'n sipian Prosecco efo Sarra Elgan neu Porn Star Martinis efo Stifyn Parri, datganiadau oedd yn rhy felys i beidio eu rhannu'n gyhoeddus. Doedd o'm yn syndod, felly, iddi fod wedi ddechrau llafarganu 'O Lleucs, Lleucs ni!' dros y lle pan hysbysodd ei ffôn fod 'na neges. Dylai bod Anti Gwyneth wedi cau ei cheg a darllen y negeseuon yn dawel, cyn datgan i weddill y stafell bod 'Lleucs ni 'di cysylltu!'

Roedd Barbara, gwraig y cadeirydd, yr un mor fusneslyd â fy modryb, felly yr eiliad ddaeth y datganiad bod 'na neges gan Lleucu, dechreuodd siglo ei stôl o ochr i ochr fel pengwin i gyfeiriad Gwyneth, nes iddi fod mor agos, roedd blowsys polyester y ddwy'n creu trydan statig. Os oedd sôn yn mynd i fod am selébs, roedd rhaid iddi gael bod yn rhan ohono. Yna bysa hi'n mynd ati yn y cyfarfod Merched y Wawr nesa i gyfeirio at Gwyneth fel ei 'ffrind gorau', gyda'r gobaith o weld Lleucu yn dychwelyd un diwrnod â honglad o fodrwy ddyweddïo ar ei bys, modrwy gan rywun oedd â thudalen ei hunain ar Wikipedia. Erbyn hynny, mi fysa Barbara yn siŵr o fod wedi gwneud digon o lyfu tin i sicrhau gwahoddiad i'r briodas fawreddog.

Bu bron i Gwyneth dagu ar ei cheiriosen goctêl pan welodd y geiriau 'ast gelwyddog' ar y sgrin. Ond wrth ymladd i droi oddi wrth lygaid Barbara, fe ddisgynnodd oddi ar ei stôl, ac yn glep ar ei thin ar y llawr *parquet* o flaen y bar. Aeth petha i lawr yr allt yn sydyn iawn wedi hynny, ac fe ymadawodd Barbara a mynd i rannu bwrdd efo Marian Jenkins, gwraig Breian cerrig beddi, oedd newydd brynu carafán *top of the range*.

Am hanner awr wedi naw y noson honno, a'i lipstig seimllyd, or-binc wedi llithro'n goman tu hwnt i ymylon ei gwefusau, roedd Gwyneth yn rhochian crio am 'ffwcin lesbians' a 'blydi liberals', a'r ormodaeth o *gin & orange* wedi codi dŵr poeth arni. Cafodd ei llusgo i dacsi am ddeg, gyda Jeff yr ysgrifennydd ar un ochr iddi, a Cledwyn y cadeirydd yr ochr arall, yn ei harwain fel hwch yn y Sioe Fawr. Yn anffodus i Gwyneth, roedd si ar led nad oedd hi'n mynd i gael dychwelyd i'r clwb. Nath hi 'rioed godi cymaint o gywilydd arni hi ei hun.

Rai oriau wedyn, cododd ei hun a'i Alka-Seltzer ar ei heistedd yn y *single divan*. Teimlai golled Yncl Richard mwya sydyn. Roedd hi'n bymtheg mlynedd ers iddi fynnu bo'r *king size* yn cael ei rannu'n ddau, a bod Richard ddim mwyach am gael y pleser o deimlo'i chluniau boliog ym mherfeddion y nos. Ond drwy ryw drugaredd, roedd gan Gwyneth lun mewn ffrâm o Hywel Gwynfryn wrth ochr ei gwely, felly roedd rhaid i hwnnw wneud y tro. Oedd, roedd cysur rhyfeddol i'w gael o fod â chwmni crysh pan oedd bywyd ar ei dywyllaf a neb arall ar gael. Trodd ato i adrodd ei stori a thorrodd ei chalon yn llwyr.

Wedi cyffesu popeth wrth wên drugarog Hywel, aeth ati i yrru llif o negeseuon annidwyll i Lleucu. Ceisiodd Lleucu ymateb i weddill cwestiynau ei mam gyda phwyll. Ond collodd fy nghyfnither amynedd wedi i'w mam ddatgan bod hi wir yn gobeithio mai'r 'hogan arall' oedd yr un *butch* yn y berthynas. Felly am un o'r gloch y bore, aeth petha'n drech â Lleucu, a throdd ei ffôn i ffwrdd yn ogystal a gwahardd rhif ei mam, cyn troi at Haf (oedd ddim yn *butch* o gwbl) am gwtshys.

Ond doedd Gwyneth ddim wedi'i bodloni. Roedd yn rhaid i rywun fod ar fai am hyn i gyd, ac aeth ati i yrru negeseuon candryll at Mam. Roedd hi'n syndod, a'r ddwy mor debyg, bod y chwiorydd yng nghyfraith yn gymaint o elynion, ond felly roeddynt wedi bod ers blynyddoedd. Llwyddodd Gwyneth, yn nhwll y nos, i argyhoeddi ei hun mai twyll fy mam am fy mabwysiad i oedd wedi chwalu'r teulu, a hebddo bysa Lleucs wedi troi allan yn *normal*. Nefoedd, roedd eisiau gras.

Mae'n rhyfeddol pa mor ddiymatal mae rhywun yn gallu bod y tu ôl i sgrin. Treuliodd Anti Gwyneth awran go lew y noson honno yn taflu cyhuddiadau budur at fy mam drwy negeseuon testun meddwol. Ymateb fy mam, wrth gwrs, oedd taflu rhai yr un mor ffiaidd yn ôl. Credai'r naill bod y llall yn fam waeth. Oedd, roedd y ddwy yr un mor pathetig â'u hesgusodion, a'r un ohonynt yn fodlon cymryd unrhyw gyfrifoldeb dros gamgymeriadau'r gorffennol. Tristwch mawr y sefyllfa, wrth gwrs, oedd y ffaith bod y ddwy yn methu'n llwyr â gweld y gwir: bod cariad rhiant i fod yn gwbl ddiamod.

Credai Gwyneth fod hi wastad wedi bod yna i Lleucu, yn gwneud yr hyn oedd yn iawn. Oedd, mi oedd hi wastad yna, gyda thoreth o amodau niweidiol. Magodd ei merch mewn caethwasgod a greodd flynyddoedd o boen. Petai hi ddim ond wedi cymryd yr amser i ddod i adnabod Lleucu yn iawn, i adael iddi hedfan yn rhydd a chael ei rhyfeddu gan ddifyrrwch ei chymeriad.

Doris Elen

Credai Mam mai'r penderfyniad gorau nath hi ar fy nghyfer i oedd gadael i Dad fy magu.

'*It was complicated* a nes i drio fy ngora, ond ar ddiwedd y dydd nesh i neud *what was best for you.*'

Roedd Dad eisiau plant. Er lles cynnal delwedd, roedd Mam-gu a Tad-cu Mans eisiau ŵyr neu wyres, ac oedd, ar y cychwyn, roedd Mam eisiau plant hefyd. Ond cynta gyrhaeddais ei chôl fe newidiodd ei meddwl. Penderfynodd o fewn yr wythnos gynta nad oedd ganddi gariad i gynnig i blentyn o groth rhywun arall wedi'r cyfan. Felly doedd hi ddim am wneud yr ymdrech. Pam dylai hi? Doeddwn i'm yn mynd i dyfu i edrych yn debyg iddi hi mewn unrhyw ffordd. Mi o'n i'n llawn genynnau diarth, yn ail law, ac yn ei thyb hi, yn llygredig. Sut y gwyddai hi pa ddiffygion oedd yna' i? Doedd ganddi hi ddim sicrwydd y byswn i'n tyfu i fod yn rhywun y gallai fod yn falch ohoni, felly doedd hi ddim am gymryd y risg. Doedd ganddi chwaith ddim yr amynedd i fy nhrin i fel prosiect, fel y gwnaeth Anti Gwyneth gyda Lleucu. Felly, troi ei chefn arna i a fy ngadael ym mreichiau Dad nath hi. Ond gwnaeth yn siŵr ei fod o'n deall yn iawn mai ei adael o ac ymladd am berchnogaeth ohona i y bysa hi, tasai fo'n meiddio dweud wrtha i am y mabwysiad.

Roedd Dad wedi gwirioni o'r funud y gwelodd fi. Rhoddodd y gorau i'w waith fel pensaer ac aeth Mam yn ôl i ddysgu wedi cyfnod estynedig i ffwrdd yn 'ystyried gweddill ei gyrfa ac yn cael babi'. Ymfalchïodd mewn adrodd stori ffals i'w chyd-weithwyr am feichiogrwydd hawdd, beichiogrwydd y llwyddodd i'w guddio am fisoedd oherwydd 'i bod hi mor dal a mor ffit. Ychwanegodd fod hi wedi darllen am y fath straeon yn y *Daily Mail*, ond erioed wedi meddwl y bysa fo'n digwydd iddi hi. Broliodd am enedigaeth hawdd a chwim. Broliodd mai hi oedd yr un oedd yn ennill bywoliaeth ar gyfer y teulu, a'i gŵr oedd yr un adra yn golchi clytiau. Broliodd am ba mor hawdd bu iddi gael ei siâp yn ôl. Broliodd ei hun gymaint nes denu sylw melys un o'r llywodraethwyr wedi cyfarfod hwyr un nos Iau.

Roedd hi'n blyg dros gist ei Rover Vitesse, yn trio cael trefn ar bentwr o lyfrau gwaith cartref 1C pan ddaeth Carwyn Puw rhyngddi hi a'r golau stryd. Roedd gweddill staff yr ysgol wedi gadael. Stwffiodd Carwyn ei law i fyny ei sgert a thynnodd ei theits i lawr. Roedd Doris Elen wrth ei bodd a rhoddodd wahoddiad iddo i'r sedd gefn, cyn cau y drws yn glep a charu'n flêr ar noson dywyll o Dachwedd. Carwyn oedd ei affêr cynta – dewis da, gan ystyried ei rôl ar y panel penodi. O fewn chwe mis roedd Mam wedi cael swydd y pennaeth. Doedd ganddi hi'm llawer o angen Carwyn wedi hynny, a chollodd ddiddordeb.

Pan ddaeth cais gan y cyngor i gael mwy o gydweithio

rhwng ysgolion lleol, cafodd Mam esgus perffaith i ymweld yn rheolaidd â swyddfa dawel Dr G. Edwards ar lawr uchaf yr hen *county school*. Am bedwar ar ei ben, unwaith yr wythnos, bysa hi wrth ei ddrws yn cnocio, unwaith, ddwywaith ac unwaith eto, er mwyn sicrhau mai hi oedd yr unig un i'w weld ar bwys y lledr gwyrdd ar ei ddesg, yn gwisgo dim byd ond ei drôns a'i dei.

Does wybod sawl affêr gafodd hi yn y blynyddoedd cynnar yna, ond roeddwn i'n bymtheg oed pan dechreuodd ymweld yn gyson â Chaer ar y penwythnosau.

Ar ôl iddi ddewis ymddeoliad cynnar 'ar sail iechyd' (neu cael ei gorfodi i adael ar ôl iddi gael ei darganfod ar ei phenagliniau o flaen Dr G. Edwards yn y storfa – oedd, roedd y ddau wedi mynd yn esgeulus braidd), fe ddiflannodd y cyfleon i chwarae'n fudur. Dechreuodd Doris weld eisiau'r cyfarfodydd hwyr yn yr ysgol. Roedd hi adra, wedi diflasu, ac yn poeni na wnâi ei hincwm barhau i gynnal ei bywyd moethus. Felly, gan fod hi eisoes wedi hen arfer â thwyll, doedd o'n ddim iddi fynd ati a chreu proffil ffug ar wefan, lle roedd cannoedd o ddynion cefnog, ym machlud eu bywydau, yn chwilio am ferched fengach i lonni eu dyddiau llwyd. Chymrodd hi ddim o dro i ffeindio David, a phenderfynodd Doris, ar sail ei gynilion a'i fodlonrwydd i drio petha newydd yn y stafell wely, ei bod hi am ei gadw fo.

Erbyn hynny, roedd y gagendor rhyngddi hi a Dad yn rhy lydan i'w bontio. Doedd Dad ddim yn ei nabod hi mwyach. Ond aros yn driw nath o er fy lles i, gan gau ei geg am y mabwysiadu a'r godineb. Credai Dad fod byw gyda Mam mor bellennig ac oeraidd yn ddigon o gosb i un ferch. Felly, smaliodd am flynyddoedd bod popeth yn tsiampion rhyngddyn nhw a chelodd y mabwysiadu rhagdda i.

Er bod Anti Gwyneth gyda pheth ymwybyddiaeth o'r ffordd roedd hi wedi trin Lleucu dros y blynyddoedd, doedd ganddi 'rioed fwriad go iawn o greu niwed i'w merch. Felly, colli arni ei hun wnaeth Gwyneth pan dorrodd ei phalas gwydr yn deilchion. Darganfyddodd nid yn unig ei bod hi wedi byw celwydd ers blynyddoedd, ond ei bod hi hefyd wedi colli ffyddlondeb ei merch.

Nath Mam, ar y llaw arall, ddim cynhyrfu o gwbl pan sefais o'i blaen hi â'r papurau mabwysiadu yn fy llaw. Roedd hi'n gwybod yn iawn fy mod wedi cael fy mrifo. Ond roedd ei phoen a'i gofid hi yn fwy, wrth gwrs. Doeddwn i ddim yn deall pa mor anodd roedd o wedi bod i drio caru plentyn rhywun arall.

'Dach chi'n iawn, Mam, tydw i ddim yn dallt. Na i byth ddallt sut bod unrhyw un efo'r gallu i droi ei gefn ar fabi, babi oedd wedi cael ei gymryd oddi ar ei fam, babi oedd jest isio cysur a chariad. Na i byth ddallt sut bod chi wedi medru treulio blynyddoedd yn fy anwybyddu, yn gneud i mi deimlo nad oeddwn i byth yn ddigon da!'

'Ond do'n i 'rioed yn ddigon da i fy mam i, Luned. Ches i 'rioed cariad mam, 'rioed canmoliaeth ... nesh i jest dysgu byw efo fo. Pam na fedri di?'

'Oherwydd y plant, Mam! Nathoch chi'm dysgu byw efo fo, naddo? Nathoch chi jest sgubo fo dan carpad a chario 'mlaen i neud yr un camgymeriadau nath Mam-gu a Tad-cu a phasio'r niwed o un genhedlaeth i'r llall. 'Dan ni i fod yn well na'n rhieni, Mam. 'Dan ni fod i ddysgu o'u camgymeriadau nhw a pheidio pasio'r holl shit i'r genhedlaeth nesa. Fel'na ma'r byd yn gweithio!'

'Wel, *it's done now*, Luned, be fedra i neud? Fedra i'm troi'r cloc yn ôl. *At least* roedd gen ti dy dad.' Cododd ei sgwyddau a'u gollwng fel tasai'n ymwrthod â phob cyfrifoldeb.

'Ia, a ma hynny'n beth arall. Na i byth ddeall sut bod chi wedi medru trin Dad mor uffernol o wael ac ynta yn gymaint o drysor! Dw i'n diolch i Dduw bo' fi wedi cael y cyfla i'w garu fo. A rŵan bo' fi'n dallt be aeth o drwyddo fo am flynyddoedd efo chi, a cymaint nath o ddiodda, dw i'n ei werthfawrogi fo a'r atgofion nath o roi i mi yn fwy na 'rioed.'

Camodd Mam tuag ata i a dwedodd yn ddiflewyn-ar-dafod fod hi a David yn symud i Marseilles. Roedd wedi darganfod bod David 'di bod yn cael affêr gyda merch ifanc o'r enw Janice. Yn anffodus, roedd ei theulu *new money* yn aelodau gweithgar o'r clwb golff, a David felly â digon o gyfleoedd i wlychu ei big. Roedd Janice yn arfer bod yn briod â rhyw blymar yn dre o'r enw Kev. Ond pan ddarganfyddodd Kev bod hi 'di bod yn pori mewn cae arall, aeth ati i wneud trefniadau i gael ysgariad er mwyn iddo fedru bod gyda'i wir gariad, a mam ei blentyn, Shoned.

Penderfynodd Mam (wedi rhoi hanes ei nain i David), ei bod hi am adael *all the bad stuff behind* a mynd i ddechrau bywyd newydd ar y cyfandir. Roedd hi hefyd yn deall bod traed Janice bellach yn rhydd a doedd hi ddim am gymryd y risg o golli David na'i ffortiwn. Fethodd Mam weld eironi'r sefyllfa. Ma godineb yn gaethiwus.

Rhoddodd oriadau'r bynglo dormer i mi, yn ogystal â'r gweithredoedd. Roedd hi wedi rhoi fy enw i arnyn nhw.

'Dw i'n gwbod bo' hyn ddim yn gwneud iawn am yr holl

flynyddoedd o fod yn fam wael i ti, Luned, ond ella neith o helpu chdi i ddechra bywyd newydd efo Mei a'r plant.' Yna ceisiodd roi sws ar fy moch a gofynnodd wrtha i ddweud ta ta wrth y plant, cyn troi ar ei sawdl a cherdded i fyny'r grisiau yn ei dagrau.

Y prynhawn hwnnw, wrth y drws yng nghyntedd y bynglo, goreuon Hogia'r Wydda yn chwarae yn y cefndir a'r lle yn draed moch o focsys symud tŷ, cefais ollyngdod. Roedd fel torri ymaith y pydredd. Dyna oedd y tro diwetha i mi weld fy mam. Na, daeth dim gwahoddiad i ymweld â'r tŷ newydd yn Marseilles, na'r un ebost, cerdyn post na neges testun. Wedi hynny, fe beidiodd Mam â bodoli, a doedd yr un ohonon ni, ddim hyd yn oed yr hogia, yn gweld ei cholled.

Dwy Chwaer – Tair Cenhedlaeth

Ebrill 2018

Mi oedd y siop 'di cau yn sicr. Dw i'n cofio cau'r drws yn glep tu cefn i mi a'i gloi o. Dw i'n cofio dweud na, no wê, nefar! Roedd y bennod honno drosodd – y bennod genhedlu. 'Ti 'di gneud dy ran, Luned,' meddyliais.

Dim mwy o fwytho'r cicio.

Dim mwy o gyfogi a gwthio.

Dim mwy o ofn.

Dyna fy addewid wrth adael Bron Saint â Fflur yn fymryn oed.

Oedd, roedd 'na ing o hiraeth, ond y mymryn lleiaf, dyna'r oll. Gwnaed cynlluniau cadarn i fynd i'r afael â'r hwrli bwrli o werthu Bro Derwen fis Rhagfyr, y tŷ fuodd erioed yn gartref.

Yn anffodus, ar yr ail o Ragfyr 2017, nath Cymru guro'r Sbringboks 24 - 22 yng ngêm olaf cyfres yr Hydref. Nath y gorfoledd yn y clwb rygbi afael ym mhob un ohonom, Shoned, Kev, Huw tacsi, Gwynfor tu ôl i'r bar, Sandra kebabs, Hywel a Marija, Carol Kleeneze, fi a Mei ... ond neb yn fwy na fi a Mei. Roedd y plant efo Haf a Lleucu am y noson, a Mam eisoes wedi'i heglu hi i Marseilles. Roedd Mei newydd arwyddo cytundeb gwaith hir dymor, ac roedd y ddau ohonom yn chwil ulw, heb fod allan am noson gyda'n gilydd ers ymhell dros flwyddyn. Felly (yng ngeiriau anfarwol Shoned) nathon ni wneud o heb gondom tu ôl i'r bins yng nghefn y clwb rygbi, fel tasen ni'n ddeunaw, ac fel tasen ni'n talu teyrnged i feichiogiad Harrison Raymond Evans, a ddigwyddodd yn yr union fan un mis ar bymtheg yng nghynt. Yn anffodus, roedd Mei yn gwbl argyhoeddedig bo' fi 'di mynd yn ôl ar y bilsen, a minnau'n gwbl argyhoeddedig ei fod o 'di llwyddo i 'adael y siop heb dalu', os dach chi'n gwybod be sy gen i.

Erbyn y Nadolig, ac wedi pi pi ar un ar ddeg o ffyn Clearblue Fast & Easy, doedd gen i'r un amheuaeth fy mod i'n feichiog gyda babi rhif pedwar, ond wyddwn i'm yn fy myw sut i ddweud wrth Mei. Syniad Shoned oedd o i roi rhuban coch am un o'r profion beichiogrwydd a'i roi o i'r hen lew yn anrheg fore Dolig, gyda gwên siwgrllyd fel gwraig tŷ o'r 50au. Tagu ar ei *croissant* nath Mei, a gwneud i botel o Bucks Fizz a bocs o Matchmakers ddiflannu cyn deg y bore.

Oedd, roedd fy mhedwerydd plentyn ar y ffordd, heb sôn am werthiant tŷ, pryniant un arall, a misoedd o fynd a dod i Gaerdydd i Mei. Ond roedd gen i Shoned, wrth gwrs, a digwydd bod, roedd hi'n werth y byd.

Doedd dim celu'r ffaith fy mod i 'di bod yn hen ast gyda fy chwaer, wrth adael i'r un hen ofnau di-baid fy nadu rhag gweld ei harddwch. Mi o'n i wedi efelychu hen arferion niweidiol a hunanol fy mam ac Anti Gwyneth, ac roedd gen i gywilydd mawr o hynny. Roedd uchelgais afiach y ddwy i fod yn rhan o ryw iwtopia dosbarth canol Cymreig eisoes wedi niweidio digon o fywydau. Roedd Shoned a'i chariad gonest yn haeddu gwell.

'Tydy beth ma Shoned yn gynnig i chdi ddim yn ffals, Luns,' meddai Mei yn ei ddoethineb dros ymyl *single malt* un noson ddwys ym mis Medi, wrth iddo fwynhau machlud mwyn yn yr ardd. 'Does ganddi'm agenda, ti'm yn gweld hynny? Ma hi jest isio'r cyfle i fod yn chwaer i ti, a Duw a ŵyr ti angen chwaer.' Gwenodd arna i'n wybodus. 'Ma 'i breichia hi'n hollol agored, Luns,' meddai yn ei feddwdod. 'Ma hi'n barod i dderbyn chdi am pwy wyt ti, i symud 'mlaen a gweld be ddaw, i weithio ar drwsio rhwygiadau a dod â'r teulu at ei gilydd ... a ma'n rhaid i chdi neud yr un peth, cyw. Duw a ŵyr 'sgen ti'm byd i golli, ond ma gen ti lot i ennill.'

Roedd o'n farddonol o chwil ac yn llygad ei le.

'Ffonia hi, Luns. Trefna fynd am banad neu wbath tra dw i dal adra. Ma bywyd rhy fyr i oedi, 'sti.'

Felly dyna'n union nes i.

I grŵp tylino babis aethon ni un bore Iau, ac eto'r bore Iau canlynol a phaned wedyn yn dre. Buan daeth y grŵp tylino yn gyfarfod rheolaidd, a throdd y baned yn ginio ym Mro Derwen. Dysgodd Harrison sut i rolio ar y mat chwarae i gyfeiriad Fflur, er mwyn tynnu ar ei chyrls nes iddi fod yn sgrechian, felly dysgodd Fflur sut i eistedd heb gynhaliaeth a thaflu tedi piws at Harrison tra oedd yn rholio tuag ati. Wrth i'r hydref ddechrau cau amdanom, dysgodd Harrison sut i eistedd, a chafodd y ddau brofi bwyd llwy gyda'i gilydd am y tro cynta. Welais i erioed gymaint o lanast. Roedd y ddau fach fel tasen nhw'n gwbod bod nhw'n perthyn ac wedi'u geni o fewn deuddydd i'w gilydd. Roedd Harrison yn giamstar ar wneud i Fflur chwerthin, a hithau'n ymfalchïo yn y cyfle i orffen ei bwdin banana pan ddechreuai daflu ei lwy mewn protest. Un tro, syrthiodd y ddau i gysgu'n sownd ar y mat gyda'i gilydd, eu dwylo bach ynghlwm, a Shoned a minnau uwch eu pennau'n gwirioni nes oedd ein llygadau'n llaith wrth dagio ein gilydd ar Facebook.

Weithiau, bydden ni'n cyfnewid goets wrth fynd am dro. Am ryw reswm, roedd Harrison yn fwy tebygol o gysgu os mai fi oedd yn ei bowlio yn hytrach na'i fam. Weithiau, byddai Shoned yn gwarchod i mi gael cawod. Weithiau, bydda Morgan a Guto yn chwarae trên bach am hydoedd efo'u cefnder er mwyn i Shoned gael gwneud pwt o waith coleg yn ddistaw bach yn y llofft sbâr. Weithiau, bydden ni'n cael noson efo'n gilydd pan oedd Mei ar daith, a threulio oriau yn pori drwy flynyddoedd o absenoldeb ... weithiau, byddai 'na ddagrau, weithiau, byddai 'na orfoledd a chwerthin penwan.

Dyma sut dechreuodd Shoned a minnau godi pontydd a chreu atgofion newydd, un cyffyrddiad annwyl ar y tro.

Wrth i fy meichiogrwydd drymhau, ac wrth i holl gynnwys rhif pedwar Bro Derwen ddiflannu i focsys cardfwrdd, roedd chwaergarwch Shoned yn amhrisiadwy. Bu hi'n llwytho'r peiriant golchi pan doedd dim modd i mi blygu mwyach, ac yn codi'r hogia o'r ysgol amser mynd adra. Bues innau'n eistedd gyda phaneidiau lawer, yn teipio ac argraffu ei thraethodau coleg iddi'n daclus a'u dodi nhw mewn ffeiliau sgleiniog. Bu hi'n gwrando a chysuro wrth i mi fwydro am symud tŷ, a minnau'n gwrando a chysuro wrth i hithau deithio drwy ambell niwl o hunanamheuaeth ynglŷn â'i chwrs nyrsio. Es ati i'w helpu i ddod o hyd i fflat iddi hi, Harrison a Kev, ac aeth hithau ati i roi cychwyn ar drefniadau parti blwydd Fflur a Harrison, ond gyda help ychwanegol Carys, ein mam.

Roedd Carys yn un am ddathlu bywyd. Yn ddynes bositif, lawn brwdfrydedd. Doedd 'na'r un cwmwl uwch ei phen nad oedd iddo leugylch euraid. Roedd da ym mhob un drwg a chyffyrddai ynddi. Fel hyn yr oedd wedi byw ers iddi fy ngholli i, meddai. Fel hyn roedd hi wedi gorfod bod, i nadu ei hun rhag disgyn i bydew. Roedd wedi dysgu ei hun i gredu fy mod i'n iawn, fy mod i'n cael bywyd yn dew o gariad. Dychmygodd fy mam yn brwsio fy ngwallt cyn gwely, yn mwytho fy nhalcen a chusanu fy nagrau. Rhoddodd ei breuddwydion gysur enbyd iddi, a'r gallu i barhau i fyw bywyd gwerth chweil. Adeiladodd yrfa, syrthiodd mewn cariad a magodd deulu o'r newydd. Yna, maddeuodd i'w rhieni a'u nyrsio yn eu henaint.

Credai Carys mai gwobr gan y bydysawd oedd fy nychweliad, gwobr am flynyddoedd o bositifrwydd a chariad diamod. Fe griodd hi am ddiwrnod cyfan, meddai Shoned.

'Ti gwbod pan ti'n ca'l glaw 'de, a wedyn ma haul yn dod ac yn gneud *rainbow*? Fel'na o'dd Mam pan nesh i ddeud wrthi hi. Dagra mawr a gwên fwya 'rioed fel haul. Nath Mam gneud *rainbow* ei hun dwrnod hwnnw.'

Fedra i'm dweud nad oedd gen i ofn. Ofn oedd yn gwneud i mi fod isio cuddio mewn lle tywyll efo bar o Galaxy weithia. Ond yna, ges i gyfarfod arall efo'r seicolegydd, Dr Meinir Bertini.

Gwnaeth i mi godi ar fy nhraed a throi i wynebu'r drych ar y wal yn ei swyddfa, gyda'r addewid i beidio stopio edrych ar fy adlewyrchiad nes roedd hi'n dweud. Syllais yn anghyfforddus arnaf fi fy hun, a'r gormodedd o *bronzer* ar fy mochau a'r talp o fasgara yn sownd yng nghornel fy llygaid.

'Pwy ti'n weld?'

'Fi.'

'A pwy wyt ti?'

'Luned ... Luned Ann Lewis.'

'Faint yw dy oed di?'

'Tri deg chwech ... wel, bron â bod yn dri deg chwech a hanner.'

'Atgoffa fi rŵan o'r diwrnod gollais ti dy dad ... beth oedd y dyddiad?'

Rhewais.

'Mae'n iawn, cym dy amser.'

Brathais fy ngwefus.

'Mawrth un deg chwech, dwy fil ac un deg tri.'

Aeth deigryn yn sownd yn y masgara.

'A faint oed oeddet ti adeg hynny?'

'Bron â bod yn dri deg un a hanner.'

Daeth deigryn arall i ymuno â'r cynta a chreu pwll yng nghornel fy llygaid. Daeth Mei at fy ochr a gafael yn fy llaw.

'Beth arall ddigwyddodd y diwrnod hwnnw?'

'Nesh i ffeindio Gethin efo Nerys ... roeddan nhw'n cael affêr. Roeddan nhw 'di bod yn cael affêr ers peth amser a do'n i'm yn gwbod. A wedyn nesh i ffeindio Mam efo David. Roedd hi 'di bod yn cael affêr efo fo ers blynyddoedd a do'n i'm yn gwbod am hynny chwaith.'

'Ma hynny bum mlynedd yn ôl bellach, tydy, Luned?'

'Ydy.'

'Rŵan, fedri di ddeud wrtha i yn fras beth ydy'r petha

mawr sydd wedi digwydd yn dy fywyd di ers hynny, yn y pum mlynedd diwetha, a cofia ddal ymlaen i edrych arnat ti dy hun ... fyddi di'n deall pam yn nes ymlaen.'

Chwythais i gyfeiriad y drych, a gwasgodd Mei fy llaw.

'Reit ... wel ... ymmmm ...'

Oedais.

'Tyd, cyw, ti'n gallu gneud hyn,' meddai Mei wrth fy adlewyrchiad.

'Dw i'n gwbod, ond ... ond y cynta ydy'r mwya anodd ...'

Gwasgais law Mei yn ôl.

'Nesh i ... nesh i gladdu Dad.'

Daeth yr hen ddagrau 'na, y rhai distaw sy'n dod heb ochenaid, heb udo na bloeddio. Y rhai trwm sy jest yn llifo fel annwyd. Sychais fy moch gyda chledr fy llaw rydd, a chreu llwybrau gwyn hyd fy mochau oren.

'Wel ... ym mis Mai 2013 nesh i symud allan o fferm Llwyn Idwal ac i dŷ Dad ... wel, hen dŷ Nain a Taid, ond tipical, o'dd Anti Gwyneth isio ei werthu fo, felly o'dd raid i mi symud allan a nesh i rentu fflat yn dre uwchben caffi Sosban Fawr. Es i weld cyfreithwyr ynglŷn â chael ysgariad. Wedyn, ym mis Mehefin cafodd Guto ei eni pythefnos yn fuan ... ac o'n i ar ben fy hun, dim ond fi a'r fydwraig, neb arall. Yna nesh i godi cywilydd arnaf fi fy hun yn Steddfod Dinbych o flaen Cymru gyfan, ond wrth gwrs cyfarfod Mei yr un pryd. Nath y *decree nisi* ddod drwodd. Yna noswyl Nadolig hwnnw, 2014, nath Mei droi fyny acw a dyna pryd nathon ni gychwyn gweld ein gilydd go iawn. Nesh i gyfarfod Haf dechra 2015. Yna ges i'r *decree absolute*. Nath Mei symud fewn yn y gwanwyn. Nath o ofyn wrtha i ei briodi fo yn Steddfod Sir Gâr. Wedyn, nathon ni briodi mis Gorffennaf flwyddyn wedyn. Nathon ni adeiladu Bro

Derwen. Nathon ni symud fewn. Nesh i syrthio'n feichiog efo Fflur. Nesh i eni Fflur ... jest mewn pryd, ma'n debyg. Nesh i gyfarfod Shoned. Nath Gethin droi fyny a dwyn y car. Nath Lleucu a fi gymodi.'

Ochneidiais a daeth y frawddeg nesa allan yn wich llawn crio.

'Nesh i ffeindio bo' fi 'di cael fy mabwysiadu ... a ffeindio bod Shoned yn chwaer i mi ... a gorfod wynebu'r ffaith bo' fi byth yn mynd i gael perthynas efo Mam ... efo Doris, felly nesh i farwelio 'fo hi ... ffarwelio am byth.'

Llyncais a llonyddodd fy llais.

'Nesh i syrthio'n feichiog am y pedwerydd gwaith ... a wedyn ... wedyn, nathon ni roi Bro Derwen ar y farchnad a'i werthu, a rŵan dyma fi.'

Cododd Dr Bertini ar ei thraed a sefyll y tu cefn i mi, nes ei bod yn wynebu fy adlewyrchiad. 'Dim ond pum mlynedd, Luned Ann Lewis. Hyn i gyd mewn pum mlynedd. Mae hyn yn gynnwys bywyd cyfan i rai pobol. Mae'r rhan helaeth o'r digwyddiadau yma, y digwyddiadau anferthol yma, yn rhai sy'n newid bywydau am byth. Nid ar chwarae bach mae rhywun yn ymdopi â'r fath daith. Ond edrych arnat ti dy hun, edrych ar dy adlewyrchiad, Luned. Ti yma a ti'n dal i sefyll, i anadlu, i fyw, i garu. Ti yma, ac er gwaetha'r rhagdybiaethau sydd gen ti amdanat ti dy hun, mi wyt ti *yn* ymdopi. Mi wyt ti'n dal i frwydro. Mae gen ti blant hapus ac iach, mae gen ti briodas gadarn a llawn cariad, a ti wedi cofleidio dy berthynas gyda dy hanner chwaer.'

'Na, nid hanner chwaer ydy Shoned, mae hi'n chwaer i mi, chwaer go iawn. Fedra i ddim meddwl amdani fel hanner chwaer, bellach.'

243

Cododd Meinir ei llaw a'i gosod ar fy ysgwydd. 'A dyna ti yn union, dyna lle mae o, dy gryfder, dy sbarc, dy ddyfalbarhad, dy deyrngarwch. Mi wn i bod 'na waith i neud eto i ddelio efo'r pryder, ond mi wyt ti ar y llwybr iawn. Neith Carys, dy fam feiolegol di, ddim dy frifo di, Luned – mae Shoned yn brawf o hynny. Mae hi 'di meddwl amdanat ti, rhywsut neu'i gilydd, bob dydd am dros dri deg chwech o flynyddoedd. 'Sgen ti'm byd i'w golli o'i chroesawu hi i dy fywyd di. Bydd, mi fydd yn dynged-fennol, ond fydd o ddim y peth mwya anodd ti erioed wedi gorfod delio efo fo.'

Ac felly daeth mam a merch yn ôl at ei gilydd, wedi tri deg chwech a hanner o flynyddoedd. Wrth i Carys ddod drwy ddrws ffrynt Bro Derwen, cofiais am eiriau Shoned y diwrnod hwnnw y glaniodd Neil yn feddwol ar fy lawnt.

'Sa ti'n *get on* yn bril efo hi 'sti. Gynnoch chi lliw llygad r'un fath a ma hi'n reit bach a *cuddly* fatha chdi.'

Gwenais. Roedd y ddwy ohonom ni *yn* debyg, ac oeddwn, mi o'n i'n edrych 'mlaen i '*get on* yn bril efo hi'. Roedd hi'n amser dechrau eto.

Epilog
(Heb Epidiwral)

Awst 2018

Cafodd Elis Meirion Lewis ei eni ar lawr y gegin newydd ym mwthyn Bryn Bedw Bach am ddeg munud i bedwar ar brynhawn Sadwrn yr unfed ar ddeg o fis Awst 2018, diwrnod wedi i ni ddychwelyd o dridiau yn y Steddfod yng Nghaerdydd. Mi o'n i'n gwbl grediniol mai'r weithred o loncian cerdded o amgylch y Bae efo bygi trwmlwythog a dau o hogia direidus mewn crysau melyn Geraint Thomas oedd wedi rhoi achos i Elis ddod i'r byd yn chwim o annisgwyl a phythefnos yn fuan, fel ei frawd mawr.

Chymrodd o ddim o dro i ni werthu rhif pedwar Bro Derwen. Roedd Sister Kath wedi gwirioni â'r lle pan ddaeth draw y diwrnod ffeindiodd Mei fi'n llanast ar lawr y gegin. Fyswn i byth wedi meddwl bod hi'n un am betha crand fel goleuada sgertin a charpedi moethus, ond roedd hi wrth ei bodd. Megis dechrau ar eu taith IVF roedd ei mab Hywel a'i wraig Marija, a Sister Kath isio bod yn agosach atyn nhw er mwyn bod yn gefn. Roedd hefyd yn gobeithio'n fawr bysa 'na waith gwarchod iddi hi o fewn y flwyddyn. Cawsom hepgor yr holl rwtsh o orfod delio ag arwerthwyr tai, a daethom at gytundeb taclus dan arweiniad tîm cyfreithiol Cox, Biggar & Price. Ond chwarae teg i Mr a Mrs Davies, cawsom aros yn y tŷ nes roedd Bryn Bedw Bach yn barod amdanom.

O fewn wythnos i'r bocs olaf adael rhif pedwar y *cul-de-sac*, roedd Vaughan a Kathleen wedi symud i mewn, a hithau wedi dewis dathlu drwy brynu hot tyb, oergell win a cafftan sidan yn anrheg llongyfs iddi hi ei hun. Rhyfedd sut yr hyderwn ein bod ni'n gallu darllen cymeriad rhywun, ar ôl treulio dim ond llygedyn o amser yn eu cwmni. Fyswn i byth wedi dychmygu Kath yn sipian siampên mewn hot tyb, na'i dychmygu hi'n hwylio o gwmpas y tŷ mewn cafftan sidan coch, fel Jenny Ogwen ar y jin. Ond nes i'n sicr 'rioed ddychmygu y byswn yn dod i werthfawrogi ei chyfeillgarwch cymaint.

Kath oedd yr un wnaeth helpu mi i faddau i Nerys Hafod Isaf. Roedd Nerys dan ofal Sister Davies pan anwyd yr efeilliaid, ond doedd dim golwg o Gethin. Roedd o adra yn helpu buwch i eni llo. Fedrwn i'm peidio â theimlo bechod drosti. Wedi'r cyfan, fe wnaeth o'r union yr un peth i mi. Oedd, roedd Nerys wedi bod yn ffôl, ond dim mwy na minnau flynyddoedd yng nghynt, wysg fy nghefn yn erbyn wal bingo ym maes parcio Cefn Capel.

Anfonais anrheg fach a cherdyn llongyfarchiadau iddi hi drwy Kath. Yna, ychydig wythnosau wedi iddi hi a'r hogia adael yr ysbyty, roedd hi yn ôl yn byw gyda'i rhieni, a hwythau yn ei helpu gyda'r magu. Nerys druan.

Yn anffodus, darganfyddom fod gwerthu bynglo

dormer fy mam yn dasg llawer anoddach na gwerthu 4 Bro Derwen. Doedd neb isio cladin pinwydd ar eu waliau mwyach, na llefydd tân mawreddog o frics coch, na stafell molchi lliw afocado. Roedd arogl celwydd yn dew hyd y lle, a doedd gen i mo'r egni na'r stumog i fynd yno i lanhau a pheintio. Doedd dim amdani am y tro ond gadael y bynglo i stiwio, a benthyg arian yn ei erbyn er mwyn mynd i'r afael â'r gwaith oedd ei angen ar Bryn Bedw Bach.

Penderfynodd Mei newid telerau perchnogaeth tŷ ei fam, a rhoi ei siâr o'n anrheg i'w chwaer. Digwydd bod, doedd gan Haf ddim o'r calon i'w werthu wedi'r cyfan, a chyn Nadolig 2017 roedd Lleucu wedi gadael ei swydd yng Nghaerdydd, rhoi ei fflat ar y farchnad ac wedi ymgartrefu gyda Haf a'i photeleidiau o win gwsberis cartref. Roedd cynllun anturus ar waith gan y ddwy i brynu'r hen siop gigydd yn dre, a'i droi yn deli Canoldirol bywiog, gyda chornel bach i gael coffi Eidalaidd heb ei ail. Gwerthwyd fflat moethus Lleucu ym Mae Caerdydd mewn dim o dro, ac erbyn dechrau 2018 roedd y ddwy'n prysur arwyddo cytundebau ac yn gwironi â theils Portiwgeaidd ar eBay.

Cwblhawyd yr estyniad ar ein bwthyn newydd toc wedi pen-blwydd cynta Fflur. Yna, ddiwedd fis Mehefin, 'rôl i'r haenen olaf o baent sychu, aethom yno i nythu. Wrth gwrs, bu raid callio ac ymrwymo i gadw at nodweddion gwreiddiol yr adeilad, ei ffenestri bychan, trawstiau derw, lloriau llechi, a'r hen bopty bara. Doedd 'na'm trimins di-chwaeth yn rhan o'r gwelliannau. Fel y dwedodd Mei wrtha i un prynhawn Sul yn B&Q, 'Nei di'm ffeindio dy hyder mewn toilet sy'n cnesu dy din, Luns.'

♦

Yr ail wythnos ym mis Awst oedd hi, a Mei wedi mynd â'r plant i'r fferm gwningod am y pnawn, gyda'r addewid o sglods a hufen iâ ar y ffordd adra. Roeddwn i dal yn fy nghoban ac yn swrth wedi'r daith o Gaerdydd. Er mai Mei oedd wedi ymgymryd â'r dadbacio ac ymladd â'r golch, doedd gen i'm pwt o egni. Roedd y trip 'di dweud arna i braidd.

'Ti'n siŵr bod chdi'n iawn, cyw?'

'Ydw 'sti, mond 'di blino ac angen ailjarjo'r hen fatris, dyna'r oll.'

'Gwranda, dw i 'di addo ers tro bysa rhain yn cael mynd i'r fferm gwningod cyn diwedd y gwylia, felly beth am i mi fynd â nhw heddiw i chdi ga'l llonydd?'

'O Mei, sa hynny'n lyfli, diolch ti. Rhaid mi ddeud bod sŵn di-baid y tri 'di llorio fi bore ma, a ma gen i gur pen bellach ... sa tawelwch yn fendigedig.'

'Wel, restia di, ac fe ga i nhw'n barod, yli, wedyn mi a' i â nhw. Dylwn i fod allan o fan hyn cyn un. Be nei di, mynd am fath?'

'Na, dw i'm yn meddwl, ne fydda i'm yn gallu dod o 'na! Dw i am fynd i isda yn y stafell haul efo diod oer a *Llyfr Glas Nebo*.'

''Na chdi 'ta. Tisio fi nôl diod i chdi?'

'Na, ma'n iawn, cyw, cer di ati i gorlannu'r plant, sortia i fy hun allan rŵan.'

'Be am i mi neud brechdan i chdi neu wbath? Nest ti'm byta cinio efo'r plant, naddo?'

'Naddo, 'sgen i'm llawar o chwant a bod yn onast efo chdi, stumog i'm 'di bod yn grêt bore ma, ond os bydda i'n newid fy meddwl, ma 'na ddigon o betha yn ffrij.'

'Iawn, 'na chdi 'ta. Cofia gadw dy ffôn wrth dy ochr jest rhag ofn, ia?'

'Duwcs, paid â phoeni, mi fydda i'n tsiampion. Tydy'r babi 'ma ddim yn diw am o leia bythefnos eto, a ti'n gwbod bod fy ffôn byth yn bell oddi wrtha i beth bynnag. Joiwch eich hunain, trŵps, a wela i chi wedyn. Mi fydda i rêl boi erbyn i chi gyrraedd 'nôl a gawn ni'r noson ffilm 'na 'dan ni 'di bod yn sôn amdani.'

Roedd y lle'n nefolaidd o dawel. Steddais yn y gadair wiail fawr yn y stafell haul a syllu allan ar yr olygfa yn ymestyn heibio'r tir a draw dros y môr. Oedd, roedd Bryn Bedw Bach yn lle godidog ac mi o'n i 'di syrthio mewn cariad efo fo. Roedd yn lle i fod yn rhydd, rhannu cariad a chael anturiaethau, ac yn lle llawn ddychmyg i'r hogia. Roedd hefyd yn gwlwm parhaol rhyngdda i a Dad, ac roedd hynny'n werth y byd.

Mi o'n i 'di darllen *Llyfr Glas Nebo* o'r dechrau hyd at y diwedd mewn ychydig dros ddwy awr, a 'di crio dagrau mawr wrth deithio drwyddo. Mi o'n i wedi fy hudo cymaint ganddo nes roedd rhaid i mi fynd â fo efo fi pob tro roedd y tŷ bach yn galw, ac roedd hynny'n eitha aml. Fedrwn i jest ddim ei roi i lawr. Dw i'n meddwl mai dyna pam na wnes i sylwi'n syth bod fy nŵr wedi torri. Mi o'n i'n dinnoeth ar y pan, a hanner ffordd drwy'r bennod olaf. Codais fy mhen o'r llyfr am funud i ailystyried y teimlad. Na, nid pi-pi oedd hynny'n sicr. Rhoddais y llyfr i lawr a chymryd anadl ddofn. Yna, cyn i mi fedru codi ar fy nhraed, cefais yfflon o wasgiad a gododd y pwys mwya diawledig arna i. Doedd dim amheuaeth – roedd y dyn bach ar ei ffordd, ond gorffen y bennod oedd rhaid yn gynta, cyn codi oddi ar fy nhin ac ystyried be ddiawl o'n i am ei wneud nesa.

Fedrwn i'm yn fy myw gael gafael ar Mei. Roedd ffôn Mei, yn anffodus, wedi disgyn o'i boced i'r gofod tywyll rhwng sedd y gyrrwr a drws y car, ac yno bu'n canu heb neb i'w glywed. Roedd Mei druan mor brysur yn yn bugeilio'r tri bach, nath o'm sylwi nad oedd y ffôn yn ei boced.

Er fy mod wedi ymdopi â'r poenau yn eitha taclus am ryw hanner awr, roeddwn i bellach yn dechra colli arnaf fy hun, a'r gwasgu yn dod pob pum munud. Mae'n debyg y dylwn fod wedi ffonio am ambiwlans bryd hynny, ond nes i 'rioed ddisgwyl i betha ddigwydd mor sydyn. Roedd y batri ar fy ffôn symudol wedi hen farw 'rôl bod yn trio cael gafael ar Mei cyn hired, felly llusgais fy hun i'r gegin i chwilio am y ffôn tŷ er mwyn ffonio fy chwaer, ac yna ambiwlans.

Roedd Shoned yn dre efo Carys. Roedd y ddwy yn hel clecs dros baned a brechdan tra oedd Harrison ar y traeth gyda Kev am y prynhawn. Roeddwn i wir yn cael trafferth siarad erbyn hynny a gallai Shoned ddweud ar fy ngwynt fy mod i ddim yn bell ohoni. Llwyddais, rywsut, i roi rhif ffôn Kath iddi a gofyn iddi ffonio am ambiwlans cyn i'r gwasgiad nesa ddod.

Ar fy mhedwar ger yr oergell oeddwn i pan ddaeth y tair i'r tŷ. Roedden nhw wedi 'nghlywed i o'r dreif. Erbyn hynny fedrwn i'm gwneud llawer o synnwyr o symudiadau neb, o dreiglad amser, na'r hyn roedd unrhyw un yn ei ddweud. Roedd fy nghorff fel concrit a fedrwn i symud dim. Aeth Shoned ati'n wyllt i dorchi ei llewys a golchi ei dwylo. Yna, ar fy nghais llwyddodd Carys, fy mam, i dynnu fy nghoban dros fy mhen. O fewn eiliad, daeth pen bach gwalltog i'r golwg, a dwylo Shoned yn aros amdano. Wedyn, gydag un ymdrech olaf, teimlais y gorfoledd ohono'n llithro'n naturiol ohona i. Yna'r rhyddhad, ac yna'r cariad.

Gafaelodd Mam yn dynn yn fy llaw a mwytho 'mhen, tra oedd Kath yn paratoi i dorri'r cortyn. Roedd Elis bach yn gynnes ar fy mron a Shoned yn crio ar ysgwydd y parafeddyg oedd newydd gyrraedd wrth y drws.

Wedi sbel tawel ar lawr y gegin, a'r *all clear* gan Kath a'r parafeddygon, llwyddais i godi ar fy nhraed ac ymlwybro i'r stafell molchi i lanhau rhywfaint. O fewn awran i'r geni roeddwn yn eistedd yn fy ngwely yn mwytho fy mabi newydd, paned wrth fy ochr a thri thrysor o fy nghwmpas. Cawsom gyfnod hudolus yng nghwmni ein gilydd y prynhawn hwnnw.

'Reit, *all of you*, sbïwch ffor hyn,' meddai Kath. 'Amser am ffoto bach, dach chi'm yn meddwl?' meddai, yn codi ei ffôn o flaen ei hwyneb.

Bu bron i Mei dagu ar ei *mint choc chip* wrth ffeindio'i ffôn ar lawr y car, gyda'r llu o alwadau wedi'u methu, a neges gen i efo llun o Shoned, Mam a minnau gydag Elis bach yn fy mreichiau. Cychwynnodd adra ar wib, a'r wên ddisgleiriaf ar ei wyneb.

Edrychais i fyny ar Mam â'i llygaid cyfarwydd. 'Dach chi isio cwtsh, Nain?' gofynnais iddi. Daeth dagrau i'w llygaid ac estynnodd ei breichiau i gymryd ei hŵyr bach.

Er fy mod wedi treulio amser cynyddol gyda fy mam a'm chwaer dros y flwyddyn ddiwetha, roedd cael y ddwy yno ar gyfer geni Elis Meirion wedi tynnu'r cwlwm yn sownd.

Cyrhaeddodd Mei ychydig funudau cyn ei chwaer a Lleucu, a brasgamodd yn syth i fyny'r grisiau. Roedd yr hen lew 'di meddwi ar wirioni, ei fwng trwchus yn sgleinio, a blew trwchus ei frest yn fwy cyrliog nag erioed. Yn gwbl reddfol tynnodd Mei ei grys cyn dadwisgo Elis, ei godi, ei osod groen at groen ar ei frest a gorwedd yn ôl ar y gwely yn ei hoff fodd o *attachment parenting*. Yna, fesul un, ymddangosodd Morgan, ac yna Guto yn tynnu Fflur fach tu cefn iddo yn ei weli-bŵts, a hithau'n gweiddi 'Che ma babi newyf fi, Dadi?' dros y lle. Do, bu llawer o dynnu lluniau. Doedd Facebook ddim yn gwbod beth oedd wedi hitio fo.

Chwarae teg i Haf a Lleucs, cynigiodd y ddwy fynd â Kath adra i Fro Derwen. Er iddi gael cynnig aros, mynnodd fod yn rhaid iddi fynd adra. Roedd Vaughan Kenneth yn aros amdani, wedi arllwys potelaid o'i hoff Saint-Émilion i decanter newydd gafodd yn anrheg symud fewn gan ei wraig. Roedd y ddau am yr hot tyb y noson honno, a '*Who knows what*, wedyn?' meddai gyda winc.

Ar ôl gollwng Kath, aeth Haf a Lleucs i'r Magic Noodle i nôl gwledd i bawb a chodi dwy botel o siampên o Tesco ar y ffordd 'nôl. Newydd gyrraedd 'nôl o'u mis mêl yn Tibet roedd y ddwy. Wn i'm sut ar y ddaear iddyn nhw ffeindio'r egni i drefnu priodas a dechrau busnes o fewn y flwyddyn ddiwetha, ond dyna fo, os oedd gan unrhyw rai y gallu, nhw oedd rheiny. Chafodd Anti Gwyneth ddim gwahoddiad i'r briodas, ond mi gafodd lun wedi fframio yn y post. Yn anffodus, yn ôl Yncl Richard, byw yn y drôr yn y parlwr mae'r llun, a Hywel Gwynfryn yn dal i wenu wrth ochr ei gwely. 'Twll ei thin!' meddai Lleucu.

Aeth Shoned a fy mam ati i roi bath i'r plant a'u cael nhw i'w gwelyau. Roedd gwrando ar Mam yn darllen stori Siôn Blewyn Coch i'r tri yng nghynhesrwydd y golau bach yn rhoi teimlad chwerw felys i mi. Roedd fy nghalon yn gorfoleddu, ond eto'n torri. Ond sbio 'mlaen oedd rhaid, er lles y rhai bach, a pheidio cael fy llesteirio gan gamgymeriadau'r gorffennol.

Wna i fyth anghofio'r noson ryfeddol honno o gwmpas bwrdd y gegin ym Mryn Bedw Bach, noson gynta Elis yn y byd. Powlenni o fwyd Tsieineaidd yn cael eu pasio'n frwd o un i'r llall, a gwydrau'n cael eu llenwi'n llawen.

Dechreuais chwerthin.

'Ti'n ocê, Luns?' gofynnodd Haf.

'Hei, be sy mor ffyni?' gofynnodd Shoned.

'Ha, y gwiniadur bach 'na o siampên 'di mynd i dy ben di?' gofynnodd Lleucu.

'Ella bod hi jest yn hapus,' meddai Mam.

'Na, hormons,' meddai Mei yn ddireidus.

'O'r nef!' meddwn innau. 'Sbïwch arnon ni, jest sbïwch arnon ni ... 'dan ni'n deulu, pob un ohonon ni, un ai drwy waed neu jest drwy ffawd, 'dan ni i gyd yma hefo'n gilydd yn rhannu hapusrwydd genedigaeth y dyn bach yma ... yn rhannu cariad. Ddwy flynedd yn ôl doedd rhai ohonon ni ddim hyd yn oed yn nabod ein gilydd, a sbïwch arnon ni rŵan. Pa mor blydi gwych ydy hyn? Diolch, diolch, diolch! Diolch amdanoch chi i gyd.'

Cododd Mam o'i sedd a cherdded rownd y bwrdd ata i, gwyro drosta i, a fy nghofleidio i ac Elis bach yn dynn.

'Adar o'r unlliw, Luned, adar o'r unlliw ydan ni i gyd, a chdi ddoth â ni at ein gilydd. Diolch amdanat ti, yr aur.'